U0090319

民國歷史與文化研究

八 編

第 **8** 冊

民國小學母語教育研究

朱季康 著

花木蘭文化事業有限公司

國家圖書館出版品預行編目資料

民國小學母語教育研究／朱季康 著 — 初版 — 新北市：花木
蘭文化事業有限公司，2018〔民107〕
目 2+202 面；19×26 公分
（民國歷史與文化研究 八編；第 8 冊）
ISBN 978-986-485-498-1（精裝）
1. 母語教學 2. 初等教育 3. 中國
628.08   107011561

民國歷史與文化研究
八 編 第 八 冊   ISBN：978-986-485-498-1

民國小學母語教育研究

作　　者　朱季康
總 編 輯　杜潔祥
副總編輯　楊嘉樂
編　　輯　許郁翎、王 筑　美術編輯　陳逸婷
出　　版　花木蘭文化事業有限公司
發 行 人　高小娟
聯絡地址　235 新北市中和區中安街七二號十三樓
　　　　　電話：02-2923-1455／傳眞：02-2923-1452
網　　址　http://www.huamulan.tw 信箱 hml810518@gmail.com
印　　刷　普羅文化出版廣告事業
初　　版　2018 年 9 月
全書字數　167668 字
定　　價　八編 10 冊（精裝）台幣 18,000 元

版權所有·請勿翻印

民國小學母語教育研究

朱季康　著

作者簡介

朱季康：男，1979 年生，江蘇揚州人，民盟盟員，揚州大學社會發展學院教授、博士生導師，歷史學博士、教育學博士後，美國孟菲斯大學訪問學者。主要研究方向爲中國史、教育學等。發表各類學術論文百餘篇，多篇爲《人大複印資料》全文轉載，出版著作 6 部，參編 7 部。主持國家社會科學基金項目、江蘇省社會科學基金項目、江蘇省教育規劃重點項目等各類課題 10 餘項。主要社會兼職有揚州市政協委員、揚州市政協教科衛體工作委員會委員、民盟揚州市委委員、民盟揚州市委參政議政專委會主任、揚州青聯委員，揚州大學學術委員會委員、江蘇省口述歷史研究會副秘書長、江蘇省反邪教問題研究中心學術委員會副主任、揚州政協理論工作委員會理事、揚州市歷史文化名城研究院客座研究員等。

提　　要

　　本書主要研究民國時期小學母語教育的種種理論與現象，第一章主要探討民國母語教育的生態環境，包括民國語言分佈的基本情況、民國語言使用的區域狀況以及各民族語言交流的狀況。第二章論述民國小學母語教育思想的內容，包括標準國語的界定、國語推廣與少數民族小學母語教育的矛盾。第三章分階段、分區域、分黨派政府談及民國小學母語教育的政策與制度。第四章談民國小學母語教育課程與教學的基本問題。第五章涉及民國小學母語教科書的種種內容，包括民國教育部門對小學母語教科書的編纂要求、民國小學母語教材的基本情況、民國小學母語教科書的語言、對民國小學母語教科書的評價等。第六章是對民國小學母語（國語）教學參考書與學生讀物的研究。第七章專論民國小學母語師資問題。第八章從識字、語言、課文（讀文）、作文等方面談民國小學母語教學的各單項教學內容。第九章談影響民國小學母語教學的特殊因素。第十章分漢族區域與少數民族區域兩個區域談民國小學母語（國語）教育實際效果。第十一章對民國小學母語（國語）教育的民眾能動性進行了分析。第十二章評價了民國小學母語教育爲社會帶來的正負效應。

本書爲親近母語研究院 2017 年度招標課題成果

目

次

導　言 ……………………………………………………… 1

第一章　民國小學母語教育的生態環境…………… 7

　第一節　民國語言分佈的基本情況 ……………… 8

　第二節　民國語言使用的區域狀況 ……………… 11

　第三節　清末民初各民族語言交流的狀況……… 14

第二章　民國小學母語教育思想………………… 19

　第一節　標準國語的界定與民國小學母語教育… 20

　第二節　國語推廣與少數民族小學母語教育的

　　　　　矛盾 ……………………………………… 23

第三章　民國小學母語教育的政策與制度………… 27

　第一節　民國漢族小學母語教育的政策與制度… 27

　第二節　國民政府、中國共產黨於少數民族地區

　　　　　小學母語教育的政策與制度…………… 31

　第三節　臺灣光復後的小學母語教育政策與制度… 34

第四章　民國小學母語教育課程與教學的基本

　　　　問題 …………………………………………… 37

　第一節　民國小學母語教育課程 ………………… 37

　第二節　民國小學母語教學的基本問題………… 39

第五章　民國小學母語教科書 ……………………… 47
　第一節　民國教育部門對小學母語教科書的編纂
　　　　　要求 …………………………………… 47
　第二節　民國小學母語教材的基本情況………… 50
　第三節　民國小學母語教科書的語言 ………… 52
　第四節　對民國小學母語教科書的評價………… 55

第六章　民國初期小學母語（國語）教學參考書
　　　　與學生讀物 ……………………………… 59
　第一節　民國小學國語教師參考書 …………… 59
　第二節　民國小學生國語讀物及其使用………… 63
　第三節　對小學國語教師參考書與學生讀物的
　　　　　評價 …………………………………… 68

第七章　民國小學母語教育師資……………………… 71
　第一節　民國小學母語教育對於師資的要求與存
　　　　　在的問題 ……………………………… 71
　第二節　民國小學母語師資的培訓 …………… 78
　第三節　民國小學國語教師國語標準、檢定與
　　　　　懲戒 …………………………………… 82

第八章　民國小學母語（國語）單項教學………… 87
　第一節　識字教學 ……………………………… 87
　第二節　語言教學 ……………………………… 95
　第三節　課文（讀文）教學 ………………… 100
　第四節　作文教學 …………………………… 113

第九章　影響民國小學母語教育的特殊因素…… 117
　第一節　北京語與國語的特殊矛盾 ………… 117
　第二節　社會文化潮流的影響 ……………… 121
　第三節　漢族區域群體文化的影響 ………… 123
　第四節　政府控制與國語教育 ……………… 125
　第五節　民族融合目標與小學國語教育……… 126

第十章　民國小學母語（國語）教學實際效果的
　　　　評價 …………………………………… 129
　第一節　漢族區域小學母語教育情況評價……… 129
　第二節　少數民族地區小學母語教育情況評價… 137

第十一章　民國小學母語（國語）教育的民眾
　　　　　能動性 ……………………………………… 145
　　第一節　各個漢族方言區域群體性心理因素 …… 145
　　第二節　一些地區的少數民族輕學風俗的影響 … 147
　　第三節　語言使用生態的堅守與變化 …………… 149
　　第四節　國家意識覺醒下的民眾能動性………… 150
　　第五節　普通民眾的立場總結 …………………… 152
第十二章　民國小學母語教育為社會帶來的
　　　　　正負效應 …………………………………… 153
　　第一節　民國小學母語教育的正面效應………… 153
　　第二節　民國小學母語教育的負面效應………… 160
附　錄 ……………………………………………………… 165
　　《全國小學國語文競賽會辦法》 ………………… 165
　　《中華民國國語研究會暫定簡章》 ……………… 167
　　《中華民國國語研究會徵求會員書》 …………… 168
　　《小學國語課程標準》 …………………………… 169
　　澌關第二小學王家鰲老師所選編的一年級輔助國
　　文讀物………………………………………………… 181
　　澌關第二小學王家鰲老師所選編的二三年級輔助
　　國文讀物…………………………………………… 182
　　澌關第二小學王家鰲老師所選編的三四年級輔助
　　國文讀物…………………………………………… 184
　　《小學戰時國語補充教材》 ……………………… 186
　　《短期小學課本》第二冊………………………… 191
參考文獻 ………………………………………………… 193

導　言

　　母語，是我們每個人都熟習、使用，並深深眷戀的語言，從我們出生開始接受母語的薰陶，直至此生無論漂泊何處，都會難改鄉音，終身抱有母語情節。母語教育，是每個民族成員的必須教育；母語學習，也是每個民族成員的天然義務。說母語，是維繫你我對民族、國家認同的一個重要表現，也是每個人融入這個和諧社會的必要工具。

　　我國是一個多民族、多語言、多文字的國家。除了漢語這一流行全國的語言外，還有各少數民族母語與之並存。而在漢語內部，亦有若干個複雜的方言分區，語言生態十分複雜。民國時期，存在著純粹使用本民族母語；本族語、外族語混用以及因為日本侵華所帶來的語言殖民等語言使用情況。

　　清末民初，中國各地在語言教育上的努力主要包括在少數民族地區開展各民族母語教育；在少數民族地區推廣漢語教育；鼓勵漢族學習少數民族語言等三個方面。民國時期，國語運動興起，學界開始制定標準國語的嘗試，並引發了持續的爭論。最終，國語成為具有國家意志的漢族母語。同時，具有漢族母語統一性質的國語運動必然對於少數民族民眾的小學母語教育產生一定的影響。在少數民族小學教育階段進行國語與母語學習教育的雙語模式是客觀環境所決定的。

　　民國政府首先對涉及漢族小學母語教育的語文教育進行了重建的努力。其對於少數民族語言教育的政策是隨形勢變化而不斷演變的。民初，民國政府教育部門未特別關注這一領域，至 30 年代才有一些針對性的具體政策出臺。提出了各民族語言平等，但語言教育統一的教育原則。民國時期，中國共產黨制定與執行了堅持民族平等，支持發展少數民族母語的語言教育政

策。臺灣光復後，面對大部分臺灣民眾主要使用日語的現實，爲實現國家通用語言的統一，恢復臺灣漢族民族母語的使用，國民政府制訂了「去日本化」、重塑民族母語的教育政策。

「五四」運動中，國語運動的發展推動了國語課程的誕生。1920 年 1 月，教育部通令全國各國民學校改國文課程爲國語課程。在此基礎上，教育界又繼續向前推動，主張將國語課程進行根本性的改組。包括將讀文內容改以兒童文學爲主，而將以往國文中的實用知識等內容改移至《社會》、《自然》等各科中，同時加強文字表達的豐富性等。這些主張首先在江蘇等地的小學中得到支持與實踐。隨著標準音、標準語的爭論逐漸深入，客觀上也要求提倡國語必須有語言的教學，從而推動了國語課程綱要的出臺。1923 年，《中小學課程標準綱要》應運而生。其中對於「語言」與「文字」，即口語與書面語的各類課程有要求，明確了國語課程的地位。

在小學國語教育的基本問題及具體教學方法上，民國學界進行了大量的研究與實踐，取得了很多成果與經驗。圍繞小學國語教學與文言文教學、方言與小學國語教學、小學國語教學的口頭語言與書面語言這三個關係的討論與實踐一直是民國小學國語教學中的熱點。同時，在針對少數民族及僑民的小學國語教學中，注音符號在少數民族小學國語教學中的作用、少數民族小學語言單語模式的弊端及海外小學國語教學的推行等問題都得到了民國學界的關注。除了國語教學法領域基本問題上的廣泛爭鳴外，有關小學國語教學的程序研究也在 20 世紀 30、40 年代取得了一些進展。1932 年，《新學制小學國語課程標準》頒佈後，小學國語教學的範圍逐漸擴展到語法、修辭、略讀、精讀、注音符號、說話等方面。很多學者結合當時的國語教科書設計出了一系列國語教學法。民國小學國語教育在識字、語言、課文及作文等單項教學領域的實踐中都產生了一些經驗，可供總結與學習。

民國初期，在教科書出版制度採取「審定制」的推動下，民國小學教科書的編撰較爲自由，發展迅速。但在全面抗戰時期，在教科書出版制度「部審制」的要求下，民國小學教科書的出版受到了一定限制，其成果也相應減少，小學國語教科書的出版也有著同樣的趨勢。同時期，在邊疆地區的少數民族母語小學教科書與海外地區的漢語母語小學教科書都有所發展，爲不同的母語小學生群體提供了實際便利，促進了不同母語群體的教育發展。民國小學國語教學的參考書與學生讀物的編纂是隨著小學國語教育的推進而漸次

開展的。20世紀20年代之前，民國小學國語教學參考物與學生讀物都較少。20年代開始，很多出版機構、教育機構及個人開始於此領域發力，成果也不斷湧現。民國小學國語教科書、教師參考書籍及學生讀物，在國語運動的潮流下，在小學國語教育的推行下，有了前所未有的發展，成果豐碩。但其中所存在的問題，也受到了民國學界的警惕。

　　整個民國時期，小學母語教育的師資力量都沒能達到理想的狀態，針對小學母語教師的語言培訓工作嚴重不足是最主要的原因。由於業務水平不足，很多小學教師在課堂上進行國語教學的時候存在著很多錯誤。與研究國語的學術界不一樣，民國小學教師學習國語大多是被動的。此外，還有一種普遍的情形，就是教師在勉強使用著國語進行教學，但是並不強迫或難以強迫學生使用國語。甚至有一些小學教師是反對國語教學的。在少數民族小學中，少數民族語言教師在學習國語的難度上較之漢族教師，更甚一籌。民國教育部門面對這種合格國語師資缺乏的情況，也想方設法，開展了一些積極的措施。如他們要求、鼓勵各地教育部門為當地小學教師開設各種形式的國語補習訓練機構與課程，包括在各縣開設勸學所、國語傳習所等，以及夜班、星期班、假期班等。民國教育部門希望通過這些培訓，使得小學教師們能夠迅速提升國語水平，並堅持使用國語進行教學。小學國語師資培訓的潮流也從中央及於地方，勃然興起。在各省區，教育廳、勸學所、教育會等機構都紛紛採取措施，有所行動。還有一些其他的組織也出於不同的目的，參與進來，客觀上為小學國語教師培訓作出了貢獻。在少數民族地區小學的國語教師培訓方面，民國教育部門也做了一些工作。但有關小學母語教師所要達到的國語水準，民國政府教育部門似乎並沒有一個完整的評估體系，僅是在一些政策文件中有著一些模糊的表述。民國一些學者據此提出了各自的理解。

　　民國小學母語教育存在著一些特殊的因素，這些特殊因素在民國小學母語教育的特定歷史階段有各自的施力，影響著民國小學母語教育的推廣與進行，對這些特殊因素的分析體現出民國小學母語教育的階段性與複雜性。在這些特殊因素的影響下，國語教育標準不斷進行著修改。具體來看，有北京語與國語的特殊矛盾、各種社會文化潮流、漢族區域群體文化、政府控制、民族融合目標等是民國母語教育的特殊因素。

　　在民國小學國語教育實施前，無論是全國語言通達方面，還是全國小學語言教育方面，都少有亮點。在少數民族地區，漢族與少數民族語言隔閡的

情況十分嚴重。而在一些將宗教教育作為啟蒙教育主要方式與內涵的少數民族地區，如實施伊斯蘭經學啟蒙教育的新疆地區，民族與民族之間語言的障礙更加嚴重。對於民國小學國語教學的效果評估，從整體上來看是呈上升的態勢的。民初，這方面的評估效果都很難令人滿意。對於小學國語教育的推行理想，民國學者們也作有一些想像。誠然，也有人對於國語教育的未來並不抱樂觀態度。這段時期，民國教育界除了積極推行國語教學外，也開始對教學效果開展了一些評價工作。一些觀察從宏觀上指出小學國語教育還需要時間的積澱以及強力的監督制度，才能有實效。不少評價具有現實與指導意義。在小學國語教育推行的部令下，少數民族地區小學國語教育亦有一定的進步，但區域性差異非常明顯。主要原因在於語言學習環境、習慣之外，雙語師資的培養等因素的綜合作用。外國傳教士在我國邊疆少數民族地區進行的宗教傳道教育雖然不乏文化侵略的性質，但在客觀上也加深了這些地區少數民族接受國語教育的文化基礎。少數民族聚居地區的教育基礎較內地薄弱，單薄的基礎教育事業無論在體量規模上，還是質量上，都難以滿足小學國語教育推廣的重任。一些少數民族聚居區流行著漠視教育的風氣，尤其是不願意接受漢族所主導的教育模式的風氣。少數民族聚居區的一些所謂的「教育」，其實質卻是宗教教育，與世俗教育有很大區別。在小學國語教育實施的同時，對於國語標準的爭論依然在持續，這些爭論也影響到了小學國語教育的進行。方言區的一些小學教師對方言懷有感情，在教學過程中，自覺不自覺的使用方言的情況十分普遍。而更加複雜的是，民國小學國語教育的推行，還引起了民眾語言心理上的變化。

民國小學國語教育的推行大多依靠學術界、教育界人士的倡議與實踐，就其大眾化過程來看，普通民眾對於小學國語教育的能動性一直沒有得到積極的調動。雖然官僚、商人階層，以及大部分中上層知識分子等群體對國語持有熱情的態度，但大部分普通中下層民眾卻對國語教育推廣沒有積極投入，對於小學國語教育更是無感。普通民眾在小學國語教育方面動員不足的原因很多，其中最主要的莫過於各個漢族方言區域群體性心理因素、一些地區的少數民族輕學風俗、語言使用生態的堅守與變化、民眾國家意識是否覺醒等因素的影響。

民國小學母語教育的推動與實踐，是在國語推廣的大背景下進行的。國語推廣既包含著將漢族方言統一於國語的努力，也包含著推動少數民族對漢

語語言的學習，其目標在於塑造一個全國各民族各區域皆能接受、應用的統一的語言體系。從這個意義來看，小學國語教育即爲漢族小學的統一母語的教育，也爲少數民族對於漢語學習的統一標準的教育。自 20 世紀 20 年代初，民國教育部開展小學母語教育至 1949 年的三十年左右時光中，民國小學母語教育在發展的同時，也爲民國社會帶來了一些正面與負面的效應，值得我們探察。

第一章　民國小學母語教育的生態環境

　　一般認爲，「民族」是 19 世紀末 20 世紀初引進中國的意識概念。在大多數情況下，人們所理解的民族語就是該民族的母語。如果說民族語言是相對於民族集團而言的概念，母語則是個體所使用的語言概念。兩者在絕大部分情況下是一致的，亦有部分個體人出生後所習得的第一語言並非其民族語言，而是他族語言。有清一代，雖有多種語言使用與教學，但在漢族地區，政府以《聖諭廣訓直解》作爲語言教學的標準語言教科書，並要求各地學堂必須講習漢語官音，所謂：「各國言語，全國皆歸一致，同國之人，其情易洽。」〔註1〕民國肇始後，漢族的母語漢語無論是從使用區域、使用人口上估算，都是中國第一大語言，也是官方語言，得到了廣泛的推廣。時人就以爲漢語在當時已經成爲事實上的中國國語。如周作人所述：「我所以爲重要的並不是說民族系統上的固有國語，乃是指現在通行活用、在國民的想法語法上有遺傳的影響者，所以漢語固然是漢族的國語，也一樣的是滿族的國語，因爲他們採用了一二百年，早已具備了國語的種種條件與便利，不必再去復興滿語爲國語了。」〔註2〕清末民初期間，漢族與少數民族相互學習各自母語的情形存在著區域差異，在部分地區較爲普遍，但在新疆、西藏等地區並不理想。馬學良說：「我國邊疆民族的複雜，語文的分歧，幾乎是在世界上任何部份所罕見的現象。書不同文，語不統一，爲數千年來立國之憾事。」〔註3〕

〔註 1〕《新定學務綱要》，《東方雜誌》1904 年第 4 期，第 84 頁。
〔註 2〕周作人：《國語改造的意見》，《東方雜誌》1922 年第 17 期，第 8 頁。
〔註 3〕馬學良：《邊疆語文研究概況》，《文訊》1948 年第 6 期，第 595 頁。

第一節　民國語言分佈的基本情況

民國時期，全國語言的分佈情況大致如下：

一、民族語言

中國是一個多民族、多語言、多文字的國家，據中華人民共和國成立初期的調查，除了漢族所使用的漢語之外，另有 53 個少數民族有自己的語言。在民國時期，主要生活於雲南、貴州、西康、陝西、甘肅、寧夏、青海、新疆，以及外蒙等省份的一些少數民族已經具有了自己的民族文字。〔註4〕一些地區的少數民族語言成爲當地的主流語言。張國璽說：「居住在天山南北的人民，約有百分之九十是用維文的，維文在新疆的重要，由此可見一斑。」〔註5〕尤其是在蒙古、新疆、西藏、西南等省的少數民族，他們的語言與漢族的漢語完全不同。芮逸夫說：「中國邊疆民族之語言分屬漢藏、阿爾泰、印歐、南亞、南島五個語系。」〔註6〕黎錦熙以爲滿蒙回其族語皆屬於烏拉阿爾泰語系；原同祖語的親族語者，如蒙、番、苗、瑤、黎、倮羅、擺夷與漢語皆爲漢藏語系；華南海外的臺灣的土語又另屬南島語系。〔註7〕相較於大多爲一音一義的漢族單音語，中國的一些其他民族語言則有很大不同。如包括多音爲一義的，而不變化其語尾，追加連結，以示種種之意味的滿蒙兩族的連結語；包括多音爲一義的，但變化其語尾的回族的屈曲語；係介在單音，連結二語之間的藏族的中間語等。〔註8〕民國時期一些少數民族文字還可分爲象形文與拼音文兩種。象形文主要爲倮羅文、麼些文等。拼音文爲主要爲滿文、蒙文、維文、藏文、擺夷文等。

二、方言區分

黎錦熙曾說：「世界各種族語都是『與生俱來』的，正和漢語中的方言是

〔註4〕《國家民委主任等參觀少數民族語言文字工作成就展》，轉引自哈正利：《論我國少數民族語言文字政策的完善與創新》，《中南民族大學學報》（人文社會科學版）2009 年第 5 期，第 17 頁。

〔註5〕張國璽：《從新疆語文說起》，《西北世紀》1949 年第 3 期，第 7 頁。

〔註6〕芮逸夫：《中國邊疆民族之語言文字及其傳授方法》，《中國邊疆》1948 年第 11 期，第 1 頁。

〔註7〕黎錦熙：《國語邊語對照「四行課本」建議》，《文藝與生活》1947 年第 1 期，第 1 頁。

〔註8〕葉霖：《國語教學上的語言統一訓練問題的研討》，《安徽教育輔導旬刊》1936 年第 28 期，第 25 頁。

各個人的『母語』一樣，在民眾的日常生活上，永遠是流動著，活動著。」〔註9〕亦有學者認爲：「漢語方言的形成和音變、移民、政治疆域改變、資本主義經濟與身份認同都有關係，但影響最深遠的應該是音變和移民。」〔註10〕在漢族語言中，雖然是來源相同的同一語言，但受人民遷徙，交通阻隔，氣候相異等諸多因素的長期影響，歷史上即形成了各個相對獨立的方言區域。因而，「遂有音調之不同，因之而造成不同之方言，小之如南京鎮江，大之如浙江福建皆各有其方言，雖其音不同而其字則一。故云方言之不同而非語言之不同，復因時化之推移，故各時代間之方言亦遂有異矣。」〔註11〕方言的不同體現在方音（同一字而不同音）、辭類（除音不同外尚有用字之不同）及文法（句子之結構大致相同，惟亦稍有出入）等方面。〔註12〕從某種意義上來說，漢族各地方言可稱爲各地漢族人民的各自母語分系，而漢語是漢族統一的母語。

　　民國學術界對於漢語方言的研究一直有著濃厚的興趣。早在1912年，馬裕藻就對中國漢語方言進行了剖析，他根據定海胡氏所述，判斷中國漢語方言大致有十個類別，其區域與劃分理由分別如下：黃河以北之境，北至塞，東至海（其方言高亢。韻雖不完，然多唐虞之遺音。）；陝西（漢唐以來，流風餘韻，猶有存者。陸法言謂秦隴則去聲爲入，梁益則平聲似去，至今猶然。）；河南湖北沿江東下至於鎮江之境（爾雅中正，純爲夏聲。而武昌漢陽，尤爲純正。）；湖南（多帶楚聲）；福建；廣東；漳泉惠潮嘉應五州（與他州頗異。中原古音，間有存者，如化石然。）；開封以東至曹沇沂褚州以至江淮之間（方言雖帶朔風，而四音具備。）；江南之蘇松常太倉、浙江之杭湖嘉興寧波紹興等處（音多濡弱。）；徽州寧國之高原地（別爲一種方言。浙江之衢嚴金華、江西之廣新饒州，皆屬之。）；四川（其音與關中無大差異。）而其他「如雲南貴州廣西三部，皆因人爲強迫之力，咸從中原之音，與四川湖北相同。至於湖南之沅州，有類貴州之音，猶之浙江之溫台處諸州，大抵近於福建之福寧。而福建之汀州，則頗似江西之贛州也。」〔註13〕這是民國時期較早的系

〔註 9〕　黎錦熙：《國語邊語對照「四行課本」建議》，《文藝與生活》1947 年第 2 期，第 2 頁。

〔註10〕　劉鎮發：《百年來漢語方言分區平議》，《學術研究》2004 年第 4 期，第 128 頁。

〔註11〕　趙元任講、皎記：《語言調查》，《金陵女子文理學院校刊》1935 年第 2 期，第 10 頁。

〔註12〕　趙元任講、皎記：《語言調查》，《金陵女子文理學院校刊》1935 年第 2 期，第 10 頁。

〔註13〕　馬裕藻：《小學國語教授法商榷》，《東方雜誌》1912 年第 9 期，第 17 頁。

統的對全國漢語方言進行劃分的嘗試。此後，不少學者陸續對漢語方言區的劃分提出了自己的觀點。1915 年，章太炎復將漢語方言分爲河北、山西；陝甘、河南東部、山東、江淮；四川、雲南、貴州、廣西；河南南部、湖北、湖南、江西；廣東；福建；江蘇南部、浙江北部；安徽等方言區。1934 年，黎錦熙則重新界定全國漢族方言爲 11 個分區，將上述章太炎界定的河南東部山東江淮分區拆分爲河南及江淮兩部，將河南南部湖北湖南江西分區拆分爲江漢、江湖兩區，將江蘇南部浙江北部分區拆分爲甌海與太湖兩區，其餘分區則大致相同。同年，中央研究院歷史語言研究所將漢語方言區分爲北方官話、華南官話、客、粵、海南、閩、吳等 7 方言區。5 年後，該所又將北方官話方言區拆分爲北方官話、上江官話兩個方言區，將華南官話方言區拆分爲西南官話與湘兩個方言區，同時改海南方言區爲潮汕方言區，另增加了皖方言區。而在 1937 年，李方桂就曾做過類似的修正，他的方案與 1939 年中央研究院歷史語言研究所方案所不同的僅是稱上江官話爲東部官話，將湘方言區的部分地區與客方言區合併化爲贛客方言區，將潮汕方言區併入閩方言區。1948 年，趙元任與中央研究院歷史語言研究所又分別提出新的劃分方案，兩者都將閩方言區分拆爲閩南、閩北兩個方言區，而趙元任延續了李方桂的贛客方言區概念，歷史語言所則依然堅持贛、客方言區的分離，並堅持徽（皖）方言區的存在。

亦有民國學者對漢語方言的音調進行了調查，如根據葉霖在 1936 年根據地理關係的分析，「中國的語言，因所在之地不同，故其音調亦隨之各異。」〔註 14〕具體則是：「其北帶者——多近於操北平音，其中帶者——多近於操南京音，其南帶者——多近於操桂林音。」〔註 15〕這類領域的研究假說與成果亦十分豐富。

事實上，由於地理上地形地貌的多樣與歷史上民衆遷徙的不定，漢語方言的種類區分十分複雜。從微觀上進行觀察，即使是一省一縣之內，漢語方言的差異都令人震驚。除了漢族方言之外，分佈區域較大的一些少數民族內部亦有方言差異。以西康爲例，「西康語言，有地腳話及官話之分，地話爲各

〔註 14〕 葉霖：《國語教學上的語言統一訓練問題的研討》，《安徽教育輔導旬刊》1936
　　　　 年第 28 期，第 25 頁。
〔註 15〕 葉霖：《國語教學上的語言統一訓練問題的研討》，《安徽教育輔導旬刊》1936
　　　　 年第 28 期，第 25～26 頁。

地方之方言，官話則西康通行之語言也，惟西康縱橫數千里，山嶽延綿，形勢隔閡，官話之中亦不無隨地歧異之地，大抵地腳話，多由復音組成，唇舌宛轉，非其土著，不易瞭解。」〔註16〕民國學者聞宥說在少數民族所居住的西康、四川、雲南、貴州、廣西、青海、甘肅、湖南、湖北、陝西、廣東、西藏諸省內，「約有二三百種名稱不同的邊民，這些名稱不同的邊民，同時也操著音質不同或語態不同的方言。」〔註17〕事實上，少數民族方言也可視為各少數民族母語的分系。

第二節　民國語言使用的區域狀況

　　當時並非全部的少數民族語言都處於正常使用的狀況，黎錦熙就對一些少數民族語言有過這樣的評價：「這些文字有的仍在使用，有的於實際上應用上已至半死狀態。」〔註18〕

一、純粹使用本民族母語的區域

　　民國初期，在少數民族人口占多數的地區，大多以本民族母語為主要交際語言，很少有人學習或使用他族語言。往往出現了「漢族與各夷族間及各夷族相互間，語言大都不能相通」〔註19〕的情況。以新疆為例，楊增新執政新疆時，其政府雇員大多為漢人，但這些漢族官吏多不識當地的少數民族語言文字，且「回人識漢文、懂漢語者每縣有三數人」〔註20〕，這種現象造成了行政治理上極大的不便。至盛世才任新疆督辦後，為了工作需要，還專門設立了翻譯室，每次開會，有幾個民族的人參加，就要安排幾個語種的翻譯人員進行翻譯。十分費時費力，行政成本很高。

二、本族語、外族語混用的情況

　　隨著經濟、政治、文化等領域的交流日益頻繁，各民族成員之間的聯繫

〔註16〕　《新西康之全貌：土著之語言文字及社會生活》，《經濟研究》1940年第2期，第16頁。
〔註17〕　聞宥：《西南邊民語言的分類》，《學思》1942年第1期，第338頁。
〔註18〕　黎錦熙：《國語邊語對照「四行課本」建議》，中國第二歷史檔案館藏檔案，教育部檔，第5-12301號。
〔註19〕　芮逸夫：《西南民族語文教育芻議》，《西南邊陲》1938年第2期，第45頁。
〔註20〕　陳世明：《新疆現代翻譯史》，新疆大學出版社1998年版，第4頁。

逐漸加強，一些兒童出生後首先習得與使用的並非本民族母語，而是他族語言，此類語言現象在中國歷史上並不少見，民國時期也不例外。如一些少數民族兒童在漢族聚居區長大，受語言環境的影響，首先習得了漢語。在一些較強勢的少數民族與相對弱勢的少數民族混居區域也會出現這種現象，如廣西瑤族有的兒童首先學會壯語，而本族的布努語卻在其後習得。此外，由於生活、生產、交流的需要，或由於遷徙的影響，一些少數民族或漢族人民除了使用本族母語外，還會經常的使用他族語言。甚至還存在著一個民族使用若干種本民族母語或他民族語言的現象，如瑤族使用著勉語、布努語、珞珈語和漢語。這種本族母語、外族語混用的現象使得民國各民族母語使用的狀況更加複雜。

三、日本侵華的語言殖民

日本在侵華過程中，一貫以語言殖民作為侵略的工具之一。如「日本吞併了我東三省，不及半載，那本莊繁就令將各教科書及各學校一律改用日文來教授。」〔註21〕在東北吉林地區，偽教育廳就「積極提倡人民學習日語，對各縣市旗的設立日語學校者均與以優越的獎勵與扶助，以期日語普及，成為東北通行的語言。」〔註22〕而在民國各地母語語言使用的情況中，最特殊的是臺灣地區。清代臺灣地區人民原本使用漢族方言及高山土著族語言，但中日甲午戰爭後，日本吞併了臺灣地區，實施強力的語言殖民政策。「日本人更毒辣的手段，是廢止臺灣話，一切近代文明產物的名字如無線電收音機、火箭炮等，都要大家說日本話，這樣，臺灣話就愈弄愈少了。因為臺灣話與閩南話很相像，臺灣話可說是中國話的一系統，所以只要臺灣話一旦消滅，臺灣人對祖國的精神聯繫就可以全部的隔斷了。」〔註23〕在 1895 年至 1945 年的 50 年間持續實行語言殖民政策，強制性推行日語（其時稱為日本「國語」）的學習，淡化臺灣地區人民對漢語及少數民族語等母語語言的使用。日據政府在臺灣地區設立了「國語」傳習所等語言學習機構，全力進行日本語言的推廣，以語言的同化實現對臺灣民眾的同化。同時特為臺灣地區的少數民族設立了「蕃童教育所」或「山地公學校」，強制少數民族兒童進入這些機構學

〔註21〕 陳寶銓：《語言文字與民族存亡之關係》，《南中》1932 年冬，第 127 頁。
〔註22〕 《日本的語文侵略》，《語文》1937 年第 1 期，第 26 頁。
〔註23〕 何容、朱寶儒：《語言教育的重要在臺灣：日本人是怎樣統治臺灣的》，《國民教育輔導月刊（上海）》1948 年第 6 期，第 7 頁。

習日語。爲了吸引這些少數民族兒童入學學習日語，這些機構一度曾經提供免費的膳食與住宿。這種做法明顯的提高了臺灣少數民族兒童的入學率，至1941年底，臺灣少數民族適齡兒童入學率達到了86.35%，甚至超過了臺灣地區漢族兒童的入學率。日據政府的這些語言教育措施背後是有著險惡的政治目的的。「日據當局在少數民族地區大力培養懂日語且親日的青年，以逐漸取代舊有的部落頭目和有勢力者。」〔註24〕同時，日據政府還開辦了「國語講習所」、「青年夜學會」、「家政講習所」等「撫化教育」機構，對成年臺灣民眾進行日語教育。日據政府的這些語言殖民的舉措十分有效。「在日本殖民政策之下，他們第一是求同化，所以要臺灣人把日本話認作國語，而禁止說臺灣話，五十年教育的結果，小學生果然只會話日本話，而不會說臺灣話了。」〔註25〕

　　經過數十年的日語推廣，臺灣社會的母語生態有了很大的改變。據統計，「到1920年，日語在臺灣的普及率爲2.86%；1932年，臺灣居民解日語者，合計1023371人，占總人口22.7%；1936年共計1641063人，占總人口32.9%；1940年已達到總人口的51%；1942年約達58%；而到1944年日方宣傳已達70%。」〔註26〕日語取代臺灣地區民眾原母語的趨勢已經很明顯。因此，1945年，臺灣光復後，臺灣社會的語言衝突現象十分嚴重。當時，語言衝突不僅體現於臺灣社會的各種族群中，還體現在各年齡段的群體中。《申報》當時報導：「臺灣老年人懂得國語文（漢語），能說臺灣話，中年人寫日文，能勉強說臺灣話，少年則說寫全爲日文。」〔註27〕這種現象在國民政府教育部國語推行委員會的官方報告中也有提到：「除年老等尚能操閩南語之外，所有青年兒童，多半能說日語而不懂國語。」〔註28〕「一般人對本國文字尚缺乏正確之理解與自由運用之能力。」〔註29〕極端例子如1946年的花蓮縣花蓮區士林

〔註24〕　姜莉芳：《臺灣少數民族語言教育歷史嬗變述評》，《百色學院學報》2012年第1期，第94頁。

〔註25〕　味橄：《臺灣的國語運動》，《臺灣文化》1947年第7期，第6～7頁。

〔註26〕　參見矢內原忠雄著，周憲文譯：《日本帝國主義下之臺灣》，臺北帕米爾書店1985年版，第152頁；徐子爲、潘公昭：《今日的臺灣》，中國科學圖書儀器公司1948年版，第187～188頁。

〔註27〕　《臺灣人熱心學習國語》，《申報》1946年11月6日，第6版。

〔註28〕　《致黃司長函》，中國第二歷史檔案館藏檔案，教育部檔，第5-12294號。

〔註29〕　《臺灣省語文教育的現狀和當前的需要》，中國第二歷史檔案館藏檔案，教育部檔，第5-12283號。

鄉，該鄉「民眾十之八九通行日本語言，而文字亦應用日文。」〔註30〕

可見，經過50年的日語強制學習，漢語母語在臺灣地區漢族民眾的現實使用中已經式微，隨侵略者而來的日語反而成為該地區的強勢語言。此外，日本在佔領中國大陸各地時，都採取了語言殖民的政策和措施，強制中國人民學習日語，放棄母語。大陸的淪陷區內日語的使用情況沒有臺灣地區那麼普遍，很大程度上有賴於淪陷時長、語言習慣、推廣力度等因素的綜合影響。

第三節 清末民初各民族語言交流的狀況

清末民初，中國各地在語言教育上的主要努力包括在少數民族地區開展各民族母語教育；在少數民族地區推廣漢語教育；鼓勵漢族學習少數民族語言等三個方面。

一、少數民族母語教育方面

清代，中國少數民族的母語教育大多不是通過純粹的學校教育形式而進行的。芮逸夫說：「中國邊疆民族舊時之語文教育可分寺院、巫師、學塾三種傳授方法。」〔註31〕

清政府曾一度禁止新疆的少數民族使用本民族的語言文字辦學，認為這是一種「離經叛道」的行為，但限於宗教因素，政府對於宗教寺院的語言教育客觀上並不加干涉。而在清末民初的新疆，寺院是當地的少數民族群眾進行語言學習的最主要的公共場所。「離去寺院，幾無教育之可言。」〔註32〕「如伊斯蘭教徒之習維文皆在清真寺，蒙藏喇嘛之習藏文皆在喇嘛寺，擺夷及少數崩龍、蒲人、佧喇等佛徒之習擺夷文皆在佛寺。」〔註33〕只是這些語言學習的受教者在整個少數民族群體中是極少數，其學習目的也是為了宗教信仰的鞏固與傳承，其語言學習的內容皆是宗教經典文字。如芮逸夫所說：「其教

〔註30〕 《花蓮縣花蓮區士林鄉高山族概況（1946年7月22日）》，陳鳴鐘、陳興唐主編：《臺灣光復和光復後五省省情（上）》，南京出版社1989年版，第262頁。
〔註31〕 芮逸夫：《中國邊疆民族之語言文字及其傳授方法》，《中國邊疆》1948年第11期，第2頁。
〔註32〕 芮逸夫：《中國邊疆民族之語言文字及其傳授方法》，《中國邊疆》1948年第11期，第3頁。
〔註33〕 芮逸夫：《中國邊疆民族之語言文字及其傳授方法》，《中國邊疆》1948年第11期，第3頁。

學目標，重在唪誦經典，用文字以表情達意其次也。」〔註34〕這種語言學習
與母語教育的宗旨是相背離的，如當時新疆地區的蒙古族「既不向學，識字者
亦稀，喇嘛所諷經，皆唐古忒文與蒙文，又異於記事記言，毫無實用。」〔註35〕

　　至於少數民族巫師所進行的語言教育，是爲了培養下一代巫師，多是以
經呪爲教材，其旨同樣不在於語言文字的日常應用。「如倮儸文，完全由唄耄
師徒授受，在倮儸人中，惟習爲唄耄者，始習儸文，否則，無儸文教育之可
言。麼些文則由東巴師徒授受，在麼些人中，亦惟習爲東巴者，始習麼文，
否則，亦無麼文教育之可言也。」〔註36〕

　　而少數民族學塾中的語言教育，較之前兩者，相對回歸了母語教育的本
意。這類少數民族的學塾所教授的都是民族母語，教學模式亦與漢族學塾相
類似，在語言學習上著眼於實際運用。「如滿文之在新疆、伊犁一帶，索倫、
錫伯等人，尚多聘師設塾，授其子弟以滿文，以爲表情達意之用。蒙文之在
蒙古盟旗中，大都由旗署聘師設塾，選拔兒童學習蒙文，民間亦有自行聘師
教學者，其教材爲三字經、孝經、聖諭廣訓等之蒙文譯本。」〔註37〕少數民
族學塾母語教育較爲發達的地區是東北，如滿族母語滿文教育就曾盛行於東
北地區。「清末民初，滿文私塾教育遍及黑龍江、吉林二省，直到建國後才消
失。」〔註38〕

　　可見，在清末民初少數民族母語教育事業的發展過程中，除了學塾發揮
了部分作用外，寺院、巫師教授的母語學習對於少數民族的語言習得與普及
的效果並不大，這是少數民族母語教育在當時的客觀情況。

二、漢語官話教育在少數民族中的推廣

　　清末民初，在廣袤的邊疆地區，從國家統治、經濟發展、民族交流等需
求出發，在不同地區，政府也持續或間斷性的開展了一些漢語官話的推廣工作。

〔註34〕芮逸夫：《中國邊疆民族之語言文字及其傳授方法》，《中國邊疆》1948 年第
　　　　11 期，第 3 頁。
〔註35〕王樹枏等纂：《新疆圖志（1～6）》卷 38「學校志」，臺灣文海出版社 1965 年
　　　　版，第 51 頁。
〔註36〕芮逸夫：《中國邊疆民族之語言文字及其傳授方法》，《中國邊疆》1948 年第
　　　　11 期，第 3 頁。
〔註37〕芮逸夫：《中國邊疆民族之語言文字及其傳授方法》，《中國邊疆》1948 年第
　　　　11 期，第 3 頁。
〔註38〕季永海：《論清代「國語騎射」教育》，《滿語研究》2011 年第 1 期，第 77 頁。

　　有學者認爲「單就教育而言，幾百年以來，在廣大少數民族地區，從儒學、私塾（學館）、義塾（義學）、社學、營學、書院教育到學堂、國民學校，始終實行的是漢語文或以漢語文爲主的教育。」〔註39〕但在清末民初時期，這類實行漢語教育的機構在少數民族地區並不發達。西域戰亂結束後，左宗棠即上書清廷中央，請求在新疆建立廣泛的義塾教育，其中包括漢語的學習。總體上，清政府是鼓勵少數民族學生積極學習漢語的。根據宣統三年（1911）纂修的《新疆圖志》的資料顯示，其時新疆有學堂 606 所，其中教員 764 名，學生達到 16036 名。但對於偌大的新疆而言，學習漢語的人數並不樂觀。西藏也與之類似，當時也有學者提出「改良藏俗，宜先從興學入手，而言語不通，教育諸多窒礙，請先建立官話學堂，漸次增加各種科學，以期普及。」〔註40〕由此側面可見西藏漢語教育的微弱。

　　單純的理想遭受著現實的嘲弄，在少數民族地區開展漢族官話教育所遭受的阻力很大。如在新疆的維吾爾族民眾當時就十分抵制漢族官話的推廣。他們宗教信仰深厚，難以接受異族文化與教育。「其人篤信教祖，牢不可破。以拜孔子爲大恥。雖以官方強迫之，終不能怡然就範。」〔註41〕他們認爲接受漢族教育，學習漢族語言，是違背他們的宗教信仰的。「且一入學，種人即謂之背教，無不異視之者。」〔註42〕再如蒙古族，「與學尤格格不入，凡決疑，必問喇嘛，膜拜喇嘛，以得一摩撫爲幸」〔註43〕，也十分排斥接受漢族教育，更牴觸漢族官話推廣。

　　但在一些多民族混居地區，尤其是漢族人口比例較高的多民族混居地區，漢族官話推廣的努力就有明顯的成效，如四川巴塘就很典型。巴塘是一個以藏族爲主，多民族混居的地區。光緒三十二年（1906 年），趙爾豐就任川滇邊務大臣，積極謀劃在川滇少數民族地區推廣漢族官話教育。他籌建了關

〔註39〕　王遠新：《論我國少數民族語言態度的幾個問題》，《滿語研究》1999 年第 1 期，第 91 頁。

〔註40〕　盧秀璋主編：《清末民初藏事資料選編》，中國藏學出版社 2005 年版，第 225 頁。

〔註41〕　王樹枏等纂：《新疆圖志（1～6）》卷 38「學校志」，臺灣文海出版社 1965 年版，第 50 頁。

〔註42〕　王樹枏等纂：《新疆圖志（1～6）》卷 38「學校志」，臺灣文海出版社 1965 年版，第 50 頁。

〔註43〕　王樹枏等纂：《新疆圖志（1～6）》卷 38「學校志」，臺灣文海出版社 1965 年版，第 51 頁。

外學務局，以吳嘉謨擔任總辦。吳嘉謨則選擇巴塘城關爲試點，將舊有的私塾改造爲官話學堂，配備漢藏雙語師資，採取漢藏雙語教學。「初年教以漢蠻語言、通用白話之字，次年教以將白話通用字聯貫成句之法，以能寫白話信札爲度，授以計數珠筆各算學，訓以事親敬長並對待同等應行禮節、應盡情義，及起居、飲食、行立、進退之規則，每逢星期，教習開堂，宣講聖諭廣訓及古來賢哲名言，總取其宗旨純正而近情切理、易於實行者。其奇特之行、神異之事，概置不談……學生三年畢業，即令退學，各務本業。再以新收者各按學期，陸續補入。」〔註 44〕事實上，這種官話教育已經突破了單純的語言學習範疇，涉及到了漢族禮儀、風俗及儒家文化等方面。也正因爲這樣的學習內容能夠匹配語言學習的深度。巴塘的漢族官話教育取得了明顯的成效。宣統三年（1911 年），趙爾豐親赴巴塘視察官話教育效果。經過筆試面測，趙爾豐給予了巴塘漢族官話學堂相當高的肯定評價：「巴塘一隅男女學生等，先學漢語，繼學漢文，甫經三年，初等小學堂男女學生竟能作數百言文字，餘皆能演試白話，解釋字義。尤可嘉者，八、九齡學生，見人彬彬彬有禮，問以義務，皆知忠君愛國爲主。女生更高自位置，以禮自待，不輕與人言笑。草昧初開，驟然變野蠻而歸文化，初非臣意料所及，是皆辦學之員及教習等善於訓導之功，亦以見朝廷政治維新，注重教育，於蠻方亦澤以詩書，十年之後，必有通人。」〔註 45〕在巴塘試點期間，川滇其他地區也積極推進這種模式。「在短短一兩年間，川邊地區就建設了各類學堂 200 餘所、入校學生 9000 餘人。」〔註 46〕有學者估計按當時川邊地區人口數估計，有 25% 人口接受了程度不同的教育，其中主要是漢語官話教育。〔註 47〕在那個時期，可算是一個不小的成就。

〔註44〕　《趙爾豐奏川滇邊務事宜均關緊要據實縷陳並擬具章程》，見西藏自治區社科院等編：《近代康藏重大事件史料選編（第二編上)》，西藏古籍出版社 2004年版，第 17 頁。

〔註45〕　《關外學務辦有成效請添撥經費以便推廣摺》，見四川省民族研究所編：《清末川滇邊務檔案史料》編輯組編：《清末川滇邊務檔案史料（下冊)》，中華書局 1989 年版，第 841 頁。

〔註46〕　《關外學務辦有成效請添撥經費以便推廣摺》，見四川省民族研究所編：《清末川滇邊務檔案史料》編輯組編：《清末川滇邊務檔案史料（下冊)》，中華書局 1989 年版，第 841 頁。

〔註47〕　秦和平：《從清末巴塘官話認識藏漢民眾交往》，《福建師範大學學報》（哲社版），2016 年第 1 期，第 131 頁。

三、鼓勵漢族學習少數民族語言方面

為了使得政令通行，實現民族溝通，清政府也一度贊同漢族官員學習少數民族母語。

如在新疆地區，長期以來，清政府在要求維吾爾族官員學習漢語的同時，曾嚴禁漢族地方官員學習維吾爾語，但在清末，這一禁令被打破，出現了維漢官員「互授文語，期於相觀而善」〔註 48〕的景象。左宗棠就要求新疆各種文告都要使用漢、維兩種文字，尤其是「徵收所用券票，其戶民數目，漢文居中，旁行兼注回（維）字，令戶民易曉。」〔註 49〕民初，新疆督軍和省主席楊增新也積極要求漢族地方官員學習維吾爾語。同期，新疆各地所成立的漢學堂為各級地方政府提供了語言翻譯人才。「通事（翻譯）人材，蓋自漢學挑取。」〔註 50〕楊增新還創辦了維文研究所，培養了一批漢語與少數民族語兼通的雙語人才，雖然數量不多，但也為新疆的治理起到了積極作用。

綜上，從清末民初母語教育的生態環境上看，漢語與很多少數民族語言存在著絕對的差異，官方歷來所提倡的官話是以漢族母語為基礎的官方流行語，並通行全國。漢族母語教育的地區差異主要是方言（語音）方面的差異，而少數民族的母語教育則有更多不足。漢族與少數民族之間的語言學習也有一定的障礙。

〔註 48〕 鄭信哲、周競紅主編：《民族主義思潮與國族建構：清末民初中國多民族互動及其影響》，社科文獻出版社 2014 年版，第 179 頁。

〔註 49〕 戴慶夏主編：《雙語學研究：第 3 輯》，民族出版社 2011 年版，第 455 頁。

〔註 50〕 陳世明：《新疆現代翻譯史》，新疆大學出版社 1998 年版，第 5 頁。

第二章　民國小學母語教育思想

　　縱觀世界各國近代史上，很多國家有過統一國家標準語言的歷程。「世界上不少國家和地區在工業革命開始時往往把推行共同語作爲凝聚與團結國家和地區力量的重要工作。日本明治維新後花了大約 20 年的時間普及了以東京語爲標準的國語。新加坡在現代化進程中大力推廣華語，提倡不說方言，成爲該國現代化的重要標誌和內容。」〔註1〕同樣，中國的國家標準語言的倡導與制定、實施也經歷了一個思想上的啓蒙、醞釀與成型的階段。

　　初等基礎教育階段的母語教育思想在清末即有所萌芽。光緒三十年（1904年），清政府頒佈了《奏定高等小學堂章程》和《奏定初級師範學堂章程》等法規文件，提出了規範初等基礎教育階段語言教育的目標，明確將「練習官話」（即漢語官話）作爲小學學生語言教育的基本要求。而對於官話的具體含義，清廷學部並未給出具體界定，當時大部分學界中人多以京話爲官話，但異議者亦眾多。爲此，光緒三十二年（1906 年），清廷學部咨文要求製造切音字，「依《玉篇》、《廣韻》等書所注之反切，逐字配合，垂爲定程，通行全國，不得遷就方音，稍有出入。」因各地漢語方言音義差異較大，故清學部要求「決不能據一二省之方音爲標準，而強他人之我從」。這份咨文還特別提到，京音無入聲，而他省有之，「自不能一概抹殺」〔註2〕。也有學者提出：「清末新政時期『國語統一』觀念甫經提出，『官話』與『國語』就自動被看作一組

〔註 1〕　閻立欽：《我國語文教育與近代以來社會變遷的關係及啓示》，《教育研究》1998年第 3 期，第 32 頁。

〔註 2〕　《學部諮外務部文》，本社編：《清末文字改革文集》，文字改革出版社 1957年版，第 69～71 頁。

同義詞：不但民間輿論將二者混爲一談，官方最早推行語言統一的政策亦號稱要普及『官話』。」〔註 3〕可見，直至清末，關於漢語官話內涵界定的問題一直沒有得到解決。但限於當時全國經濟文化交流實際及近代初等基礎教育事業不發達等因素，特別是民間知識分子於此一問題的關注不夠，這一問題的解決並沒有急迫的理由。民國成立後，伴隨著新文化運動而興起的國語潮流，終於激化了這一矛盾，也爲學界認眞思考並研究漢族母語統一及小學母語教育思想塑造了氛圍。「今雖免除黨派省界之弊病；而圖團結全國之民眾。尤非速行統一全國語言不可。但雖統一語言，考之各國先例，必先強制普及教育。」〔註4〕具體而論，民國學界關於母語小學教育思想的討論主要集中於標準國語的界定以及國語推廣與少數民族母語教育的矛盾兩方面。

第一節　標準國語的界定與民國小學母語教育

黎錦熙說：「我國國語不統一應分作兩方面說，一是讀音不統一，一是詞類不統一。前者可謂之方音，後者可謂之方言。(此是狹義，廣義的方言包括方音在內。)」〔註5〕事實上，無論民間還是學界，關於官話與白話文的矛盾，在清末民初就已經凸顯。陸費逵曾評論毫無統一標準的官話與白話文語言環境會導致交流的障礙：「往往你寫的北京官話，我寫的南京官話；你寫的山西官話，我寫的湖北官話；更有浙江官話、江蘇官話，夾了許多土話的官話。」他不由擔心道：「將來弄了這許多種的官話，怎樣統一？」〔註6〕此種擔心恰是當時中國語言使用中沒有標準官話的尷尬所致。

在近代歐洲一些民族國家的形成過程中，有所謂「語音中心主義」形成「語言民族主義」的問題。這些問題提示了中國國家標準語言制定的重要性。關於國語的必要，黎錦熙的解釋比較直白，即：「所謂國語，乃是全國人民用來表情達意的一種公共的語言，人人能夠說，卻不是人人必須說，因爲常言道得好，『官腔莫對同鄉打』，雖然不是人人必須說，卻要人人能夠說，爲的

〔註 3〕　王東傑：《官話、國語、普通話：中國近代標準語的「正名」與政治》，《學術月刊》2014 年第 2 期，156 頁。

〔註 4〕　點公：《要團結全國民眾必先語言統一》，《東方評論》1925 年第 4 期，第 57頁。

〔註 5〕　黎錦熙：《國語學之研究》，《民鐸雜誌》1918 年第 6 期，第 70 頁。

〔註 6〕　陸費逵：《小學校國語教授問題》，呂達主編：《陸費逵教育論著選》，人民教育出版社 2000 年版，第 200 頁。

是大家都是中國人，總不應該見面時不會說中國話。」〔註7〕在當時，傳統所稱的「官話」，大多是在社會中上層群體中流行，並沒有得到權威機構的認可，是一種「作爲各地人們通過長期交往『自然』形成的語言。」〔註8〕而「國語卻根植於民族主義的衝動，具有服務於『民族國家』建設的明確自覺，其區別功能主要在對外一面，至其對內，則意在統一：它所設定的主體是全體國民，而非社會上的某一部分人。在程序上，它經過了相關政府部門正式頒佈，帶有很強的規劃色彩。」〔註9〕國語，是作爲漢族的官方母語，也作爲全國人民的官方使用語言而創設的。從這個意義上說，小學國語教育亦即小學漢族官方母語教育。

　　國語運動在清末即有痕跡，在民國興起後，有關國語的概念界定也十分龐雜，很多學者有各自的見解。時有學者以語言的使用範圍作爲區分的標準，如「蓋語言有國語、土語之別。以一國之內言之，則一地方，獨用之語，土語也。一國公用之語，國語也。」〔註10〕亦有人以爲國語與官話本是一體的東西。「皆因昔日說這話的，多半是官人。學這話的，也大半有官癮。以至於相沿日久，人就都管他叫官話。但是這個話比較中國各處的方言土語，倍加的清楚、響亮、好說、好學，又很通用。無論做官與不做官的，自是人人當說的話，所以稱他爲國語，倒比官話二字更算合式。」〔註11〕從國語運動領袖之一黎錦熙的意見中可見國語概念界定的複雜。黎錦熙以爲國語有五種含義範圍，分別爲「最廣義」、「廣義」、「不廣不狹義」、「狹義」與「最狹義」。「最廣義」者包括漢語漢文外，「還得把屬於本國的異族語（如蒙回藏語）和曾經受過漢文漢語影響的他國語（如朝鮮日本語）也要算在裏頭」。「廣義」者只包括漢語漢文，也含漢族方言。「不廣不狹義」者則語言方面就是「要建設一個統一全國的標準語」；在文字方面「要建設一種只標語音的新文字，可也承認舊文字在社會上的勢力」；在文學方面「要提倡新的白話文學，可也不抹殺各體文言文學在文學史上的地位」。「狹義」者則專指漢語的注音符號與

〔註7〕　黎錦熙：《國語「不」統一主義（下）》，《文化與教育》1934 年第 7 期，第 2 頁。

〔註8〕　王東傑：《官話、國語、普通話：中國近代標準語的「正名」與政治》，《學術月刊》2014 年第 2 期，158 頁。

〔註9〕　王東傑：《官話、國語、普通話：中國近代標準語的「正名」與政治》，《學術月刊》2014 年第 2 期，158 頁。

〔註10〕　畾誨：《國語統一之希望》，《進步》1915 年第 4 期，第 3 頁。

〔註11〕　《國語研究會宣言》，《清華週刊》1916 年第 77 期，第 13 頁。

國語羅馬字。「最狹義」者爲「只宣傳注音符號，注漢字，拼國音，標方言」。
〔註 12〕他認爲中國母語建設的目標應是「不廣不狹義」，即全國統一的標準
語，語音統一，但也同時應兼顧到少數民族文字及漢族方言的地位。後來，
黎錦熙還對此五種含義的概念進行了補充修正。他的這個定義劃分和界定全
國標準語的目標得到了大部分國語運動擁護者的支持。黎還就中國漢族各地
方言統一的難易程度作了四等劃分：「然若就統一之難易而言，約可分作四
等。第一等最難的是閩廣，第二等是蘇浙及安徽之東南部，第三等是江西及
安徽、湖南之大部分，第四等就與京音相差不甚遠，如黃河流域六省、東三
省、淮河流域的江蘇、安徽北部，雖各地方也有難解之土語，但大致是同一
系統。即所謂北方官話。此外，則湖北、四川、雲、貴、廣西及湘西與南京、
杭州，都可算是南方官話。」〔註 13〕

　　但究竟以何音爲國語標準音呢？這一問題在民國學界爆發了持久的爭
論，很多知名語言學家、教育學家、社會學家都加入了這場討論。黎錦熙支
持以北京音作爲標準音，他的身邊有很多擁護者。也有很多學者持會通論，
即要求國語標準音的制定應更多的照顧到北京音外的其他方言。直至 1932 年
教育部正式公佈以北平音爲國音標準音後，此類爭論依然沒有停止。在各方
意見爭論與妥協的過程中，注音字母的發明起到了積極的作用。早在 1912 年，
教育部召開的讀音統一會上即初定了以 39 個注音字母代替反切，用以注音。
1918 年，教育部正式公佈了注音字母。1919 年，重新頒佈了注音字母的次序。
該年，國音字典出版。這就從官方形式上對國語讀音進行了標準化的界定。

　　此後，民國政府規定小學母語教育標準即以國語爲準，其內容包含語體
文與注音字母。所謂語體文，就是更加規範的用以教學的白話文。「因爲文學
革命，是推翻從前的死文學，改用活文學，大家明瞭國語就是如今人共同說
的白話，用筆墨寫出來，就是語體文。」〔註 14〕在普及國語的同時，小學母
語教育中則更重視加強國語文學的教育。1920 年，國語統一籌備會倡議「改
編小學課本」，將小學課本作爲倡導國語統一的陣地。胡夢華說：「在國語的
總括名詞之下顯然有通俗的國語與國語的文學二大分疆。那麼我們提倡國語

〔註 12〕 楊慧：《思想的行走：瞿秋白「文化革命」思想研究》，北京商務印書館 2012
　　　　年版，第 72 頁。
〔註 13〕 黎錦熙：《國語學之研究》，《民鐸雜誌》1919 年第 6 期，第 64 頁。
〔註 14〕 李曉晨：《前期小學國語教學概要》，《新教育》1925 年第 1 期，第 124 頁。

當然應循雙軌而進——同時普及通俗的國語並增進國語文學。」〔註 15〕但對於具體教學內容與課時安排，學界還有分歧。如關於注音字母的教學就有很大的爭論。李曉晨說：「當時分成兩派：一派主張注音字母可以代替漢字。小學一二年級，就要教注音字母；一派主張注音字母，只好注音。一二年級，不要教注音字母，要把京音做標準音。雙方爭執，各有理由。後來又有第三派出來了，說：注音字母，把他注音是對的。平民有力量能夠受四年或六年義務教育，他有時間可以學習漢字的，一二年級可以不教注音字母，由教師口授讀音就好了。到三年級可以教注音字母，以便自動學習讀音。如果年長失學的平民，沒有時間受四年或六年義務教育，可以把注音字母，代替漢字教他，或與漢字合作。」〔註 16〕同時，也有人提出在小學母語教育中要關注各地漢語方言的價值，認為「一個沒有土話的人，是靈魂上的窮人，一個忘了民族語的『高等人』，簡直是精神上的啞巴！」〔註 17〕這類觀點也一直伴隨著民國小學母語教育事業發展的左右。正如有學者指出的：「統一語音的努力並不是為了再造漢字，而是克服方言的語音差異。方言問題始終不是中國現代語言運動的核心問題，毋寧說，克服方言的差異才是現代語言運動的主流。」〔註 18〕為了平衡各少數民族母語與國語之間的矛盾，加強民族平等，民國政府教育部甚至在 1939 年 1 月建議擬「仿『華文』、『華僑』之詞例，不再稱漢字為「國字」，而改稱「華字」，作為「中華民族所通用之文字」，以「免除國內民族間之歧視」。〔註 19〕這個建議雖然沒有成真，但真實反映了當時這方面的矛盾。

第二節　國語推廣與少數民族小學母語教育的矛盾

客觀上看，具有漢族母語統一性質的國語運動必然對於少數民族民眾的小學母語教育產生一定的影響。

隨著民國教育事業的發展，少數民族民眾小學教育的普及化與規範化逐

〔註 15〕 胡夢華：《國語兩面觀與國語運動之雙軌》，《人民評論》1933 年第 22 期，第 28 頁。

〔註 16〕 李曉晨：《前期小學國語教學概要》，《新教育》1925 年第 1 期，第 127 頁。

〔註 17〕 黎晗紫：《國際補助語與民族語的遠景》，《現代知識》1947 年第 1 期，第 27 頁。

〔註 18〕 汪暉：《現代中國思想的興起》，北京三聯書店 2004 年版，第 1520 頁。

〔註 19〕 《教育部公函（1939 年 1 月 6 日）》，中國第二歷史檔案館藏國民政府教育部檔案，第 5-12290 號。

漸進入了研究者與行動者的視野。在 1912 年出版的《共和國新國文》中就明確提出：「提倡漢滿蒙回藏五族平等主義，以鞏固統一國家之基礎。」〔註20〕表明少數民族語文教育也被視為國家語文教育的重要部分。在形勢的推動下，一些學者提出了「邊疆教育」的新概念。而「邊疆教育」的重點則是邊疆語文，其主要內容是在少數民族小學教育階段中普及國語教育，但並非全面禁止少數民族母語的學習，同時也兼顧少數民族母語教育，希望通過一種雙語教育的模式，以實現少數民族學生能夠掌握民族母語與國語兩種語言的習得，方便少數民族與漢族的交流，促進民族之間的團結與國民的統一意識。這種方法可以解決國語推廣與少數民族小學母語教育之間的矛盾。在國語推行委員會的一次常委會上，吳稚暉就強調：「我們對於邊疆語言，除要邊民也能說國語外，我們也要尊重他們的語言。」〔註21〕黎錦熙對此有專門的論述，以為「邊疆特殊語文」是包括不同「語族」的「族語」，「凡境內之異於漢語漢文者，統叫作『特殊語文』；特殊語文之上又冠以『邊疆』二字者，是因為這些特殊語文，在我地理現勢上，恰巧分佈在邊疆一代。西南的親語族，雖也深入湘西和川、黔、桂、粵各省的腹地，西北也有些特殊語言點綴於甘省境內，但這些省分大都與邊境毗連，所以凡特殊語文皆統攝於邊疆，而通叫『邊疆特殊語文』。」〔註22〕這些學者反對扼殺民族母語，但也反對純用民族母語進行語言教育，認為這會帶來語言隔閡與族群分裂。

民國時期，在少數民族小學教育階段進行國語與母語學習教育的雙語模式是客觀環境所決定的。

首先，少數民族母語使用與教育的現狀無法滿足他們在小學教育階段接受合格的語言教育的需求。例如蒙古語的學習僅存在於一些蒙古王宮的私塾內，這裡面，有一些公務人員向少量學生教授蒙古文字。而在西藏很多沒有漢族群眾居住的地區，藏民們基本都是文盲，沒有接受過包括母語在內的任何語言教育。蒙古文、西藏文等文字，只有僧侶階級因為學習宗教經典而能寫，但能通達的也是極少數。即使是僥倖接受了民族母語教育的少數民族，也會發現這種語言教育具有先天的不足。因為有相當一部分的少數民族語言

〔註20〕 莊俞、沈頤：《共和國新國文》，上海商務印書館 1912 年版，第 1 頁。
〔註21〕 《國語推行委員會常委會會議記錄》，中國第二歷史檔案館藏國民政府教育部檔案，第 5-12295 號。
〔註22〕 黎錦熙：《國語邊語對照「四行課本」建議》，《文藝與生活》1947 年第 1 期，第 1 頁。

已經成爲了不適應現代語言潮流的化石型語言。「西南的撣文、儸文、麼些文，只有僧侶能讀、能寫，已不能通，固無提倡的價值。」〔註23〕這樣的少數民族語言甚至已經失去了民族母語的價值，自然更不具備開展這種語言的小學母語教育的條件。

其次，僅僅學習本民族母語的少數民族小學生會面臨無法與其他民族特別是無法與占全國絕大多數人口的漢族人民進行交流的困難。如在新疆地區，因爲地域廣大，民族分佈複雜，各民族之間語言差異大，如果學校僅教授單一民族母語，則會造成學校語言教育不能爲學生以後生活、工作提供積極作用的後果。假若都按照各地方言發展教育，則學校愈發達而語文隔膜愈甚，民族思想感情的溝通和融合越加困難。特別是如果那些僅僅爲了宗教目的而進行的本民族母語教育，其目的不在於民族交流與社會進步，更不會促進少數民族學生與其他民族的交流，從而失去了語言學習的基本價值。有人說：「一般年輕的邊童呢，他們不準備做僧侶做阿訇的，讀了蒙藏回文有什麼用？上進一步讀經典嗎？我們是否應該望他們都做喇嘛阿訇？去研究邊疆的學問嗎？」〔註24〕很多少數民族群眾亦以爲應提倡漢語的學習，因爲「學會漢語走遍天下，學會夷語走三個村莊。」〔註25〕可見國語的學習對於少數民族來說，有重要的作用。

再者，如果不積極普及國語教育，除了正常的民族交流會產生問題外，甚至於行政治理、地區發展事業等方面都將造成高昂的成本。僅以文牘往來爲例，「在西藏、新疆、雲南、綏遠、寧夏、察哈爾、熱河以及東北各省中亦須設置各種邊文的官吏，如此，中國的公文政治一變而爲邊文政治了。」〔註26〕

有些學者反對在少數民族小學教育階段中採用雙語模式，認爲這樣會導致加重少數民族學生的學業負擔，造成少數民族學生的智力損失。「若同時授以兩種語言，則恐非兒童之識力所能勝任。」〔註27〕但支持雙語模式者以爲

〔註23〕 馬長壽：《論統一與同化》，潘蛟主編：《中國社會文化人類學/民族學半年文選（上）》，知識產權出版社 2009 年版，308 頁。

〔註24〕 馬長壽：《論統一與同化》，潘蛟主編：《中國社會文化人類學/民族學半年文選（上）》，知識產權出版社 2009 年版，308 頁。

〔註25〕 李有義：《推進邊教的幾個實際問題》，《今日評論》1941 年第 14 期，第 237 頁。

〔註26〕 馬長壽：《論統一與同化》，潘蛟主編：《中國社會文化人類學/民族學半年文選（上）》，知識產權出版社 2009 年版，308 頁。

〔註27〕 曾紫綬：《邊疆教育問題之研究》，《教育雜誌》1926 年第 3 期，第 18 頁。

這個問題完全可以通過以國語爲主，民族母語爲輔的科學的語言教育辦法來解決。李進才就提出在漢夷雜居社區「應一律以漢語漢字爲主，其教材及教學上，應盡量利用漢語，惟在初級班中，兒童尚不能作純熟之漢語時，可用夷語補助教授。」〔註 28〕他並在邊尾村進行了相關的實驗，初級班學生以方言爲主，至高級班則授以漢語漢字，論證其效果良好。也有人以爲在小學教育階段可以民族母語爲主，國語輔之，進行語言教育。恰如時任國民黨中央組織部部長、邊疆語文編譯委員會主任的朱家驊所建議：「在邊疆設立的學校，在小學裏應以當地的文字爲主，而以國文輔之，使他們感覺到所學的即可在當地致用，不像我們幼小時候讀三字經、千字文一樣，只會強記而不能瞭解。」〔註 29〕他認爲：「先教邊胞讀本地語文，進而能學習國語文，無礙於國家統一，這猶如希望他們愛國必須由愛自己的本鄉做起一樣。」〔註 30〕對於雙語教學模式所面臨的種種障礙，有學者以爲主要是存在於心理層面。俞湘文曾在西北游牧藏區從事多年教育工作，他以爲「一個民族既有他們固有的文字，若要強迫他們研究另外一族的文字，會使他們意識到在受另外一族的壓迫而反感。」〔註 31〕但這個心理障礙並非不可改變，事實上有很多實例也證明了這點。

　　無論是標準國語的界定，還是國語推廣與少數民族小學母語教育的矛盾，這些討論都推動了民國學界對於小學母語教育的思考，並爲實踐進行了學術上的思想準備。

〔註 28〕 李有義：《推進邊教的幾個實際問題》，《今日評論》1941 年第 14 期，第 237 頁。
〔註 29〕 《邊務工作應有的認識和態度 (1942 年 10 月 25 日)》，王聿均、孫斌合編：《朱家驊先生言論集》，臺北「中研院」近史所 1977 年版，第 612 頁。
〔註 30〕 《邊務工作應有的認識和態度 (1942 年 10 月 25 日)》，王聿均、孫斌合編：《朱家驊先生言論集》，臺北「中研院」近史所 1977 年版，第 612 頁。
〔註 31〕 邊疆論文集編纂委員會編：《邊疆論文集》，「國防研究院」1964 年版，第 668 頁。

第三章　民國小學母語教育的政策
　　　　與制度

　　就全國大部分小學而言，實行國語教育是主要的趨勢與潮流，也是克服方言差異，實現漢族母語統一的主要途徑。如錢玄同所說：「中華民國人民共同採用的一種標準的語言是國語；國語是國家法定的對內對外公用的語言系統。」〔註1〕但結合具體民族母語的差異情況，在少數民族地區的少數民族小學中，採用特殊的語言教育政策、制度也是客觀和理性的選擇。在世界範圍內來說，當時已有相關國際法規涉及到了這個領域，如《巴黎和約》就規定：在母語不是官方語言的國民占居民的相當比例的城鎮和區域，提供適當的設施以確保這些國民的子女獲得以其母語為媒介語的小學教育。〔註2〕這也是民國時期制定國語教育政策、制度的一些參考因素。

第一節　民國漢族小學母語教育的政策與制度

　　嚴格的說，中國古代的所謂語文教育僅是一種廣泛意義上的語文教育，是一種經史子集的學習教育。只有當近代教育體制在中國建立後，真正現代意義上的中國語文教育才出現。光緒二十九年（1904年），語文教育單獨設科，綜合經史子集的傳統教育進入了歷史。宣統三年（1911年）夏，清廷中央教育會議通過了「統一國語辦法案」，將京音作為全國統一國語的基礎，但「既

<hr>

〔註1〕　錢玄同：《給黎錦熙的信》，《錢玄同文集》第3卷，中國人民大學出版社1999
　　　　年版，第376頁。
〔註2〕　郭友旭：《語言權利法理》，雲南大學出版社2010年版，第126～130頁。

言『以京音爲主』，又言『不廢四聲』，似是兩派調和的產物。」〔註3〕遂要求「於全國之初等小學皆別設國語一科，使學生於國文之外，更學習官話。一則將全國初等小學之國文悉改爲官話是也。」〔註4〕這些舉措爲民國小學語文教育的發展開闢了道路。

民國時期，政府首先對涉及漢族小學母語教育的語文教育進行了重建的努力。

1912 年 1 月，南京臨時政府頒發《普通教育暫行辦法規定》，明確要求：「凡各種教科書，務合乎共和國宗旨，清學部頒行之教科書，一律禁用。」〔註5〕該年，教育部發布了《小學校教則及課程表》，將母語課程定名爲「國文」。從政府層面來看，民國方言政策主要是想將標準國語的國音與傳統的官話相剝離。北洋政府時期，政府提出了「濁音符號」、「閏音符號」等概念，公佈了《國音字典》等。南京國民政府時期，則進行全國性的方言調查研究，公佈了《閏音符號總表》、《全國方言注音符號總表草案》、《國音常用字匯》、《國語辭典》等文件。1913 年，民國政府教育部召開了「讀音統一會」，制訂了統一漢語的注音字母，同時審定了含有 6500 個漢字讀音的國音規範。1916 年，頒佈了注音字母，要求在各中小學的語文學習中普遍推廣。同年頒佈的《國民學校令施行細則》也呼應了 1912 年的相關規定。1917 年，全國教育聯合會第三屆會議召開，頒佈決議稱：「所謂國語，即從前所謂官話，近今所謂普通話。」〔註6〕1919 年，全國教育聯合會第五屆會議建議教育部實行推行國語方法六條：1、全國師範學校一律添設國語科；並依據《國音字典》教授注音字母。2、各縣勸學所及教育會，利用寒暑假時間，設立國語傳習所，招集本境小學校教員，一律傳習國音，並依據《國音字典》補習注音字母。3、各省檢定小學教員辦法，應加入「通俗國語及注音字母」一項。4、國民學校國文教科書，應即改用國語，高等小學國文教科書，應言文互用。5、各省區教育會

〔註3〕 《學部中央教育會議議決統一國語辦法案》，本社編：《清末文字改革文集》，文字改革出版社 1957 年版，第 143 頁。

〔註4〕 博山：《全國初等小學均宜改用通俗文以統一國語議》，《東方雜誌》1911 年第 3 期，第 3 頁。

〔註5〕 陳學恂：《中國近代教育史教學參考資料（中冊）》，人民教育出版社 1987 年版，第 167 頁。

〔註6〕 《全國教育會聯合會第三屆會議請定國語標準推行注音字母提案》，中國第二歷史檔案館編：《中華民國史檔案史料彙編·第三輯·教育》，江蘇古籍出版社 1991 年版，第 770 頁。

應設國語研究會。6、提倡編輯《國語辭典》、《國語文法》、《國語會話》等書。〔註7〕這些建議隨後大多被付諸實踐。1920年，在新文化運動影響下，修正後的《國民學校令施行細則》規定小學一二年級國文改爲語體文，並將語體文課程定名爲「國語」。同時命令至1922年廢除小學文言教科書，這就意味著文言文從小學母語教學中退出，新的母語語言教育形式在小學階段開始成型。這條法令還明確了國語教育的要旨是：「在使兒童學習普通語言文字，養成發表思想之能力，兼以啓發其德智。」並附有說明五項：「1、首宜教授注音字母，正其發音，次授以簡單語詞語句之讀法書法做法，漸授以篇章之組織，並採用表演問答談話辯論諸法，使練習語言。2、讀本宜取普通語體文，避用土語，並注重語法之程序，其材料擇其適應兒童心理，並生活上所必需者用之。3、國語作法，宜就讀本及他科目已授事項，或兒童日常聞見與處世所必需者令記述之，以明敏正確爲主。書法所用字體，爲楷書及行書。4、凡語體文字，在教授他科目時，亦宜注意練習。5、遇書寫文字，務使端正敏捷，不宜潦草。」〔註8〕很多倡導國語運動的學者對此要旨及說明有很高的評價。如黎錦熙就曾說1920年是國語運動「四千年來歷史上一個大轉捩的關鍵」，是年「教育部正式公佈《國音字典》，這和歷代頒行韻書著爲功令的意味大不相同，這是遠承二千二百年前秦皇李斯『國字統一』的政策進而謀『國語統一』的，二千二百年來歷代政府對於『國語統一』一事絕不曾這樣嚴重的幹過一次。」〔註9〕1923年，《新學制課程標準綱要小學國語課程綱要》公佈，強調「本科要旨在與小學國語課程銜接，由語體文漸進於文體文，並爲高級中學國語課程的基礎」。指出其目的在於：「練習運用通常的語言文字，引起讀書趣味，養成發表能力，並涵養性情，啓發想像力及思想力」。同時規定了「語言」（即口語）與「文字」（即書面語）兩個方面的小學課程要求，對小學國語課程的地位進行了明確。

　　爲了合理確立國音，民國政府還進行了大規模的方言調查，從20世紀北京大學倡導「方言調查會」開始，直至30、40年代中央研究院歷史語言研究所開展的具體實踐，基本上對漢族方言，乃至中國語言的基本情況有了一個

〔註7〕　《教育部國語教育進行概況》，《國語月刊》1922年第6期，第3頁。
〔註8〕　范祥善：《教學國語的先決問題》，《教育雜誌》1921年第6期，第3頁。
〔註9〕　黎錦熙：《國語文學史代序——致張陳卿、李時、張希賢書》，收歐陽哲生編：《胡適文集》第8卷，北京大學出版社1998年版，第16頁。

大致的勾勒。在此基礎上，民國政府綜合考量、慎重取捨，不再單純以某一地區方言爲國音，而是從傳統的官話音系中重新剝離、建構了一個新的國音音系。此外，還開始設立國語專修學校，培養國語推廣人才。正如《教育部國語統一籌備會關於國語教育之進行計劃大綱》中所述：「國語教育，非欲廢盡各地之方言，乃欲普及一種公用之標準語。此種標準語，務求發音正確，吐詞有定，傳授不訛，練習能熟悉。此項國語專修學校，以北京爲中樞，分設於各地，指臂相聯折衷自易，必如此，方足以矯正現在國語教育界以訛傳訛、淺嘗輒止之弊。」〔註10〕

一般以爲，將國文改爲國語，推廣標準注音字母等舉措的實行，對於民國小學生的學習而言，是一項很有福利的事情。恰如范祥善所剖析的：「大家知道小學生學習國文，是一件最困苦的事情，因爲我國的國文，和國民的言語，距離得太遠。——現在通行的國文，大多數是古代的說話。——所以兒童入學數年，成績終不甚佳妙。歷來的兒童，吃著多少苦處，也已夠了。現在提倡國語時代，就把通行的國語，使兒童學習，那是兒童的幸福。」〔註11〕當時，持這種看法的人不在少數。

在一些地區，由於地方割據等客觀因素的影響，對於中央政府推行國語的政策，也有過陰奉陽違，或直接抵制的情況發生。如在 1927 年，吉林省教育廳發文《修正吉林省小學校國文科整頓辦法》，要求各小學從本年秋季開學一律改教文言課本。直至東北易幟，吉林省教育廳才遵教育部訓令，改教語體文。

抗戰時期，在國民政府西遷後，西北、西南等地區的戰略地位上升，政府出於社會動員的需要，也加強了對西北、西南等少數民族地區小學階段的國語教育。如截止 1947 年，「教育部爲普及邊地初等教育，提倡示範起見，在綏寧康藏等地設小學十七所，連師範附小合計，已達三十四所。」〔註12〕這些舉措在一定程度上助力了當地各民族小學階段的國語教育。

〔註10〕 《教育部國語統一籌備會關於國語教育之進行計劃大綱》，《國語月刊》1922年第 4 期，第 1 頁。
〔註11〕 范祥善：《教學國語的先決問題》，《教育雜誌》1921 年第 6 期，第 4 頁。
〔註12〕 周輝鶴：《近年來邊疆教育概況》，《邊疆通訊》1947 年第 1 期，第 19 頁。

第二節　國民政府、中國共產黨於少數民族地區小學母語教育的政策與制度

一、國民政府於少數民族地區小學母語教育的政策與制度

　　民國時期，國民政府對於少數民族語言教育的政策是隨形勢變化而不斷演變的。民初，國民政府教育部門未特別關注這一領域，至 30 年代才有一些針對性的具體政策出臺。提出了各民族語言平等，但語言教育統一的教育原則。

　　至 30 年代末期，國民政府確定了對於少數民族，尤其是邊疆少數民族進行教育「應以融合大中華民族各部分之文化，並促其發展，為一定之方針」〔註13〕以及「徹底培養國族意識，以求全國文化之統一」的目標。在這一方針及目標的指引下，國民政府的邊疆教育語言政策循著「國語統一」的大原則，在有限的範圍之內，允許使用幾種少數民族語言文字。1931 年，國民黨第 3 屆中央執行委員會第 157 次常務會議通過的《三民主義教育實施原則》中，明確提出：「依遵中山先生民族平等之原則，由教育力量，力圖蒙藏人民語言意志之統一，以期五族共和的大民族主義國家之完成。」〔註14〕1941 年國民政府教育部發布了《邊地教育視導應特別注意事項》，補充要求「邊教應推行國語教育」〔註15〕，「邊教應努力融合各地民族。」〔註16〕1945 年，教育部又制定了《邊疆初等教育設施辦法》，要求：「邊疆小學課程暫照國民學校法規之規定，但國語與邊地語文得視地方需要，同時教學或任擇一種教學」。〔註17〕1946 年，國民黨六屆二中全會第 19 次大會又通過了《邊疆問題決議案》，其第六條規定：「在邊疆民族所有地，各級學校之施教，應注重本族文字，並

〔註13〕　《推進邊疆教育方案》（1939 年 4 月，民國第三次全國教育會議決議案，載宋恩榮、章咸主編：《中華民國教育法規選編》（1912～1949），江蘇教育出版社1990 年版，第 625 頁。

〔註14〕　教育部：《中國教育年鑒（乙編）》，上海開明書店 1934 年版，第 21 頁。

〔註15〕　宋恩榮、章咸主編：《中華民國教育法規選編》（1912～1949），江蘇教育出版社 1990 年版，第 633 頁。

〔註16〕　宋恩榮、章咸主編：《中華民國教育法規選編（1912～1949）》，江蘇教育出版社 1990 年版，第 633 頁。

〔註17〕　宋恩榮、章咸主編：《中華民國教育法規選編》（1912～1949），江蘇教育出版社 1990 年版，第 638 頁。

以國文爲必修科，由教育部斟酌施行。」〔註18〕從這些具體的政策來看，民國政府對於少數民族的語言教育是遵循「國語統一」的原則，但在具體範圍內，也允許少數民族母語語言文字的學習與使用。如1946年1月，以賴希木江·沙比里爲首的三區革命臨時政府代表團和以張治中爲首的國民黨中央代表團在迪化簽訂了《十一項和平條款》，其中規定「在小學與中學，用其本民族文字施教，但中學應以國文爲必修課；大學則依照教學需要，並用國文與回文施教。」其後這一條又被列入《聯合政府施政綱領》。這體現了國民政府考慮到了少數民族母語使用的實際情況，給予了少數民族小學教育階段母語學習與使用的自由，希望少數民族小學生在不丟棄本民族母語的同時，又能學好國語。當然這一政策主要局限於小學階段，中學則嚴格要求以國語爲必修。

即使是在一些少數民族地區中佔據主要教育地位的寺廟宗教教育，也被要求需開展國語教育。如規定：「寺廟應附設民眾學校或半日學校，並利用講經時間，作識字運動及精神講話。對於阿文（按：即阿拉伯文）學校應令增加國語每日一小時，常識及算術，每日各半小時」。〔註19〕

以新疆爲例，在民國初期，新疆小學教育以少數民族母語語言教育爲主，僅在個別學校出現了漢語與少數民族語言同時進行的雙語教學模式。1936年，新疆教育廳規定各民族小學一律使用民族母語語言進行教學，但從小學自五年級起需開設漢語（即國語）課程，而漢族、回族小學亦須同時開設民族語言課程。1939年，新疆教育廳頒佈了小學課程標準，明確規定用維、哈、蒙語授課的民族小學自五、六年級應開設漢語課。若學生願多學漢語，則中、高年級均可減少 2 學時的民族語言語文課而改教漢語。次年，新疆教育廳又公佈了《各級學校加授民族語文辦法》，重申了上述規定。1946年7月，新疆聯合政府規定民族小學使用本民族母語教學，中學開始採用國語教學。「在小學與中學，用其本民族文字施教。」〔註20〕而1947年通過的《新疆省中小學課程標準審查報告》又提出，在新疆的維吾爾族、哈薩克族、柯爾克孜族、烏孜別克族、塔吉克族、塔塔爾族、塔蘭其族等民族在小學階段學習採用民

〔註18〕 《對於邊疆問題報告之決議案》，《中央黨務公報》1946年第3、4期合刊，第25頁。

〔註19〕 宋恩榮、章咸主編：《中華民國教育法規選編（1912～1949）》，江蘇教育出版社1990年版，第628頁。

〔註20〕 李儒忠、曹春梅：《新疆少數民族「雙語」教育前年大事年表（之一）》，《新疆教育學院學報》2009年第2期，第9頁。

族母語；蒙古族、俄羅斯族、錫伯族等小學生以本族語爲學習語言，加修國語或者維吾爾語。同時還建議漢族、回族、滿族的小學生學習國語、維吾爾語。根據這個指示，新疆教育廳在其所頒佈的維、哈族小學教學計劃中，將國語與民族母語的學習課時確定下來。其中，初小學生每周學習國語與民族母語的時間分別是：一年級（6 課時、5 課時）；二年級（6 課時、5 課時）；三年級（8 課時、5 課時）；四年級（6 課時、5 課時）。高小則分別爲：一年級（8 課時、4 課時）；二年接（8 課時、4 課時）。國語與民族母語學習時間之比爲 3：2。可見，在國語統一與少數民族母語平等的關係上，民國政府給予了西北、西南等少數民族地區極大的自由與空間。

二、中國共產黨於少數民族地區小學母語教育的政策與制度

民國時期，中國共產黨制定與執行了堅持民族平等，支持發展少數民族母語的語言教育政策。

1931 年 11 月，中華工農兵蘇維埃第一次全國代表大會上所通過的《關於中國境內少數民族問題的決議案》中，就明確提出：「蘇維埃共和國必須特別注意落後民族共和國與自治區域內生產力的發展與文化的提高，必須爲國內少數民族設立完全應用民族語言文字的學校、編輯館與印刷局。允許在一切政府的機關使用本民族的語言文字，儘量引進當地民族的工農幹部擔任國家的管理工作，並且堅決反對一切大漢族主義的傾向。」〔註 21〕這個決議案表明，中國共產黨支持少數民族的民族母語教育，當然，包含其小學教育階段的民族母語教育。1938 年，在中共中央六屆六中全會的報告中，毛澤東同志專門對此有所論述：「尊重各少數民族的文化、宗教、習慣，不但不應強迫他們學漢文漢語，而且應贊助他們發展用各族自己語言文字的文化教育。」1945年，中國共產黨第七次全國代表大會上，毛澤東同志再次強調，少數民族的「言語、文字、風俗、習慣和宗教信仰，應被尊重」。中國共產黨是將少數民族母語使用與學習教育權利作爲保障民族平等權利的一個重要依據。

在實踐中，中國共產黨亦有很多具體制度與措施對此進行保障。1931 年的《中華蘇維埃共和國憲法大綱》、1934 年的黔東特區革命根據地政治綱領、1935 年的《中國共產黨中央委員會告康藏西番民眾書——進行西藏民族革命

〔註21〕 中共中央統戰部：《民族問題文獻彙編》（1921 年 7 月～1949 年 9 月），中共中央黨校出版社 1991 年版，第 170～171 頁。

運動的鬥爭綱領》、1937 年的《少委蒙民部：目前綏蒙形勢與我們的任務和工作》及 1940 年的《中共中央西北工作委員會關於回回民族問題的提綱》等文件都支持發展包括小學母語教育在內的少數民族母語教育。還有一些規定直接涉及了少數民族小學母語教育的具體問題。如 1935 年《中華蘇維埃西北聯邦臨時政府回番夷少數民族委員會布告》提出：「創立回番夷民眾的學校用回番夷自己的語言文字教書。」〔註 22〕同年，中國工農紅軍西北軍區政治部的《少數民族工作須知》也規定：「要幫助少數民族的文化工作，建立本民族的學校，用本民族的語言文字教授。」〔註 23〕1940 年 8 月通過的《綏察施政綱領》中提到：「設立各民族之學校，採取各民族的語言文字，講授各民族需要之課程。」〔註 24〕1947 年 4 月《內蒙古自治政府施政綱領》要求：「各蒙古學校普及蒙文教科書，發展蒙古文化。」〔註 25〕雖然受到戰爭環境的制約與客觀條件的限制，仍有很多政策與措施在一些地區得到了落實。如陝甘寧邊區政府曾為回民舉辦的伊斯蘭小學、蒙古族小學等，都教授了民族語文課程。又如新疆地區，1938 年，應盛世才的請求，中共中央派遣了大批幹部到新疆工作，在「發展以民族為形式以六大政策為內容的文化教育」方針下，也積極發展了當地小學的民族母語教育，並規定「民族語學習的成就，應作為小學高年級和中級學校學習成績的重要部分。」〔註 26〕這些作為都極大的推動了少數民族小學母語教育的進步。

第三節　臺灣光復後的小學母語教育政策與制度

　　臺灣光復後，面對大部分臺灣民眾主要使用日語的現實，為實現國家通用語言的統一，恢復臺灣漢族民族母語的使用，國民政府制訂了「去日本化」、重塑民族母語的教育政策。同時，國民政府將國語定為在臺灣推行的官方語

〔註 22〕　中共中央統戰部編：《民族問題文獻彙編》，中共中央黨校出版社 1991 年版，第 264 頁。
〔註 23〕　中共中央統戰部編：《民族問題文獻彙編》，中共中央黨校出版社 1991 年版，第 282 頁。
〔註 24〕　《內蒙古民族團結革命史料彙編》，內蒙古自治區檔案館 1983 年，第 88 頁。
〔註 25〕　中共中央統戰部編：《民族問題文獻彙編》，中共中央黨校出版社 1991 年版，第 1113 頁。
〔註 26〕　李儒忠、曹春梅：《新疆少數民族「雙語」教育前年大事年表（之一）》，《新疆教育學院學報》2009 年第 2 期，第 9 頁。

言，把閩南話、客家話稱爲方言，將其他當地少數民族語言視爲方言或「山地話」。

　　早在陳儀主政臺灣前，他在涉及未來臺灣地區的母語教育政策上就預先有所設計，認爲國語師資的培養；中等學校行政人員的培養與國文、歷史等基礎教育教材的制定是在臺灣推行國語的重要準備工作。臺灣調查委員會所擬寫的《臺灣接管計劃綱要》中明確寫明：「臺灣接管後的公文書、教科書及報紙應禁用日文，銷毀日本佔領期間所印行的『有詆毀本國、本黨及曲解歷史』的書刊、電影片等。」國民政府意識到需將國語教育與臺灣民眾的民族意識相聯繫，目的在於「應增強民族意識，廓清奴化思想，普及教育機會，提高文化水準。」這份《綱要》對於國語的普及設立了具體的規定：「中小學校以國語爲必修課，公教人員應首先使用國語，限期逐步實施；設置省訓練團和縣訓練所，分別訓練公教人員、技術人員及管理人員，並在各級學校開辦成人班、婦女班，普及國民訓練，以灌輸民族意識及黨義。」〔註 27〕明令在小學教育階段，以國語爲必修課程，全力推行。1946 年 8 月開始，依據臺灣省行政長官公署的通令，臺灣各中小學教師施教一律使用國語或臺灣省方言進行講授，禁用日本語。國語教學有所障礙之時，暫可用本省方言解釋。而臺灣民眾的日常用語，也應儘量採用國語，禁止以日語交談。同時督促各級學校教員中標準國語不嫻熟者，從速補習。對于堅持使用日語者，決予嚴懲。這些政策、措施雖然受到光復後臺灣地區複雜的政治、社會及語言環境影響，尤其是族群矛盾的制約，甚至引發過較激烈的反動，但總體上，臺灣地區的國語推廣運動是成功的，其小學國語教育爲臺灣地區新一代國民掌握與大陸統一的國語、形成統一的國家意識，功不可沒。

　　總體來看，至 20 世紀 20 年代後，國語在全國範圍內逐漸得到推廣與接受。至南京國民政府時期，在全國大部分的小學中，國語教育已經制度化。少數民族小學教育階段的母語教育有所發展。臺灣光復後小學母語教育得到了全面提升。這些都是民國小學母語教育政策與制度的實施成效。

〔註27〕《臺灣接管計劃綱要》(1945 年 3 月)，陳鳴鐘、陳興唐主編：《臺灣光復和光復後五年省情（上)》，南京出版社 1989 年版，第 54 頁。

第四章　民國小學母語教育課程與教學的基本問題

第一節　民國小學母語教育課程

　　民國時期，小學課程中曾有一次轉變是將國文課程改為國語課程。1912年，教育部將清末的「中國文字」、「中國文學」等課程更名為「國文」，以「識字」、「寫字」、「讀文」、「作文」、「講讀」、「習字」、「練習語言」、「文字源流」、「文法要略」等為課程內容，但仍舊保持了文言文的教學語言。為了減輕小學生在學習文字上的障礙，在1917、1918年間，即有小學自發嘗試實行語體文的課程教學。「五四」運動中，國語運動的發展推動了國語課程的誕生。1920年1月，教育部通令全國各國民學校改國文課程為國語課程。在此基礎上，教育界又繼續向前推動，主張將國語課程進行根本性的改組。包括將讀文內容改以兒童文學為主，而將以往國文中的實用知識等內容改移至《社會》、《自然》等各科中，同時加強文字表達的豐富性等。這些主張首先在江蘇等地的小學中得到支持與實踐。隨著標準音、標準語的爭論逐漸深入，也開始提倡國語必須有語言的教學，從而推動了國語課程綱要的出臺。1923年，《中小學課程標準綱要》應運而生。其中提出了對於「語言」與「文字」，即口語與書面語的各類課程要求，明確了國語課程的地位。

　　在國語課程中，對於注音字母的要求也正式確定下來。雖然早在1914年全國讀音統一會議上，即已經對注音字母有了定案，採用注音字母是大勢所

趨。但「因爲國內多故，致將此重大問題，延擱多年。」〔註1〕直至國語課程的實行，注音字母才眞正在全國範圍內進入小學課堂。在小學中實行國語課程是民國母語教育的一次大進步。

　　儘管如此，也有學者批判當時母語教育課程標準存在著種種的不足。如黎錦熙就評價過 1923、1929、1932 年所頒佈的語文課程標準，認爲這些標準都是「一步一步往後退。」如在 1923 年小學國語課程綱要中，「竟把之前課程文件中第一學年『首宜教授注音字母』這個法良意美的規定刪去了，只在初小『畢業最低限度標準』項下，載明『並能使用注音字母』一語，這是倒退的第一步」。到了 1929 年，又把「『國音字母熟習運用』規定在第三、四學年中，不知高年級已經認識了許多漢字，再學字母，效力和興味便大減低，終成應付部章，敷衍督學之局而已，這是倒退的第二步」。1932 年，則「卻又把『國音注音符號的熟習』仍規定在第三、第四學年中……這是倒退的第三步。」〔註2〕

　　這時期的小學國語課程要求實際分爲語言和文字兩大類。除文字外，在語言上，課程標準明確「語言可獨立教學，或與作文等聯絡教學，如無師資，可暫從缺。獨立教學時，在方言與標準語相近的地方，其時期可以一年爲限。」〔註3〕按照這個要求，在國語師資暫時沒有全面得到滿足之時，北京等方言與國語標準音基本一致的地區的國語課程，可以不須獨立教學語言。「因爲本地的方言便是標準語，兒童已在家庭、社會、學校談話的時候，自然學習，不須特地學習了。」〔註4〕這些地區的小學生可以通過作文等方式進行練習。那些與國語標準音相近的地區，如天津等地，也可以緩衝一年，再進行獨立的語言教學。而至於方言與國語標準音相遠的地區，則應該盡快實行獨立的語言教學。即使師資缺乏，也應設定過度的時間界限而不斷推進。

　　基於少數民族母語教育的課程需求，一些省區頒佈了有地方特色的小學課程標準，如新疆在 1939 年頒佈的小學課程標準中含有漢文、維哈文與蒙文三種語言的學習。「在小學課程標準表中，特別規定了漢文班的維文課程學習和維哈文班的漢文課程學習。」〔註5〕在一年級，維（哈）文、蒙文課時分別

〔註1〕 雲六：《國語教育的過去與將來》，《教育雜誌》1921 年第 6 期，第 1 頁。

〔註2〕 黎錦熙：《教育部定國語標準之檢討》，《文化與教育》1934 年第 19 期，第 2 頁。

〔註3〕 吳研因：《小學國語教學法概要》，《教育雜誌》1924 年第 1 期，第 5 頁。

〔註4〕 吳研因：《小學國語教學法概要》，《教育雜誌》1924 年第 1 期，第 5 頁。

〔註5〕 李儒忠、曹春梅：《新疆少數民族「雙語」教育前年大事年表（之一）》，《新

爲 8 節與 10 節；二年級則爲 7 節與 9 節；三、四年、五、六年級爲 6 節與 8 節；在第 5、6 年級中則增加了漢文課時 3 節。這種安排，既照顧到了各主要少數民族的母語學習，也兼顧了國語學習，受到很多少數民族小學的歡迎。

「以精確的白話文取代言約意豐的文言，其實質是以精確性、嚴密性爲特徵的現代思維方式取代具有模糊特點的傳統思維方式，這種取代是思維的重建，也是文化的重建。」〔註6〕民國小學國語課程的實行，標誌著以漢族母語爲主要依據的國語教育在國家公民基礎教育體制內的核心地位的確立，也標誌著以統一的意識形態和知識秩序爲內涵的語文教育體系開始建立起來。考慮到區域與民族因素，少數民族母語被保留，漢族方言則被限以一定條件的保留期。這是當時客觀條件下的折中做法，也是民國小學國語課程推進的必然階段。

第二節　民國小學母語教學的基本問題

在近代教育知識逐漸傳入的情況下，民國小學母語教學問題也爲學界所關注。以往授課中，單純教學生們讀音、識形、講解、書寫等，不考慮方法，不考慮效果，這樣的教學方法開始受到質疑。

一、民國小學母語教學的基礎

民國小學的母語教育有一個最重要的目的就是爲了使學校的教學語言與國民通行的語言保持一致。這也是民國初期很快將小學國文改爲小學國語課程的原因。自從廢除科舉以來，中國初等小學所用的國文教科書還是以古體文言文爲標準。國文時期的教學語言也是古代的語言，和國民通行語言的距離太遠。反觀歐美等國，其小學教學語言文字與生活母語都是一致的。維新後的日本，也在通過改少漢字、通行假名的辦法實現言文一致。所以民國小學將國文改爲國語教學，「就是適應現代的新思潮，換一句話說，要和各國的文明互相接觸罷了。」〔註7〕

以前的民國小學國文教育，以文言文教學，同時還須輔之以白話的解釋，

疆教育學院學報》2009 年第 2 期，第 9 頁。
〔註6〕杜成憲，丁鋼：《20 世紀中國教育的現代化研究》，上海教育出版社 2004 年版，第 181 頁。
〔註7〕范祥善：《教學國語的先決問題》，《教育雜誌》1921 年第 6 期，第 4 頁。

學生才能聽懂，不但費時而且費力。而在文字教學上，除了音讀、字形、字義外，還有文體用字、文義及文法等內容要學習，以文言文教學增加了學生的學習負擔。在教學方法上，國文教學也飽受詬病。「然我國各種教科之中，其在教授上最無系統無條理者，即莫國文一科。」〔註8〕此外，小學語言教學本是爲了普通生活所用，並非爲了學術而教，而採用文言文教學，則使學生在日常生活中沒有辦法得到應用。「國文之外，更不知有所謂國語。方言萬殊，情意隔閡。既阻民智之開通，復礙國家之統一。」〔註9〕所以，民國小學母語教學採用國語，「不惟統一國語之基，即教育普及於文字教授皆得事半功倍之效。」〔註10〕

在注音字母沒有推行的年代，「統一方音，非一蹴可幾之事。」〔註11〕很多學者對於小學國文的發音教學就提出了自己的見解。如黎錦熙就建議：「於未統一之先，教授讀音應根據已經通行之正音正韻。定一有系統之方法。」〔註12〕

1919 年，在全國第五次教育會聯合會的決議中，通過了六條推行國語的方法，供教育部擇行。其中包括：全國師範學校一律添設國語科，並依據《國音字典》教授注音字母。注音字母的推行，對於小學國語教學有很大的助益。除了統一全國的語音語義之外，還可以使得小學國語教學變得規範與便利。從而加速對中國國民的智識普及。「注音字母，除統一全國的語音意外，還有一件極大的用處：就是便利這十年二十年以內的通俗教育。中國這樣的衰弱不振是因爲大多數國民太沒有普通智識的緣故。所以現在講求教育，對於學校兒童，固該施以完全的國民教育；對於大多數智識缺乏的國民，更該趕緊想出種種灌輸智識，破除舊梏的通俗教育。」〔註13〕

二、教學目標

1920 年，在民國小學國文課程向國語課程轉變時，胡適曾討論過中學語文學習的目標包含「人人能用國語（白話）自由發表思想，作文、演說、談

〔註 8〕 黎錦熙：《國語研究調查之進行計畫書》，《教育雜誌》1918 年第 3 期第 7 頁。
〔註 9〕 黎錦熙：《國語研究調查之進行計畫書》，《教育雜誌》1918 年第 3 期第 7 頁。
〔註 10〕 《教育部國語教育進行概況》，《國語月刊》1922 年第 6 期，第 3 頁。
〔註 11〕 黎錦熙：《國語研究調查之進行計畫書》，《教育雜誌》1918 年第 3 期第 8 頁。
〔註 12〕 黎錦熙：《國語研究調查之進行計畫書》，《教育雜誌》1918 年第 3 期第 8 頁。
〔註 13〕 《國語統一籌備會議案三件》，《北京大學月刊》1919 年第 4 期，第 137 頁。

話一一都能明白通暢，沒有文法上的錯誤。」〔註14〕其實，這也可以作爲小學母語教學目標的參照。1920 年所頒佈的改國民學校國文課程爲國語課程的部令中，對於教學目標有如下表述：

> 國語要旨在使兒童學習普通語言文字，養成發表思想之能力，兼以啓發其德智。首宜教授注音字母，正其發音。次授以簡單語詞語句之讀法書法做法。漸授以篇章之構成，並採用表演問答談話辯論諸法，使練習語言。讀本宜取普通語體文，避用土語，並注重語法之程序。其材料，擇其適應兒童心理，並生活上所必需者用之。國語作法，宜就讀本及他科目已授事項，或兒童日常聞見與處世所必需者，令記述之。以明敏正確爲主。書法所用字體，爲楷書及行書。凡語言文字，在教授他科目時，亦宜注意練習。遇書寫文字，務使端正、敏捷，不宜潦草。〔註15〕

簡單來說，即是爲了使小學生能夠排除方言的干擾，規範的以合乎語法的國語進行說話，能以合乎語法的白話文進行作文。而其根本的目的在於以日常生活環境爲基礎，適應於人生的語言實用。舒新城對此有關於語言與文字兩方面的解讀。他以爲小學國語的教學是爲了使兒童在未來進行人與人的接觸時，能夠通過這種全國通行的語言，實現更好的交流。「讀普通的國語文，容易領悟，可以省卻許多翻譯講解的勞力。」〔註16〕而在文字方面，「是要使兒童練習通常的語言文字，引起讀者興味和發表思想能力。」〔註17〕這其中，又以養成讀書能力與養成發表思想的能力爲最主要。最後總結爲「小學教國語話的目的在於使學生於交際往來時互通聲氣，教國語文的目的在於使學生有讀書的能力、有發表思想的能力、有發表思想的工具。」〔註18〕

事實上，當時很多學者就意識到，小學國語教學與其他科目不同，其教學難度很高。葉紹鈞說：「這不同算術等科，有一定的學程，有方式的傳授，教了就明白，多練習了就純熟。這向來隨教師的意的；程度的深淺，教法的精粗，百問可得百答，各不相同。」〔註19〕這是從教學方法上進行的判斷。

〔註14〕 胡適：《文學改良芻議》，《胡適作品集》，香港遠流出版公司 1993 年版，第 241 頁。
〔註15〕 《教育部國語教育進行概況》，《國語月刊》1922 年第 6 期，第 4 頁。
〔註16〕 舒新城：《道爾頓制與小學國語教學法》，《教育雜誌》1924 年第 1 期，第 4 頁。
〔註17〕 舒新城：《道爾頓制與小學國語教學法》，《教育雜誌》1924 年第 1 期，第 4 頁。
〔註18〕 舒新城：《道爾頓制與小學國語教學法》，《教育雜誌》1924 年第 1 期，第 5 頁。
〔註19〕 葉紹鈞：《小學國文教授的諸問題》，《教育雜誌》1922 年第 1 期，第 1 頁。

張一麐稱：「後來我碰見許多小學堂的教員、學堂中的學生，子細調查，覺得現在的教育，雖然比老法的教育容易得多，但是要國文通順，亦非七八年不行。這還是讀書人家或商家的子弟。若是講到普及教育，凡是拉洋車的、出糞的、鄉下土老兒、丫頭老媽子，都是要同現在的學生教得一樣，那就更難了。」〔註20〕則是從教學效果上進行的評價。

民國學者還認識到小學國語教學與歷史、地理等科目有聯繫，而對論理學、修辭學等知識的學習也有促進，甚至還關係到學生的情感培養與文學趣味等方面。

范祥善以為民國小學國語的教學應該注意縱橫兩個維度，即「在縱的方面，就是一國歷史上的關係，在橫的方面，就是一國地理上的關係」，且「這兩點都要看得十分透徹，把他的精神所在，灌輸到兒童腦子裏去。」〔註21〕因為一個國家的物產與民族的精神是需要通過基礎教育灌輸到學生的腦海裏去的，而「這個責任，雖大半在國語教科書的課文，卻是變通活用，全在教師的肩膀上。」〔註22〕因此，教學的方法就變得十分重要了。以王家鰲所舉教授地理知識為例，如果全國沒有統一語音語義，仍舊採用方言母語，則即使是教授地理科目，也要受其影響。「譬如今天上地理科，我們先要把這一課書的文字講解明白，（這個時間全是枉費的）然後可以研究這條河從那裡發源，這座山經過多少地方。」〔註23〕如果通行了國語小學教學，實現了語音語義的統一。「教師只要藉著掛圖，叫他們按句按段指出，無論理解記憶，都比現在容易，也自然有很速的進步了。」〔註24〕

范祥善認為，在小學生的國語學習中，因為正處於其語言發育與構成語言意識的關鍵期。此時，在小學教育階段，改變了他們熟悉的方言母語，改為國語教學，「簡直是構成言語意識的製造所，關係何等密切！責任何等重大！」〔註25〕所以小學國語教學需要遵從語言學習規律。這個時期的國語教學，一是須有規則，語言的學習如果要合於規則，也必然合於論理學的法則。

〔註20〕 張一麐：《我之國語教育觀》，《教育雜誌》1919 年第 7 期，第 51 頁。
〔註21〕 范祥善：《教學國語的先決問題》，《教育雜誌》1921 年第 6 期，第 5 頁。
〔註22〕 范祥善：《教學國語的先決問題》，《教育雜誌》1921 年第 6 期，第 5 頁。
〔註23〕 王家鰲：《高等小學的國文應該快改國語》，《國語月刊》1922 年第 3 期，第 11 頁。
〔註24〕 王家鰲：《高等小學的國文應該快改國語》，《國語月刊》1922 年第 3 期，第 11 頁。
〔註25〕 范祥善：《教學國語的先決問題》，《教育雜誌》1921 年第 6 期，第 6 頁。

同時要語言優美，則須要合於修辭學的原理。范祥善說：「歐美各國兒童初入學時，往往不用書本，專門練習話法，就是這個意思。日本小學校的國語科裏，把話法和讀作寫三項並列，無非要言語說來有系統有條理，也是這個意思。」〔註26〕因此，為了合於論理學、修辭學等，民國小學國語教師們在教學上，也「自然要分別指導的了。」〔註27〕

在小學生的情感培養方面，國語教學可以為其提供充分的人文關懷。民國小學的國語教育也是一種從自我的感知出發，以情感體驗為內容，去感悟自然、關心社會的教育。所以，為了通過教學手段達到這個效果。民國小學國語教材的編寫者們也在努力，希望為教學提供更直接的便利。如《世界書局國語讀本》的第 22 課，其課文為：「太陽紅，天氣好，我上學校。老師說我早，我說老師早。」全篇字數雖然不多，只有20個字，但這篇課文所營造的氛圍十分溫馨。通過這樣富有人文關懷感的課文，來使學生感受人文關懷、師生之愛，恰是很不錯的。葉紹鈞也對此有所分析，他以為從小學生的性格身心發展來說，小學生們是很感性的生活著。他們難以接受理性的理解與旁觀的述說。「所以國文教材普遍的標準，當為兒童所曾接觸的事物，而表出的方法，又能引起兒童的感情的。換一句說，就是具有文學趣味的。」〔註28〕

三、幾個關係

在民國小學國語教學中，有三個最主要的關係延續始終，一是小學國語教學與文言文教學的關係；二是方言與小學國語教學的關係；三是小學國語教學的口頭語言與書面語言的關係。圍繞這三個關係的討論與實踐一直是民國小學國語教學中的熱點。

（一）小學國語教學與文言文教學的關係

小學國語教學使用規範國語，在一些方面應與以前的文言文教學區分開來。如國語教學中常用的語助字，就與文言文有明顯區別，但又有聯繫。如文言文中的「者」字，在做語助字的時候，用國語的表述則大多是「這」字。范祥善就解釋道：「《漢書藝文志》說：『儒家者流』，『者』字訓為『此』字，後來文言往往寫『此』。唐宋時候的白話往往寫『者』。『者』和『這』，國音

〔註26〕 范祥善：《教學國語的先決問題》，《教育雜誌》1921年第6期，第6頁。
〔註27〕 范祥善：《教學國語的先決問題》，《教育雜誌》1921年第6期，第6頁。
〔註28〕 葉紹鈞：《小學國文教授的諸問題》，《教育雜誌》1922年第1期，第6頁。

都標注作，聲音相同，而現在卻慣用了『這』字。」〔註29〕而國語中所使用的「的」與「了」，也是文言文所少見的，這些新的語言變化在教學中的使用與學習是十分重要的。「教師似應該知道他的所以然，才可以措置裕如。」〔註30〕

（二）方言與國語教學的關係

因為每個小學生都是首先通過方言來感知、獲得、形成各種經驗與知識的。在課堂學習時，容易將方言學習的各種經驗運用於學習國語中。父母作為小學生的家庭「語言教師」，是他們的語言啓蒙人。「國文教授的開始不在學校而在家庭，不在學齡時代而在幼孩時代。一個學童的國文程度的好壞，與他的家庭，他的幼孩時代很有關係。」〔註31〕初入小學的孩童，十分爛漫天眞，智力見識上也較幼稚，語言的學習積累只是在家庭生活或幼稚園學習中所接受到的一些少量的方言詞彙。進入小學後，猛然接觸大量的國語詞彙，會需要一定的適應期。「例如授一父子，教師多以爺娘之爺字了之，不知兒童日處於家庭中，其對於父子之稱呼，或呼爹爹，或呼阿爹。未聞有此單獨之語言。雖教者舌敝唇焦，而聽者仍不知『爺』之爲何。」〔註32〕而教師也同樣受到自身方言學習與使用經驗的干擾，尤其是對於國語業務水平不精的教師來說，在教學中不自覺地摻雜方言是很常見的事情。范祥善曾記錄自己的考察經歷，有所感歎：「去年年底，曾參觀著名的某小學校，觀其教授國語科，先用土音土語問答，後用國語讀出，結果學生都能讀出國語。退課以後，曾請問教師爲什麼用土音土語入手？據說：純用國音國語，小學生不能領會意思，這是過渡時代，免不了的事。」〔註33〕由此可見一斑。

（三）國語教學的口頭語言與書面語言的關係

自晚清出現「語文」概念後，在小學教育階段的語文教學內涵除了以往的識字、讀書、作文等書面理解與表達內容的學習，還增加了聽說等口頭理解與表達內容。葉聖陶就曾說：「把口頭語言和書面語言連在一起說，就叫語文。」教育部的小學教則也強調注重於平時的問答談話中進行語言教育。在

〔註29〕 范祥善：《怎樣教授國語》，《教育雜誌》1920 年第 4 期，第 5 頁。
〔註30〕 范祥善：《怎樣教授國語》，《教育雜誌》1920 年第 4 期，第 6 頁。
〔註31〕 葉紹鈞：《小學國文教授的諸問題》，《教育雜誌》1922 年第 1 期，第 1 頁。
〔註32〕 趙亮伯：《教授小學國文之研究》，《中華教育界》1916 年第 7 期，第 2 頁。
〔註33〕 范祥善：《怎樣教授國語》，《教育雜誌》1920 年第 4 期，第 13 頁。

教授小學國語時候，要求教師要仔細說話的方法，與教科書的文字相互和諧。
「如有不合語音語法處，也當特別矯正。」〔註34〕除了重視書面語言教學的
規範，在國語教學中，無論是老師的發問，還是學生應答，在口頭語言的教
學方面，都是有著語法邏輯要求的。而在課堂的各種語言學習的訓練中，也多
是以國語學習為目標的。「平時更組織一種練習會，使學生將所得的新聞，或書
本上看得的故事，儘量發表，處處要合國語，久而久之，自有效力。」〔註35〕

四、少數民族及僑民的小學國語教學

在針對少數民族及僑民的小學國語教學中，注音符號在少數民族小學國
語教學中的作用、少數民族小學語言單語模式的弊端及海外小學國語教學的
推行都得到了民國學界的關注。

（一）注音符號在少數民族小學國語教學中的作用

由於不具備漢族方言與國語的特殊關係，少數民族母語與國語差別巨
大，雖然西南地區很多少數民族語言與漢族同支，使用不少漢語借字。但有
些甚至與漢語不屬於同一語系，少數民族小學國語的教學往往困難重重。而
在民國小學教育事業發展的要求下，少數民族小學國語教學不能缺位。為了
實現少數民族小學國語教育的快速發展，注音符號就成為必不可少的工具。
事實上，在民國少數民族小學國語教育中，注音符號確實起到了積極地作用。

（二）少數民族小學語言單語模式的弊端

民國時期，在少數民族小學語言學習中，理想化的建議是採用雙語教學
模式，即少數民族母語與國語雙語教學，但是在現實中，因為教師大多為漢
族，所以教學語言單獨實行國語也較為常見。尤其是一些義塾、漢語學堂都
是單語教學模式。而在這類模式中，其教學內容又多以《千字文》、《百家姓》、
《三字經》、《四書》等漢文儒學書籍充為教材，內容與少數民族小學生的生
活相去甚遠。在教學方法上又以內地小學學習方法為主，以民族語言為母語
的少數民族學生很難適應。所以這種單語模式嚴重影響了教學效果。如在雲
南地區，這種教學模式就曾經遇見這樣的困難，當時教育部門曾主張：「一、
對有文字之？夷古宗，國語外，兼授？文及藏文。二、對無文字之各夷民，

〔註34〕范祥善：《怎樣教授國語》，《教育雜誌》1920年第4期，第13頁。
〔註35〕范祥善：《怎樣教授國語》，《教育雜誌》1920年第4期，第3頁。

教學初步，以夷語釋國語。」〔註36〕但由於複雜的語言學習因素的影響，對於少數民族小學的雙語教學模式亦並非靈丹妙藥，芮逸夫就說過：「我國政府年來從事於籌邊固圉，對於開化及教育邊疆各民族，不遺餘力。爲什麼至今成效不著呢？我以爲就是因爲對於各民族的語文教育沒有妥適的辦法。」〔註37〕這也是民國學者們一直在研究的問題。

（三）海外小學國語教學的推行

在海外地區爲僑民教育服務的小學中，原本並不講求國語的教育。但在上世紀的30、40年代，隨著國內國語運動的影響逐漸及於海外華僑群體，海外僑民的小學國語教學也由此萌芽。早期的海外國語教學採取的是照搬國內國語教學的方法，並沒有顧及到國內外語言教育環境的差異。在國內，國語是使用的第一語言，是母語教學。而在海外，國語大多是僑民所使用的第二或第三語言。因此，在教學方法上就沒有把「培養學習者具有在現實生活中自由用漢語進行交際的能力，而且要在最短的時間內取得最佳的學習效果」作爲教學的終極目標〔註38〕。在這樣的教育理念下，很多海外僑民小學國語教育不以語言使用能力爲目標，而以語言知識爲重點，教育效果並不理想。同時，由於海外僑民的兒童大多較早即啓蒙英語，熟習英語而不諳漢語。誠如黃琬在蔣氏所編《高級國語讀本》的序言中所指出：「南洋各地僑生兒童，多有先入英文學校；程序顛倒，至有英文精通，而於本國文字猶爲人竊笑目不識丁者，比比皆是。」〔註39〕因此，海外僑民小學國語教育大多採用了以英語講解國語的方式。還有一種將英文切音輔助於國語注音符號，用以學習的方法。如「蔣克秋的華語文課本不論是方言教材如《廈語進階》，還是國語教材如《高級國語讀本》和《國語進階》都採用英文做輔助手段。具體來講，給漢字標音有的只用威妥瑪拼音，解釋也使用了英文，如賢 hsien virtue virtuous；有的注音字母和威妥瑪拼音兼用，如量 ㄌㄧㄤ，liang，To measure amount。」〔註40〕很多海外僑民小學國語教材都附有英文翻譯，這也是海外僑民小學國語教育的一大特色。

〔註36〕 吳宗濟：《調查西南民族語言管見》，《西南邊疆》1938年第1期，第56頁。
〔註37〕 芮逸夫：《西南民族語文教育芻議》，《西南邊陲》1938年第2期，第46頁。
〔註38〕 金銘：《漢語作爲第二語言教學：理念與模式》，《世界漢語教學》2008年第1期。
〔註39〕 蔣克秋：《高級國語讀本》，新加坡勤奮書局1946年版，序。
〔註40〕 蔣克秋：《高級國語讀本》，新加坡勤奮書局1946年版，第5頁。

第五章　民國小學母語教科書

　　清末民初，小學語文教科書多以文言文為編纂的語言形式。新文化運動後，民國小學國文教學又普遍轉為國語教學。民國初期，在教科書出版制度採取「審定制」的推動下，民國小學教科書的編撰較為自由，發展迅速。但在全面抗戰時期，在教科書出版制度「部審制」的要求下，民國小學教科書的出版受到了一定限制，其成果也相應減少，小學母語教科書也有著同樣的趨勢。同時期，在邊疆地區的少數民族母語小學教科書與海外地區的漢語母語小學教科書都有所發展，為不同的母語小學生群體提供了實際便利，促進了不同母語群體的教育發展。

第一節　民國教育部門對小學母語教科書的編纂要求

　　隨著國語運動的推進，民國政府的教育部門逐漸加強了對小學語文教科書的語言內容指導，將小學階段作為規範國語教育的起點。民初，對於小學國文科教科書的編寫要求主要有兩個目標：一是要使小學生知曉普通文字；二是要使他們養成文字的根基。這些教科書大體是以文言文為語言形式進行編纂的。但也出現了一些以白話文作為語言形式的教科書編纂傾向，且有一些嘗試性的成果。如 1916 年出版的中華書局版《新式小學教科書》，就以白話文進行了編纂。至 20 世紀 20 年代前後，伴隨著民國政府中小學課程標準的陸續出臺，白話文課文開始逐漸進入小學國文教科書中。同時，新出教科書的數量也有很大的增加。「相對於 30 年代以前或以後的各個時期來說，在如

今所能見到的中小學教科書中，30 年代所編寫的教科書是數量最多的。」〔註1〕

1920 年，民國政府教育部要求全國各地教育部門陸續停用現行的小學國文教科書，轉爲採用國語教科書進行教學。具體規定爲：小學一、二年級的國文教科書，於當年一律作廢。三年級的國文教科書，秋季始業的於 1921 年夏季作廢；春季始業的於 1921 年冬季作廢。四年級的國文教科書，秋季始業的於 1922 年夏季作廢；春季始業的於 1922 年冬季作廢。〔註2〕教育部並正式通告全國各小學與書坊：「凡國民學校所用各種教科書（文言體的）曾經審定者，分年作廢。中國中等各學校和小學校所用教科書，是採用『審定制』，由民間自由編輯，送請教育部審定。合用的，就在《政府公報》上公佈，過時要修改的，也逐年通告他們。」〔註3〕很明顯，這些規定順應了當時國語運動的發展潮流。

新文化運動至抗戰全面爆發前的這一時期中，民國小學教科書的編寫有好幾種模式，一種是依據民國政府所制定的國家課程標準進行編纂；一種是依據編纂者的個人理解與理想而編纂設計的；還有一種是在中國共產黨控制的區域內所編纂的小學教科書。審定制的教材出版制度使出版商有很大的自主空間，能夠與教科書編纂者聯合起來進行大膽的嘗試與創新。而在 20、30 年代，這種嘗試與創新都取得了比較豐碩的成果。

抗戰全面爆發後，民國政府將以往教科書的「審定制」改爲「國定製」，並對課程標準進行了修改。1940 年又頒佈了戰時的課程標準。對中小學教科書的出版實行了嚴格的監管，同時將中小學教科書編輯委員會併入了國立編譯館，在其下設有教科書用書組，負責策劃與編纂中小學教科書。

在少數民族母語教科書方面，民國很多學者建議對於邊疆少數民族地區的小學語文教材，應該與漢族母語教材有所相異，有所區別對待。如朱家驊的建議就很有代表性：「政府對於邊地國民教育階段教本，當供兩套，一爲邊地譯本，一爲國文教本，邊地學生可自由選擇。」〔註4〕他還以爲邊疆少數民族地區小學教材的內容「邊地民族者可占一半，全國統一性的占一半，統籌

〔註1〕 洪宗禮：《母語教材研究（3）中國百年語文教材評介》，江蘇教育出版社 2007 年版，第 184 頁。
〔註2〕 《教育部國語教育進行概況》，《國語月刊》1922 年第 6 期，第 4 頁。
〔註3〕 《教育部國語教育進行概況》，《國語月刊》1922 年第 6 期，第 4 頁。
〔註4〕 朱家驊：《論邊疆教育（代序）》，教育部邊疆教育司編《邊疆教育概況》，教育部邊疆教育司 1947 年續編，第 2 頁。

兼顧，不失偏頗。」〔註5〕黎錦熙也支持從小學母語教材入手，去解決漢族與少數民族母語溝通的問題，他建議：「專業人員不僅要研究邊語，還要把邊語和國語聯繫起來使之溝通，並且要通過基礎教育來普及和推廣，尤其從教育的效率問題上考慮，最好從教育部的小學課本著手去解決這個問題。」〔註6〕一些教材的出版機構也秉持類似的觀點。如商務印書館在《共和國小學教科書緣起》中曾對編纂小學語文教科書的母語選定及編纂原則有以下說明：「注意漢滿蒙回藏五族平等主義，以鞏固統一民國之基礎。」〔註7〕這樣的言論在當時是主流，在事實上也確實對民國政府的決策產生了影響。具體到民國教育部的相關政策上來看，基本反映了這種觀念：「初級及中級小學教科書，以國語爲主體，以蒙藏回等語文爲副。高級小學以上學校，以國語國文編訂爲原則。」〔註8〕1930年，第二次全國教育會議決定頒佈的《實施蒙藏教育計劃》中規定：「蒙藏各項中等學校及小學校的課本，除應採用全國統一的教材外，並宜酌量蒙藏社會情況與其需要，另選適用教材編入，中等以下學校的課本尤應譯印漢蒙文及漢藏文合璧本。」〔註9〕這種國語與少數民族語言小學語文教科書的雙軌制基本延續了至民國政府在大陸的統治結束。因此，民國政府要求在國民教育階段的教材應有兩個版本。一爲邊文（指各少數民族的語言文字）譯本，一爲國文譯本，邊地學生如以邊文爲便者可選用邊文譯本，如以國文爲善者可選用國文教本。1946年3月17日，國民黨六屆二中全會第19次大會通過了《邊疆問題決議案》，其中規定：「在邊疆民族所有地，各級學校之施教，應注重本族文字，並以國文爲必修科，由教育部斟酌施行。」〔註10〕再次對在小學教育階段推廣國語並保護少數民族母語的政策進行強調。臺灣光復後，成立了臺灣省編譯館，館內設有學校教材編寫組，負責編輯適合

〔註5〕　朱家驊：《論邊疆教育（代序）》，教育部邊疆教育司編《邊疆教育概況》，教育部邊疆教育司1947年續編，第2頁。
〔註6〕　鄭亞捷：《國語運動視野中的「邊疆特殊語文」》，《中國現代文學研究叢刊》2008年第4期，第73頁。
〔註7〕　商務印書館：《編輯共和國小學教科書緣起》，收錄於陳學恂編：《中國近代教育史教學參考資料》，人民教育出版社1987年版，第432～433頁。
〔註8〕　宋恩榮、章咸主編：《中華民國教育法規選編（1912～1949）》，江蘇教育出版社1990年版，第627頁。
〔註9〕　《內蒙古教育史志資料》，內蒙古大學出版社1995年版，第145～146頁。
〔註10〕　《對於邊疆問題報告之決議案》，《中央黨務公報》1946年第3、4期合刊，第25頁。

臺灣地區的中小學教材。他們所編纂的小學教科書成爲在臺灣地區推廣國語的重要載體。

第二節　民國小學母語教材的基本情況

在全國範圍內，小學國文教科書最早面世於清末的光緒二十九年（1903年），是由商務印書館編輯出版的《最新初小國文教科書》。至光緒三十二年（1906年），清學部編纂的官方國文教科書才出現。隨後，各種國文教科書陸續出版發行。

1912年至1921年間，商務印書館出版了《共和國教科書新國文》系列教材，這套教材分爲初小與高小兩套。其中初小國文教科書編寫者爲莊俞、沈頤，該教材共八冊，其第三冊至第八冊共計課文 299 篇。高小國文教科書編寫者爲樊炳清、莊俞，該套教材共六冊，課文 214 篇。1913 年至 1915 年，中華書局出版了《新制中華民國國文教科書》系列教材，其初小版由戴克敦、沈頤、陸費逵編寫，共 12 冊，編有 480 篇課文。高小版由郭成爽、汪濤、何振武等編寫，共 9 冊，編有 240 篇課文。1920 年，教育部開始實行教材「審定制」後，中小學教科書出版事業更加繁榮。當年就審定公佈了一批小學、國民學校的國語教科書，它們是：上海中華書局版《國民學校用新教育國語讀本》（八冊）、上海商務印書館版《國民學校用新法國語教科書》（九冊）、中華書局版《國民學校用新教材國語讀本》（八冊）、商務印書館版《國民學校用新體國語教科書》（八冊）、商務印書館版《高等小學校用新法國語教科書》（六冊）、中華書局版《高等小學校用新教育國文讀本》（六冊）、商務印書館版《（附）國民學校用新法會話讀本》（四冊）、中華書局版《（附）國民學校用國音讀本》（一冊）等。〔註11〕可見 1922 年至 1937 年間，是民國小學語文教科書發展的一個高峰期，商務印書館與中華書局成爲其中最主要的出版基地，其他如文明書局等也有一定的貢獻。1930 年，僅准予審定的教科書即有一下所列諸種〔註12〕：

《新學制國語教科書》8 冊（初小），商務印書館編

〔註11〕《教育部國語教育進行概況》，《國語月刊》1922 年第 6 期，第 5 頁。
〔註12〕《准予審定之教課圖書表》，《山東教育行政周報》1930 年第 102 期，第 50~51 頁。

《新學制國語教科書》4 冊（高小），商務印書館編

《新時代國語教科書》8 冊（初小），商務印書館編

《新時代國語教科書》4 冊（高小），商務印書館編

《新學制適用新小學教科書國語文學讀本》8 冊（初小），中華書局編

《新學制適用新小學教科書國語讀本》4 冊（高小），中華書局編（十八年五月一日發還修正尚未送部備案）

《新學制適用新小學教科書國語讀本》8 冊（初小），中華書局編

《新中華教科書國語讀本》4 冊（高小），中華書局編

《新主義教科書前小學國語讀本》8 冊（初小），世界書局編

《新學制小學教科書初級國語讀本》8 冊（初小），世界書局編

《新國音讀本》1 冊（小學），商務印書館編

《兒童文學讀本》8 冊（初小），商務印書書編

《新學制小學教科書高級國語讀本》4 冊（高小），世界書局編

《民智國語讀本》8 冊（初小），民智書局編

《新主義教科書國語讀本》4 冊（高小），世界書局編

《新中華教科書國語讀本》8 冊（初小），中華書局編

這段時期裏，在少數民族小學母語教科書編寫方面也有很多成果。1930年，民國成立教育部蒙藏教育司後，迅速啟動了邊疆地區語文教科書的編纂工作。1934 年，分別為邊疆西藏、蒙古、新疆地區的少數民族小學，編纂出版了漢蒙、漢藏、漢回語言結合的小學國語教科書各八冊，短期小學課本各四冊。不久，遵照教育部的指令，國立邊疆文化教育館又編譯了蒙、藏、維吾爾文的初小教科書。1947 年，還出版了蒙文（九冊）、藏文（八冊）、維吾爾文（十冊）等小學課本。1948、1949 年間，新疆省教育廳又陸續編寫了維文、哈文的各類教科書，分發各地。這些少數民族小學母語教科書的出版，為少數民族母語教育的發展作出了積極的貢獻。

為了滿足海外華僑群體小學生的母語教育需求，一批以中文國語為學習語言的小學教科書在海外編纂出版。其中佼佼者為商務印書館出版、沈百英等人編輯的《復興國語教科書》，該系列教材就設計有「大陸本」（1933 年 5

月版）、「日鮮本」（1937 年 1 月版）與「南洋本」（1938 年 6 月版）三種版本。其「日鮮本」與「南洋本」分別適用於日本、朝鮮僑民學校與南洋地區華僑小學的學生。除了中國編纂出版的中文國語教科書之外，海外地區也有自己原創的中文國語教科書。如開辦中華國語學校的蔣克秋先生所編纂的教科書就是此類。「蔣克秋一生共有 22 種著述，直接為漢語教學服務的教材有 15 種之多；其他種類的著述，也大都是為漢語教學服務的。」〔註 13〕

第三節　民國小學母語教科書的語言

晚清時期，提供初等教育使用的小學教科書在語言的使用上即體現出一種不與傳統蒙學教材相一致，而追求實用與通俗的趨勢。它們一般主張將識字教學與句篇教學相結合，比以往更加注重所使用文字的口語化，傾向於文字教學的母語化。

民初的國文教科書在語言形式上依然大多選用文言文，但在具體的運用上保持了晚清小學教科書的母語化、口語化傾向。如商務印書館編輯出版的《共和國教科書新國文》一書，在其編寫中就坦明：「本書生字之多少、字句之長短、筆劃之繁簡，意義之深淺、按照程度、循序漸進，以免躐等之弊。」「本書文字力求活潑，以引起兒童之興趣。」而中華書局出版的《新制中華國文教科書》也對文字形式、內容有限定性的要求：「選字力求深淺合宜。」「文句力求平易，以便兒童易解。」「所選材料，關於時令者，悉按陽曆編次，以引起兒童直觀之感覺」等等。這些教科書都注重按照從簡單的文字到繁瑣的文字的教育順序，沿著循序漸進的程序進行文字內容的設計。試舉例如下：

《共和國教科書新國文》（初小版）就慣以短句與兒歌等語言形式編排文字的學習內容，如其第二冊第 2 課的課文：

一小舟，河邊行，前有槳，後有舵，上有布帆。

其第二冊第七課的課文：

臥室內，有火爐，爐中燒炭，火漸盛，炭漸紅，一室溫暖。

《新制中華國文教科書》也與其類似。如其第一冊第 25 課的內容：

小橋；明月；涼風。

〔註 13〕 於錦恩：《民國時期華文教育本土化探析——以國語文教材的編寫為視角》，《華僑華人歷史研究》2014 年 9 月第 3 期，第 55 頁。

這種較好的利用文言文的文字特性，選擇淺顯文字，簡約進行表達的教科書選材編排方式，在當時收到了不錯的效果，使課堂語言教學與兒童的日常母語生活的衝突也有所緩和。隨著國語運動的進行，白話文逐漸在小學國文教材中出現。1916 年，中華書局出版新式《國文》教科書。這套教科書在其每冊末尾都附有四段白話文，就迎合了這種趨勢。此後，白話文逐漸替代文言文，成為小學教科書的主流。

在語言的內容選擇上，不少民國小學教科書比較講究教育內容的生活性與趣味性，能夠儘量將學生的學習內容與其生活母語相結合。這些教科書裏的語言普遍重視體現出語言表達的美學。正如現代學者所評價的：「初級語言教材之所以隸屬於文學的範疇，目的是讓兒童感受到語言使用的藝術，體會到母語在廣泛情景下的運用。」〔註 14〕其情其韻可見當時這樣一段課文：

> 吃過晚飯以後，雪依舊下著，天氣也似乎比較日間要冷很多。
> 我們一家人坐在一間房子裏，圍著一雙火爐。火爐中的碳，都是熾
> 紅的，放射著很美麗的火焰。火光照著個人的臉上，臉色也好像紅
> 一點兒了！大家坐在這間屋子裏，很是溫暖，談談笑笑，差不多已
> 經忘了外面在下雪。〔註 15〕

這段文字將暖暖的家庭天倫之情濃濃的化開，語言十分平實、簡練，超脫於文言文的晦澀，讀起來通暢舒服。同樣的，陶行知也曾對此種觀念舉例論述，他曾以為教科書中出現的「草履蟲」要改為「草鞋蟲」，才能適應大眾的口語實際，更易被學生所掌握。他還意興大作，創作了一首詩歌《老媽子先生》，用以表達自己的觀點：「文章好不好，要問老媽子。老媽高興聽，可以賣稿子。老媽聽不懂，就算是廢紙。廢紙那個要？送給書呆子。」〔註 16〕

經典的文學作品或文字片段歷來是小學語文教科書的主要內容來源。而基本上所有的文學作品都不可避免的具有一定的方言特徵。教育界在對使用大量方言的經典文學作品進入小學國語教材的過程中，產生過一些爭論。其中最吸睛的焦點莫過於小說《紅樓夢》。早在 1922 年新學制實行之前，一些

〔註 14〕 王豔：《故紙溫情——民國語文教材熱背後的思考》，《中國出版》2014 年 1
月下，第 24 頁。

〔註 15〕 王豔：《故紙溫情——民國語文教材熱背後的思考》，《中國出版》2014 年 1
月下，第 24 頁。

〔註 16〕 范遠波：《中國百年小學語文教科書的人名、識字教育及其啟示》，《河北師範
大學學報》（教育科學版）2016 年第 3 期，第 889 頁。

學者就建議將《紅樓夢》片段列入中小學語文教科書中。南開大學的何仲英以爲《紅樓夢》雖然用了很多方言，但這些方言的使用恰恰是最能體現出作者對生活的把握，是有學習價值的。他說：「《紅樓夢》描寫人情世故的地方」用了許多方言，所以「能夠做模範文」〔註17〕。事實上，不論爭論有多熱烈，在其時小學教師普遍採用一些自編教材的情況下，《紅樓夢》必然而自然的被很多教師作爲教授內容而採用。

但是一些民國學者也意識到在國語標準沒有確立的情況下，隨意而自由、不加甄別的將各種帶有方言特徵的文學作品選編入小學語文教科書，確實有所不妥。不過這種尷尬的局面很快得以清除。隨著新學制實行後國語運動者大體認可北京方言作爲國語基本音的氛圍下，以北京方言爲寫作語言的經典文學作品進入小學語文教科書的頻次提高了。1932 年《小學課程標準》提出：「指導兒童學習平易的語體文，並欣賞兒童文學，以培養其閱讀的能力和興趣。」顯然，這是爲文學作品進入小學教科書創造了條件。1923 年至 1936年間，僅《紅樓夢》的內容就被多部小學國語教科書所採用。根據當時學者對北京孔德小學、師大一附小、師大二附小、報子胡同小學、師大平民學校等學校進行的兒童課外閱讀調查的結果顯示：「《紅樓夢》排在兒童喜歡閱讀的「舊小說」的第十位，從 3 年級就開始有學生閱讀，其中 3 年級有男生 3人、女生 1 人，4 年級有男生 1 人、女生 3 人，5 年級有男生 8 人、女生 10人，6 年級有男生 2 人、女生 19 人，共 47 人。」〔註18〕可見隨著國語標準的確立，爲北京方言的文學作品登錄小學語文教科書打開了方便之門。亦有一些人對此持反對意見，有學者認爲小學國語教科書中應該將北京土話摒棄在外，也是出於這種理念。如陳兆蘅曾說：「北平因歷代帝王建都的關係，五方雜處，語言齊會，存良去劣，時久而蔚成最優美幾乎全國通行的語言，以北平語定爲國語，自有其歷史淵源理由。不過，在現今的北平官話中，尚夾雜有不少土語，這些土語既不普遍又乏意義，吾儕從事國語教學者應防止土語摻入，否則，因今日國都已不在北平，時久恐將失卻『標準』的資格，使中國語言又有一個相當長時期的不統一。」〔註19〕

在少數民族地區，情況似乎更加複雜一些。除了對少數民族母語詞匯進

〔註17〕 何仲英：《白話文教授問題》，《教育雜誌》1920 年第 2 期，第 7 頁。

〔註18〕 遲受義：《兒童讀物研究》，《師大月刊》，1935 年第 24 期，第 79 頁。

〔註19〕 陳兆蘅：《小學國語教材教法》，《教育雜誌》1948 年第 12 期，第 24 頁。

行必要的教授外，在以少數民族母語爲語言而編寫的小學語文教科書中，也大多對漢語的一些時代詞匯進行了翻譯。如在新疆，「各級民族學校也成爲推行這些新詞匯的主要場所。學生們通過教材的途徑自然地接受了這些新的詞匯。」〔註20〕在針對海外僑民的《復興國語教科書》「日鮮本」與「南洋本」中，也契合僑民當地語言習慣，在規範僑民國語使用的基礎上，將一些僑民不熟悉的漢語詞語更換爲僑民日常用語。如「南洋本」第二冊中，就以「椰子樹」代替了「打大麥」，以「種豆子」替換了「種大豆」。再如「南洋本」第四冊第9課以「老鷹」替換了「大陸本」和「日鮮本」中的「黃狼」。沈百英解釋了這樣處理的理由：「因爲對南洋人來說，「老鷹」比「黃狼」更爲人熟知。」〔註21〕這些變通的做法是爲了使小學語文教科書更加貼近使用者的語言實際，也是母語教育中的一種妥協。

第四節　對民國小學母語教科書的評價

對民國母語教科書的評價經歷了國文與國語兩個階段。

在國語運動還沒有能夠實質性影響到小學教科書的編纂時，民國初期所編纂的大部分小學國文教科書都獲得了較好的評價。其中的代表作爲商務印書館編輯的《共和國教科書新國文》（初小、高小版），這是「辛亥革命後商務印書館編印的第一套使用年限最長、重印次數最多、影響最大的語文教科書」〔註22〕，受到了教育界普遍的讚譽。同時期的中華書局版《新制中華國文教科書》也獲得了很好的社會反響，被很多學校所採用。雖然也有一些負面的批評，但這些教科書的價值還是得到了充分的肯定。

20世紀20年代開始，民國政府要求各地取消國文教科書，改爲編纂國語教科書。但在教育界準備不足的情況下，當堪任教學使用的國語教科書還未在坊間出現以及小學教育界對於國語概念並不能準確理解與熟練掌握國語教學業務的環境下，曾一度引發民國小學教育界的恐慌。一些小學的基層教師

〔註20〕　王澤民：《試論民國時期的新語文政策》，《新疆地方志》2007年第2期，第55頁。

〔註21〕　沈百英：《復興國語教科書（第三冊）》，香港商務印書館1938年版，第25頁。

〔註22〕　曾毅：《從民初國文教科書看「新教育」想像》，《河北師範大學學報》（教科版）2012年第7期，第36頁。

議論紛紛：「都謂我們不知國語爲何物，如何可以教授國語。」〔註23〕因此，在 20 年代初期，很多小學在客觀條件限制下，繼續沿用著國文教科書。面對客觀窘境，各地教育主管部門也未強行遽推，多有觀望之態。甚至各縣的視學也「因爲不諳國語，不敢嚴詰各校長，責令改用國語教科書。」〔註24〕

　　1920 年實行教材審定制後陸續出版的民國小學國語教科書大體延續了以前國文教科書的優點，對推動國語教育起到了很大的幫助。但也有極少數小學國語教科書因爲編纂動機不良與編纂者自身業務素質不高，其質量被人所質疑。如何仲英直言這少數小學國語教科書的編纂有投機性的動機，有外行編纂的弊端，甚至於「有些書是互相抄襲的，輾轉更名，名稱雖不同，而實骨則一。」〔註25〕

　　有人以爲教科書不可以作爲教學使用的全部，「就是坊間能編出很好的語體教科書，教師也不得遽取應用，不復籌思。因爲既以兒童爲本位，則非兒童所自需，就不得強爲授與。而坊間所編教科書，總希望通行於全國，全部的內容，決不會聚集於一個兒童的境遇裏。倘若取以應用，一定有一部分非兒童所愛所能領受的，那就要減少效率了。所以教科書止得供參考，止得備採用，教材還當在教科書以外去選擇或搜集。」〔註26〕也有很多學者以爲小學國語教科書由書商主持編纂是一種錯誤的做法。如周淦說：「在世界先進各國，都是這樣辦的（筆者按：指由教育部制定編纂及審查），絕沒有像中國將小學教科書的編輯印行權操在書局商人之手的辦法的。」〔註27〕也有人直截了當表達了對一些濫竽充數的此類教科書的不滿，如董任堅說：「無怪教科書的名稱儘管加上『新』字招牌，內容卻陳腐不堪！」〔註28〕也有陳鶴琴這樣對該類教科書進行具體點評的議論，如他所列舉的小學國語教科書文字方面的弊病：「一、太注重生字。二、字數頁數太少。三、字句太沒有意義。四、課文語氣前後不一致。五、字句太單調，缺少生氣。六、字句常常不合兒童口吻。七、課文長短太呆板。八、字句不能引起動作。九、字句不能刺激思

〔註23〕　雲六：《國語教育的過去與將來》，《教育雜誌》1921 年第 6 期，第 2 頁。
〔註24〕　雲六：《國語教育的過去與將來》，《教育雜誌》1921 年第 6 期，第 2 頁。
〔註25〕　何仲英：《小學教師的國語參考書》，《教育雜誌》1924 年第 10 期，第 1 頁。
〔註26〕　葉紹鈞：《小學國文教授的諸問題》，《教育雜誌》1922 年第 1 期，第 6 頁。
〔註27〕　周淦：《小學國語教科書確實成了問題》，《時代公論》1934 年第 31 期，第 20 頁。
〔註28〕　董任堅：《介紹一部兒童國語教科書》，《圖書評論》1932 年第 2 期，第 69 頁。

想。」〔註 29〕還有如楊振聲這樣對於因小學國語教科書的編輯不善而轉責於
國語教育的失望。「近來因爲小學國語教科書編輯之不善，一些人不設法改進
教科書，輕易的加罪國語，主張起用文言。使人感覺小學生的命運太苦了！」
〔註 30〕但這些教科書並非民國小學國語教科書的主流，陸續面世的大部分小
學國語教科書很快被小學教師所接納，也很好的履行了自己的教育使命。

〔註 29〕　董任堅：《介紹一部兒童國語教科書》，《圖書評論》1932 年第 2 期，第 69 頁。
〔註 30〕　楊振聲：《小學與小學國語》，《國聞周報》1934 年第 29 期，第 2 頁。

第六章　民國初期小學母語（國語）教學參考書與學生讀物

　　民國小學國語教學的參考書與學生讀物的編纂是隨著小學國語教育的推進而漸次開展的。20 世紀 20 年代之前，民國小學國語教學參考書與學生讀物都較少。20 年代開始，很多出版機構、教育機構及個人開始於此領域發力，成果也不斷湧現。

第一節　民國小學國語教師參考書

　　20 世紀 20 年代之前，由於教育系統內部沒有任何小學國語教師參考書的供應，市場上相關書籍也較爲稀缺。爲解決教學上的實際困難，很多小學國語教師是依靠自己的判斷，來選擇或編輯小學國語教學的參考書。從 1919 年開始，小學國語參考書有了一定的發展，雖然這場發展在質量上所獲得的評價各有不同的闡述，但在數量上的激增則是學界所公認的。

　　綜合民國學者對於那個時期所出版的小學教師國語教師參考書的闡述，大致可分類介紹如下：

一、通論類型的小學國語教師參考書

　　程湘帆編的《小學課程概論》（商務印書館版）是一本泛論小學課程的教師參考書，其中的第 173 至 215 頁爲專論小學國語教育的內容。何仲英編的《中國文字學大綱》（商務印書館版）是一本以科學方法敘述中國語言文字的參考書。全書分爲音、形、義等三編，依次敘述。通過這本書，小學教師們

「可以增加許多文字教學的力量，不致鬧不識字的笑話了。」〔註1〕胡以魯的《國語學草創》（商務印書館版）是第一部以「國語學」爲研究的著作，全書分爲「論綱」、「說國語緣起」、「國語緣起心理觀」、「說國語後天發展」、「國語後天發展心理觀」、「國語成立之法則、」「國語在語言學上之位置」、「論方言及方音」、「論標準語及標準音」、「論國語國文之關係」及「論譯文」等 11章。這本書撰寫於清末民初之時，大多爲參考西洋語言學的體系而成，有一定的小學國語教學參考價值。黎錦熙的《國語學講義》（商務印書館版）分爲上、下兩篇，上篇主要敘述音韻流傳源流歷史、詞語語法等內容。下篇則是民國成立以來對國語問題發展的討論，還附有大量的法令文牘。該書對於小學國語教師瞭解國語運動的由來及相關政策應有很大助力。此外，黎錦熙還將其在 1920 年 9 月至 11 月間，於江浙一帶進行國語運動演講的筆記作了整理，彙編爲《國語講壇》一書，其中有關於國語概論的三篇文章以及關於國語教育的兩篇文章可以對民國小學教師有所觸動。趙元任的《國語留聲機片讀本》（商務印書館版）對字母、讀法、拼法、方音、新詞等都有舉例與說明，對小學國語教師的實際教學有很大幫助。

二、國音方面的小學國語教師參考書

商務印書館出版了高元所撰的《高元國音學》，還出版了汪怡的《國語發音學》，這兩本書都可以便利小學國語教師在國音上的自學，其中《國語發音學》還收錄了汪怡在各個國語講習所及在北京師範等學校教授國音學時的課本內容，對於國語聲母、韻母、五聲的類別等有詳盡的講述，內容豐富。群益書社出版了劉復的《四聲實驗錄》，這是一部關於試驗語音學的開創性的讀物。趙元任的《國音新詩韻》（商務印書館版）可作爲小學教師的國音字典使用，兼有實用與研究的性質。樂榮炳的《國音講義》（中華書局版）是一本關於國音的常識，包含了國音學、發音學、國音練習、國音字母的寫法等內容。由劉儒所編的《國音字母教案》（商務印書館版）共七冊，分爲四個單元，共計五十課，全書按照歐美小學拼音文字的排列方法，教授字母，有故事、歌詞、圖畫等內容。

〔註 1〕 何仲英：《小學教師的國語參考書》，《教育雜誌》1924 年第 10 期，第 4 頁。

三、國語會話方面的小學國語教師參考書

王璞所撰的《王璞的國語會話》（中華書局版）是其在教育部國語講習所使用的課本。他在每個字的旁邊都注有國音。每個變音的字，也用粗體標注。使用新式標點符號。此外，周銘三的《注音國語讀本》（東南大學版）其內容分為「字母講授」、「讀本」、「會話」、「注音練習」等四個部分，各個部分都有精心的設計，也較為適合教師的參考。

四、國語文方面的小學國語教師參考書

吳質生、鄭次川編的《古白話文選》（商務印書館版）收錄了自周代開始至宋元以下的一些白話文章，可作為一部實際的國語文學史以參考。他們所編的《近人長篇白話文選》（商務印書館版）則將最近的論說、演講、宣言、批評、引序、書函、小說、記述、短劇、詩歌等白話文進行了整理收錄。

五、文法方面的小學國語教師參考書

童斐的《虛字集解》對《馬氏文通》、《國文法草創》、《中國文法通論》等書進行了一些講解。高語罕的《國文做法》（亞東書局版）則是一部關於做法修辭的書。這方面相關的書籍另有《小說做法講義》（中華書局版）、黎明編的《國語文法講義》（中華書局版）與《國語文法》（商務印書館版）〔註2〕、馬國英的《新式標點符號使用法》（中華書局版）、譚正璧的《國語文法》（世界書局版）等。

六、教學法方面的小學國語教師參考書

吳研因的《小學國語國文教學法》是其於 1921 年在東大暑期學校與蘇州暑期學校演講的稿件整理而成。張士一的《小學國語話教學法》（中華書局版）分為「國語話教學的目的」、「國語話的標準」、「國語話教學的編製」、「口語的性質」、「口語教學法的基本原理」、「語言教學法的派別」、「表示意義的方法」及「國語話的教材」等部分。30 年代，商務印書館出版的《復興國語教學法》系列用於初級小學。1932 年，朱麟、韓棐編的《南洋華僑國語讀本教授書》由中華書局在新加坡出版。劉儒的《國語教學法講義》（商務印書館版）分為國音、字體、詞類、語法等部分，其間各舉實例。龐任公等編著的《國

〔註 2〕後有《新著國文文法》。

語教學實施報告》由上海市教育局國民教育處於 1946 年出版，其中包含說話教學、讀書教學、作文教學、寫字教學等，還附有實例四則。趙欲仁的《小學國語科教學法》由商務印書館 1930 年出版。本書根據福建集美暑期學校編的講義整理而成，除備小學教師參考研究外，可供師範學校國語科教學研究用。本書對於小學國語科方面一切實際問題均加以精密的討論，而尤著重於科學的研究法。此外，陸步青等人的《國民學校國語教學法概要》（上海正中書局版）、呂伯攸等人的《小學國語讀本教學法》、沈百英編的《小學國語教學討論集》（商務印書館版）、樊平章等人的《新法國語教授案》都有一定的參考價值。

七、詞典方面的小學國語教師參考書

商務印書館的《國音字典》初版於 1919 年，是根據教育部讀音統一會的國音標準編製的。再版後的《校正國音字典》則加入了字母，全書收錄 13000 多字。「每字附注國語注音，並舊韻書之聲母韻母四聲等字，以爲古今讀音之比較。」〔註3〕中華書局的《國音分韻檢字》是參照《國音字典》、清代李光地的《音韻闡微》、Herbert H.Giles 的《草英字典》等編輯的，共收錄 14000 餘字。王璞的《國音京音對照表》（商務印書館版）將《國音字典》中與北京音有出入的都列出。此外，周銘三的《國語詞典》（商務印書館版）每詞兼注京音國音，並有舉例。方賓觀的《白話詞典》（商務印書館版）收錄了包括方言在內的很多詞語。其他如汪怡的《國語辭典》（商務印書館版）等也是此種類型。

八、測驗方面的小學國語教師參考書及文論

1926 年，華超所編的《新學制國語教科書閱讀測驗》由商務印書館出版，用於初級小學，並附有標準答案。此外，中華教育改進社編，商務印書館出版的《小學默讀測驗》、《初小默讀測驗》、《小學默字測驗》等以及俞子夷的《正書小子量表》（中華書局版）、周廷珍的《國文測驗舉例》等可以一用。

還有一些較爲重要的文論，也值得我們參考。如通論性質方面有《國語月刊》出版了「漢字改革號」，含有胡適、錢玄同、黎錦熙、蔡元培、周作人、沈兼士、趙元任、何仲英等人的文章。還有劉半農的《應用文之教授》（《新

〔註 3〕何仲英：《小學教師的國語參考書》，《教育雜誌》1924 年第 10 期，第 10 頁。

青年》四卷二號）、李肖聃的《余之國文教授談》（《湖南教育月刊》一卷二號）、邰爽秋的《科學的國文教授法》（《教育雜誌》十四卷八號）、何仲英的《小學教師的國語參考書》（《教育雜誌》十六卷十號）等文章。談論教學法的文論也較多，如舒新城的《道爾頓制與小學國語教學法》（《教育雜誌》十六卷一號）、何仲英的《國語詞教學法》（《教育雜誌》十六卷一號）、黎錦熙的《國語的作文教學法》（《教育雜誌》十六卷一號）、沈炳魁的《文藝表演教學法》（《教育雜誌》十六卷一號）、張久如的《兒童文藝教學法》（《教育雜誌》十六卷二號）、葉紹鈞的《說話訓練》（《教育雜誌》十六卷六號）等。此外，還有陳鶴琴的《一種國文測驗：詞句重組》（《新教育》四卷五期）等文論也具有參考價值。

第二節　民國小學生國語讀物及其使用

　　小學生國語讀物的誕生是一個新鮮的事物。范祥善曾對民國小學生的國語讀物進行過一個調查，他認爲從種類上分，這類讀物應該包括關於公民的、文學的、史地的、自然的、藝術的以及雜誌、報章等類。而在文體上，則應包含筆記體、演義體、說明體、遊記體、傳記體、書信體、劇本、歌謠以及其他等種。〔註4〕

　　在 20 世紀 20 年代前後，在小學生國語讀物方面，首先是出現了一些專門供兒童閱讀的報刊，如《兒童報》、《歌謠週刊》、《小學之友童報》、《兒童世界》（商務印書館）、《兒童畫報》（商務印書館）、《小朋友》（中華書局）、《小妹妹》、《兒報》（江蘇鹽城中華兒童報社）、《粵秀》（廣州中山大學附小）、《小朋友的朋友》（北大教育系）、《兒童周報》（南京教育局）、《河南兒童》（河南省教育廳）、《小學生》（北新書局）、《兒童時報》（杭州兒童時報社）、《兒童》（兒童書局）、《我們的世界》（福州實驗小學天才實驗班）、《兒童生活》（兒童生活報雜誌社）等。

　　還出版了大批可以讓小學生作爲國語課外讀物的書籍，簡略列舉如下：

　　徐傅森的《世界童話（五十種）》（中華書局 1913 年版）、陸雲瑝與楊喆的《中華童話》（中華書局 1912 年版）、孫毓秀的《童話第二集》（商務印書館版）、鄭振鐸的《童話第三集》（商務印書館 1923 年版）、唐小圃的《京語

〔註4〕　范祥善：《小學國語教學法的將來》，《新教育》1925 年第 3 期，第 465 頁。

童話》（商務印書館 1918 年版）、趙宗預等的《新法故事讀本》（商務印書館 1921 年版）、趙宗預等的《兒童文學叢書》（中華書局 1921 年版）、陳和粹與孫志勁的《繪圖童話大觀》（世界書局 1921 年版）、胡寄塵的《兒歌（二冊）》（中華書局 1922 年版）、唐小圃的《家庭童話》（商務印書館 1922 年版）、嚴既澄等人的《兒童文學叢書》（商務印書館 1922 年版）、趙宗預的《新法事物發明史》（商務印書館 1922 年版）、唐小圃的《托爾斯泰兒童文學類編》（商務印書館 1923 年版）、徐傅森的《兒童小說》（大東書局 1923 年版）、陳和祥等的《繪圖小故事大觀》（世界書局 1924 年版）、兒童報社編的《兒童報社叢書》（中華書局 1924 年版）、吳士農的《兒童創作集》（中華書局 1924 年版）、陸衣言等的《兒童叢書》（中華書局 1924 年版）、鄭振鐸等的《兒童史地叢書》（商務印書館 1924 年版）、唐小圃的《俄國童話集》（商務印書館 1924 年版）、雷家駿的《兒童藝術叢書》（商務印書館 1924 年版）、徐傅森的《學校劇本集》（商務印書館 1924 年版）、吳翰雲等的《我的書》（中華書局 1924 年版）、淩善清的《中國神童故事》（大東書局 1924 年版）、張九如的《兒童遊藝叢書》（商務印書館 1925 年版）、井花的《兒童小樂園》（文明書局 1925 年版）、陳和祥的《繪圖新兒歌》（世界書局 1925 年版）、宋亮寰的《圖畫故事》（商務印書館 1926 年版）、陸衣言的《標點繪圖小說篇錦》（文明書局 1926 年版）、趙景深等的《大鵝歌劇》（商務印書館 1928 年版）、宏健的《文壇逸話》（商務印書館 1928 年版）、張昭民的《歐洲童話集》（北新書局 1928 年版）、施永湘的《表情唱歌遊戲》（新民書局 1928 年版）、林蘭的《民間趣事集》（北新書局版）、沈百英譯的《長篇故事》（商務印書館 1928 年版）、徐學文的《給小朋友們的信》（開明書局 1929 年再版）、勞春華的《兒童實用書信》（兒童書局 1930 年版）、陳雲清等的《中國神話集》（兒童書局 1930 年版）、粟蔭芬主編的《孩子們的陀螺集》（兒童書局 1930 年版）、陳普揚的《淺克拉先生與蚊子》（兒童書局 1930 年版）、徐晉的《低年生講座》（兒童書局 1930 年版）、李羅夢等的《小學劇本集》（兒童書局 1930 年版）、陳鶴琴的《好朋友叢書》（兒童書局 1931 年版）、陳鶴琴的《兒童故事》（兒童書局 1931 年版）、趙景深等的《安徒生童話集》（開明書局 1929～1931 年版）、陸靜山等的《少年國語文選》（文光書店 1945 年版）等。〔註 5〕

　　以《少年國語文選》為例，1945 年，陸靜山、楊明志編著，在重慶文光

〔註 5〕 參考徐錫齡：《國語教材的調查（一）》（《教育論壇》1932 年第 12 期）等資料。

書店出版的《少年國語文選》，其所摘選的文選有《上山》、《武訓的與學歌》、《上學》、《假使》、《我的新生活觀》、《童子軍》、《義俠的行為》、《我們的希望》、《日本飛機和中國小孩》、《兩個愛國的義勇軍》、《我們的希望》、《兩個日軍的談話》、《愛護國旗的少年英雄》、《國慶》、《最後的微笑》、《鄉下人家》、《我永遠忘不了》、《合群生活》、《兵士和老百姓》、《孔子的好學與愛國》等。

　　與教師的國語參考書情況一樣，在 20 世紀 20 年代初期之前，大部分的小學教師在為學生提供教材外的國語讀物時，自主決定，甚至自編相關參考資料。比如在澔關第二小學任教的王家鰲老師就面臨著學生參考讀物貧乏的困難。他說：「到了沒奈何的時候，就在童話上和暨南學校出版的《試》上，選了幾篇。」〔註6〕時間長了，他還自己總結了一套選編學生讀物的方法。大體上就是隨著年級的增長，選編學生輔助國文讀物的內容也有所不同，低年級的學生一般喜歡「多插圖的，極重複的，少代名詞的」〔註7〕內容。在執教小學三四年級學生時，他認為應該為學生編選一些包含自然界知識的內容，而不該是那些「無系統的，偏於神怪的，理想的」內容，所以他選擇「把國史的大概、國恥的大略情形、中外名人的事業和有關人生的植物、動物、礦物，編做讀物。」〔註8〕「使他們懂習見的、舊有的知識，進而求不常見的、從未見過的、似乎知道的、完全不知道的知識。」〔註9〕他在選擇以童話和暨南學校出版的《試》中的幾篇文章後。「覺得比較用文言文的時候，容易明白。讀音也沒大誤。並且記述起來，很能夠發揮自己的意見。」〔註10〕為此，他還採取了一種結合實際教學的閱讀方法，即首先是引導學生去瞭解事實，然後由他們自己來嘗試記述這些事實，再由老師進行選編，作為學生們的參考讀物。1921 年 3 月 3 日，王家鰲老師為了使學生記述打鐵的情形，就率領學生們來到學校隔壁的一間打鐵鋪，對打鐵師傅的打鐵流程進行觀摩。回到教室後，要求每名學生都寫一篇關於觀摩打鐵的作文，然後從每個年級中挑選出一篇最優秀的去印刷，做學生們的讀物。「這一次記述的很清楚，研究時也很有趣味。四月裏也試行過，大約每月一次。現在我想將來還要多試行幾次

〔註 6〕　王家鰲：《試行國語教學後的大略報告》，《教育雜誌》1921 年第 8 期，第 10 頁。
〔註 7〕　王家鰲：《澔關第二小學「國語進行」上的大略報告和第二年所發現的兩個困難問題》，《國語月刊》1922 年第 5 期，第 5 頁。
〔註 8〕　王家鰲：《試行國語教學後的大略報告》，《教育雜誌》1921 年第 8 期，第 10 頁。
〔註 9〕　王家鰲：《試行國語教學後的大略報告》，《教育雜誌》1921 年第 8 期，第 10 頁。
〔註 10〕　王家鰲：《試行國語教學後的大略報告》，《教育雜誌》1921 年第 8 期，第 10 頁。

哩。」〔註11〕這種自己選擇、甚至編寫小學生國語讀物的方式是那個時代很多小學教師都嘗試做過的工作。

民國教育界對於課堂教學外的學生國語輔助讀物的使用表現出一定程度上的重視。有人以為「我們選擇補充教材，……找補充材料，正如我們裁衣必先量度身體，然後憑了一定的尺寸去制裁，才得稱身合體。」〔註12〕范祥善說：「今後的國語教學，我們以為不僅注重課內的工夫，且須多讀多閱課外的讀物，這是近年一般教育者所提倡的。」〔註13〕而「優良的小學教師，盡能夠施行設計教學法，只須活教材，何必在教科書方面多所計畫。這話似乎也可以成立。可是大多數的小學教師，能力怎樣，在這三五年中，恐怕還談不到此。所以現在為一般小學教師計，這工具的鋒利與否，當然是一件十二分注意的事。」〔註14〕比如有些學校設置了學校圖書館或兒童讀書室，讓學生們隨意翻閱。但是如果不加以一定的指導，其效果不會很好。有人以為指導小學生閱讀課外國語讀物的責任應該擔在教師肩上。很多老師也對學生使用輔助國語讀物的情況有所觀察。有人認為要根據具體的區域環境而選取輔助材料。「甲地所編的兒童讀物，如是就甲地的兒童環境習慣風俗而取材，則不能合於風俗環境……懸殊的乙地的兒童。」〔註15〕有人還建議應該根據小學生年齡差異而區分不同的輔助材料。「小學低年級國語補充教材，須要適合兒童，視兒童之所需而找尋。」〔註16〕隨著年級的提高，學生對於讀物中的修辭、思想內容有逐漸加強的需求。而同時，學生對於文藝作品的欣賞卻並無太大的趣味。「兒童對於這種讀物，欣賞的趣味，很是薄弱。」〔註17〕有人建議：「小學低年級國語科補充教材，除了採兒童歌謠、講演故事而外，謎語與劇曲也很重要。」〔註18〕吳研因提出小學國語並非聖經賢傳的東西，也不

〔註11〕 王家鰲：《試行國語教學後的大略報告》，《教育雜誌》1921 年第 8 期，第 10 頁。
〔註12〕 梁上燕：《小學低年級國語補充教材底研究》，《教育論壇》1932 年第 5 期，第 65 頁。
〔註13〕 范祥善：《小學國語教學法的將來》，《新教育》1925 年第 3 期，第 464 頁。
〔註14〕 范祥善：《小學國語教學法的將來》，《新教育》1925 年第 3 期，第 461 頁。
〔註15〕 梁上燕：《小學低年級國語補充教材底研究》，《教育論壇》1932 年第 5 期，第 66 頁。
〔註16〕 梁上燕：《小學低年級國語補充教材底研究》，《教育論壇》1932 年第 5 期，第 65～66 頁。
〔註17〕 王家鰲：《滸關第二小學「國語進行」上的大略報告和第二年所發現的兩個困難問題》，《國語月刊》1922 年第 5 期，第 2 頁。
〔註18〕 梁上燕：《小學低年級國語補充教材底研究》，《教育論壇》1932 年第 5 期，第

是《太上感應篇》、《科學雜誌》，而應該是「以『兒童的文學』爲骨幹，供兒童閱讀欣賞的東西。」〔註 19〕陳兆蘅提出選擇小學國語參考書要注意兩個原則，提出要重視參考讀物的世界性，減少鄉土性的內容，雖然不少學者認爲這種觀點有欠妥當，但也代表了當時一部分人的想法，試列如下〔註 20〕：

（1）應具備世界性，不限地方性——今日世界，由於科學的發達，交通的便利，已使地球縮小，天下炯成一家，欲使兒童適應現在和未來社會的需求，應有曠大的眼光與胸襟，豐富的常識與社會集體的意識，例如《魯賓遜漂流記》就是可用的好資料。用本國的東西，也應該是具有全國性的鄉土教材可用而不可多教。

（2）應有悠久性——臨時性的材料，固然有的可以用，但對兒童將來的效用不多，鄉土教材常易養成狹隘的國家主義思想，以愼重爲妙。英美人士，多會唱世界名歌，我國人則很少能者，致使人視爲未受過教育的人。抗戰唱曲和反日文章即在抗戰期間也不可使兒童學得太多，所教的材料總要顧到材料價值的悠久性。在顧到兒童能力興趣的條件之下，教材不妨採一些爲將來生活的預備。英國學校裏價值未確定的書籍不指定爲教本和參考書，此意可供我們的參考。

無論怎樣，以上所述各人的意見都支持教師在學生課外閱讀時要加強指導工作。

在具體的指導方法上，民國學界有一些經驗總結。范祥善曾經設計了一套指導學生閱讀課外國語讀物的程序。首先是關於閱讀的原因，分爲參考的、證驗的與消遣的。其次是閱讀的規律，分爲指定的、自由的與限時的。再就是做閱讀筆記的方法，依次爲摘錄目次、記載綱要、編造表式、參加意見的雜記與質疑解決疑難問題。〔註 21〕可見，這一套程序的施行是要求學生們在閱讀課外讀物的時候，能保持著一種學習的狀態。

65 頁。

〔註 19〕吳研因：《關於『小學國語教材的批評』的檢討》，《江蘇教育》1934 年第 10期，第 54 頁。

〔註 20〕陳兆蘅：《小學的國語教材教法》，《教育雜誌》1948 年第 12 期，第 27 頁。

〔註 21〕范祥善：《小學國語教學法的將來》，《新教育》1925 年第 3 期，第 466 頁。

第三節　對小學國語教師參考書與學生讀物的評價

自從 1919 年之後，民國學界對小學國語教師參考書與學生讀物的評價開始逐漸出現。

一、民國學界對小學國語教師參考書的評價

1924 年，何仲英在對坊間所流傳的小學國語教師參考書進行了一番研究後，做出了以下一些評價。他首先以爲很多此類書是本著投機營利的目的而產生的，所以在內容上也容易出現膚淺、草率的現象。「罅隙百出，讀了反而有害。」〔註 22〕而由於知識產權保護的薄弱，導致很多此類書是互相抄襲，輾轉更名的產物，有些書雖然名稱不一樣，但其內容卻絲毫不差。更因爲這個市場的熱度，吸引了很多教育界以外的「外行」來謀利，造成很多對國語並不瞭解的人來編纂小學國語教師參考書，也產生了一些錯誤。「如以不會說國語的人而編國語會話，或是不懂語音原理的人而編發音學，把發音的機關圖都畫錯了。」〔註 23〕他同時批判了一些雖然銷路較廣，但其實質內容極爲淺易的小學國語參考書。他例舉范祥善所編的《國音淺說》已經出版了第 18 版，而方寶觀所編的《國音教本》亦已銷售達到十萬冊。認爲「（其實編者也認爲）已經「月日黃花」，無再留戀的價值，還不如讀他們新編的什麼新淺說、新教本，比較要好些。」〔註 24〕

在國音方面，高元的《高元國音學》得到了很多名家的讚譽，「本書有張一麐、錢玄同、黎錦熙、胡適諸先生的序文，評爲最好的國音學。書中精彩極多，不但根據語音學的學理說明國音，毫無閉眼胡說和迷信等韻家舊說的毛病，而且疏通疑義、訂正誤說的話又很不少。」〔註 25〕此外，錢玄同、黎錦熙等人爲汪怡的《國語語音學》作序，提出其書具有九種特色，是「國音學上很有價值的著作，不可不看。」〔註 26〕劉儒的《國音字母教案》則被認爲「凡教學注音字母者，不可不參考。」〔註 27〕而在國語會話領域，王璞所

〔註 22〕　何仲英：《小學教師的國語參考書》，《教育雜誌》1924 年第 10 期，第 2 頁。
〔註 23〕　何仲英：《小學教師的國語參考書》，《教育雜誌》1924 年第 10 期，第 2 頁。
〔註 24〕　何仲英：《小學教師的國語參考書》，《教育雜誌》1924 年第 10 期，第 2 頁。
〔註 25〕　何仲英：《小學教師的國語參考書》，《教育雜誌》1924 年第 10 期，第 6 頁。
〔註 26〕　何仲英：《小學教師的國語參考書》，《教育雜誌》1924 年第 10 期，第 7 頁。
〔註 27〕　何仲英：《小學教師的國語參考書》，《教育雜誌》1924 年第 10 期，第 7 頁。

撰的《王璞的國語會話》被認爲是「現在坊間最好的一部國語會話的書。」〔註28〕周銘三的《注音國語讀本》因其設計的精細與選詞的平當，加上作者本身所具有的多年國語教學經驗總結付諸其中，廣受學界好評。吳質生、鄭次川編的《古白話文選》、《近人長篇白話文選》等書雖是高中國語課本讀物，但因其能有助於國語文技能的訓練，也被人所認爲是小學國語教師應有的知識。在文法上，黎錦熙的《國語文法》有很多新創，包括主張「句本位」文法之類，此書便利於小學國語教師的教授與自修。高語罕的《國文做法》可以使小學教師得著一些新的見解，也是有益的。張士一的《小學國語話教學法》是一部對於小學教師國語教學很實用的書。而何仲英認爲國語詞典編纂較爲困難，目前所面世的大多「胎習外人用華語羅馬拼音的詞典，別字百出，而又不了解其根源，看了有什麼用？」〔註29〕對國語詞典編纂提出了自己的意見。當時所流行的《讀法教授順序說明書》和《國文教科書編纂綱要》等也大受小學教師的歡迎，「小學教育界一時稱便」〔註30〕。後者還「大半爲教育部編審處採做部編國文教科書的依據。」〔註31〕

一些教育類雜誌也專門闢出評論小學國語教師參考書的專號。《國語月刊》等專業評論雜誌也開始出現。朱麟公將1920、1921年間報刊雜誌上所發表的50餘篇國語教育文章進行了彙編，按照國語國音問題、國語文法問題、國語教材問題、國語教學問題及國語統一問題進行分類，可以使讀者知曉國語運動的大概。其他類似王卓然的《小學教材之研究與批評》（《學燈》六卷九號）、邰爽秋的《對於神話教材之懷疑》（《中華教育界》十卷七期）等的文章也爲我們瞭解民國學界對於小學國語教師參考書的評論提供了幫助。

二、民國學界對小學國語讀物的評價

對於小學國語讀物的評價主要刊載於一些教育類的期刊中。如《中華教育界》第11卷第6期出有「兒童用書研究號」專欄，刊出了23篇論文，不少涉及對小學國語參考用書的評論。包括錢希乃的《小學校閱讀材料》、祝其樂的《兒童閱讀的指導》等，最後還附有鄭曉滄、俞子夷、陳鶴琴、程湘帆等人關於兒童國語閱讀用書的演講錄。《教育雜誌》、《中華教育界》等雜誌都專

〔註28〕　何仲英：《小學教師的國語參考書》，《教育雜誌》1924年第10期，第8頁。
〔註29〕　何仲英：《小學教師的國語參考書》，《教育雜誌》1924年第10期，第11頁。
〔註30〕　吳研因：《小學國語教學法概要》，《教育雜誌》1924年第1期，第1頁。
〔註31〕　吳研因：《小學國語教學法概要》，《教育雜誌》1924年第1期，第1頁。

門出了國語教育或國語研究專號。而《國語月刊》的「漢字改革號」也因爲多有名家高論，被認爲是「凡小學國語教師不能不看」〔註 32〕的期刊專號。再如趙景深的《童話評論》由上海新文化書社出版，收集了《新青年》、《婦女雜誌》、《民鐸》、《覺悟》、《晨報附鐫》等報刊上關於國語童話與國語兒童文學的評論文章。周作人的《自己的園地》由北京晨報社出版，對很多國語兒童讀物進行了評價，包括《阿麗思漫遊奇境記》、《王爾德童話》、《童謠大觀》、各省童謠集等，「無不加以深刻的批評，確當的案語。」〔註 33〕

　　對於 20 世紀 20 年代初一些小學教師自編學生讀物的情況，學界也有批評。有人反對完全由教師自己編寫學生的輔助讀物，以爲「若說兒童讀物，完全依賴教科和教師自編的材料，似乎於兒童心理上不合。」〔註 34〕他們以爲要尊重小學生自己的意見，由他們來決定選取何種讀物。「各級的讀物盡可選用他們發揮的意見……因爲要誤會教科中的文字，和自己記述的文字是兩種。進步上一定要慢些。所以時常要選用他們發揮的意見，來作讀物。」〔註 35〕只是理論與實踐總有著一段差距，對於小學生國語讀物而言，在那個時期，「唱著高調，實行的還是不多。」〔註 36〕

　　總體來看，民國初期的小學國語教師參考書籍及學生讀物，在國語運動的潮流下，在小學國語教育的推行下，有了前所未有的發展，成果豐碩。但其中所存在的問題，也受到了民國學界的警惕。

〔註 32〕　何仲英：《小學教師的國語參考書》，《教育雜誌》1924 年第 10 期，第 6 頁。
〔註 33〕　何仲英：《小學教師的國語參考書》，《教育雜誌》1924 年第 10 期，第 4 頁。
〔註 34〕　王家鰲：《試行國語教學後的大略報告》，《教育雜誌》1921 年第 8 期，第 10 頁。
〔註 35〕　王家鰲：《試行國語教學後的大略報告》，《教育雜誌》1921 年第 8 期，第 10 頁。
〔註 36〕　范祥善：《小學國語教學法的將來》，《新教育》1925 年第 3 期，第 464 頁。

第七章　民國小學母語教育師資

第一節　民國小學母語教育對於師資的要求與存在的問題

　　在小學教育階段推廣標準化母語教育（即國語教育）已是趨勢的情況下，對於小學母語教育的師資能否勝任這一要求的命題也早早被民國學者所關注並展開熱議。1918 年教育部注音字母發表以後，儘管學術界仍有異議，國語的國音標準事實上已經確立了。民國小學母語教育對於師資的最基本也最核心的要求，就是他們應能夠做到盡可能的排除漢語方言、少數民族語言的干擾，熟練於國音標準的掌握與教授。「小學教師底責任，何等重大；國語普遍底遲速，責任在小學教師，國語能否統一，責任在小學教師；有了成績以後，會不會變成別種奇怪的語言，責任在小學教師──小學教師，努力！」〔註1〕學術界對此有著一致的認識。

　　隨著國語運動的推動，教育部對基礎教育的師資培養也逐漸重視起來。20 年代以前，教育部僅重視對於教材使用文體的討論，而對於教師教學用語並沒有太多介入，「可是以前的命令，注重在文字方面，對於教員教授用語，並未提到。」〔註2〕直至 20 年代初，教育部才開始規範小學國語教師的教學語言。「小學教育，限於年齡；師範教育不能普及於現任教員……或補習，或

〔註 1〕　程駿：《國語底危險》，《國語月刊》1922 年第 5 期，第 2 頁。
〔註 2〕　《中小學教員一律用國語教授》，《中央週刊》1930 年第 93 期，第 16 頁。

精研，科目可以選修，時間不受拘束，各遂所求，咸得其便。」〔註3〕教育部也一再申令各地所屬中小學教員「在可能範圍內，一律用『和標準國語相近的語音』做教授用語。」〔註4〕1921 年，北京政府教育部通令各地的高等師範及師範學校均於國文科中酌減國文時間，增授國語，並注意練習。這就從政府層面對國語師資的培養工作進行了背書。

客觀來看，整個民國時期，小學母語教育的師資力量都沒能達到理想的狀態，針對小學母語教師的語言培訓嚴重不足是最主要的原因。

民國初期，很多地方小學的教師，尤其是非北方語系的小學教師不能熟諳國語，即使是頒佈了統一標準「國音」的背景下，依舊存在著很大的困難，需要時間的積累。「考察現在通行的國語勢力（即普通語），大抵迷漫於黃河流域一帶；長江流域以南，不免差一點；若在閩廣等省，差不多判若天涯。小學教師，遇到這個時代，生長於北部的，言語一層，可以無慮。但生長於中部的，就要改變許多聲調，比較上難一點。至於生在閩廣的人，那就十分困難了。」〔註5〕一位小學教師曾經抱怨道，「用偏於北方的暫定國音」教書，其難度不亞於「舊時教國文」。〔註6〕這種情態在南方小學界尤為普遍。誠如吳有容在 1926 年所說：「大江以北我不知道不要說，光說大江以南的新學的小學教師，真正懂國語，能用國語教授的有幾個？不懂，你要叫他怎樣去教？」〔註7〕而在南方地區，將北京話與國語標準音相混淆的情況也十分常見。如吳研因就發現有的小學教師「以為教白話文，就該用國音和北京話去教。」〔註8〕這些情況的出現毫不令人吃驚，因為當時全國絕大部分的小學國語教師幾乎都沒有接受過系統的國語訓練，甚至是「簡直沒有一點兒國語教學的常識」。〔註9〕即使有些人有幸得到補習國語的學習機會，也很難在短暫的時間內熟練掌握國語的教學能力。1924 年，在上海國語師範學校參加國語培訓的

〔註3〕《教育部國語統一籌備會關於國語教育之進行計劃大綱》，《國語月刊》1922年第 4 期，第 1 頁。

〔註4〕《中小學教員一律用國語教授》，《中央週刊》1930 年第 93 期，第 16 頁。

〔註5〕 范祥善：《教學國語的先決問題》，《教育雜誌》1921 年第 6 期，第 2 頁。

〔註6〕 丁曉先：《小學校教授白話文問題》，《時事新報》1920 年 10 月 14 日，「學燈」，第 4 張第 2 版。

〔註7〕 吳有容：《國語言文一致的暗礁》，《新教育評論》1926 年第 25 期，第 19 頁。

〔註8〕 吳研因：《為陸起莘君再評教學和同志諸君的研究》，《時事新報》，1920 年 5月 24 日，「學燈」，第 4 張第 2 版。

〔註9〕 何仲英：《小學教師的國語參考書》，《教育雜誌》1924 年第 10 期，第 1 頁。

某學員在商務印書館聯歡會上的答詞中說：「想把醫生們開的藥方子帶回家去醫他們的病」。對此，何仲英評價道：「姑勿論這句話比喻得對不對，試問一個教師先靠臨時稗販得一點知識，便想敷衍應用，卻不曉得怎樣獲到知識的方法，這種知識恐怕總有水盡山窮的一天。」〔註10〕更嚴重的是，教師們似乎學習國語的動力也不足。很多小學教師很少或沒有看過國語方面的專業書籍。1921年夏，何仲英在擔任東南大學暑期學校語文法課教師時，曾對所教授的155個學員進行過一次相關調查。發現其中有80多人承認自己一本國語的書都沒有看過。「還有一部分的把不是國語的書或似是而非的國語書列入。如《階級爭鬥》、《到自由之路》、《戰地鴛花錄》、《模範夫妻》以及《四書白話解》、《王陽明傳習錄》、《朱子語類》……等是。」〔註11〕其他看過國語書的學員每人也不過6、7部而已。他們所看的國語書中，大多還是《水滸》、《紅樓夢》、《儒林外史》等白話小說書，真正對於國語教學有關的不過《白話文範》、《國語文類選》、《國語文範》、《國語學講義》、《實用國語文法》、《白話文軌範》、《國語筆法百篇》、《國音易解》、《白話尺牘》、《國語指南》、《嘗試集》、《國音練習法》、《白話作文秘訣》、《新文庫》、《國語正音法》等十幾部。何仲英因而覺得：「一般小學國語教師對於書籍的選擇力未免欠精，把應讀的書不讀，不應讀的書反讀，而總共個人所讀的關於國語書又如是之少，這非但影響於教學的效率，且足為國語教育前途的障礙。」〔註12〕

由於水平不足，很多小學教師在課堂上進行國語教學的時候存在著很多明顯的錯誤。1922年，有人寫下對於某小學國語教學的觀感：「我日前參觀某學校，正值他們在那裡教授國語——我很佩服他們有改革教育底志願，有提倡國語底精神，可是這位教師，我知道他對於國語是素不相識的，是從來沒有通過音問的，倒有這種膽量，冒充熟識，可憐這國語先生，太忠厚了，太儒弱了，任憑他信口雌黃，說來說去，終究啞口無言，沒有和他辯駁的能力。」〔註13〕據此觀察者看來，這些小學國語教師在聲母、韻母的基本功上都存在著缺陷。他因而感慨道：「自己注音字母還讀不準，那裡配教授國語呢？字母讀錯的所在，便是國語危險的所在，一個字母讀錯，便能產出無數底怪語音，

〔註10〕 何仲英：《小學教師的國語參考書》，《教育雜誌》1924年第10期，第1頁。
〔註11〕 何仲英：《小學教師的國語參考書》，《教育雜誌》1924年第10期，第1頁。
〔註12〕 何仲英：《小學教師的國語參考書》，《教育雜誌》1924年第10期，第1～2頁。
〔註13〕 程駿：《國語底危險》，《國語月刊》1922年第5期，第1頁。

你看危險不危險！」〔註14〕同時，有些小學國語教師在教授國語的方法上也不能與時俱進，大多仍將教授國文的方式沿襲為教授國語的辦法。范善祥曾重點指出了這種做法的兩處錯誤：一是沿著讀國文的腔調，搖頭晃腦、高低抑揚的讀。「要知道國語的聲調，果然要合著語法的精神，卻用不到搖頭擺腦的讀著。他們簡直不知國語為何物，那裡能夠明白文學上的旨趣呢？」〔註15〕二是一些教師在短暫的學習了注音字母後，就覺得已經掌握了國語知識的全部，將注音字母的學習視為國語教學的一切。事實上，注音字母雖然是國語的一部分，也被一些人視為是國語教學的基礎。但國語教學應有更高的目標。「學習國語話佔一小部分，而欣賞文學，究屬更為重要。」〔註16〕那時候，不少人以為學習國語只要通過掌握注音字母就可以了，以為學習注音字母就等同於學習國語，這種理解是片面的。胡適說過：「其實注音字母不過是國語的一小部分。所謂國語，是指從長城到長江，從東三省到西南三省，這個區域裏頭大同小異的普通話。我們提倡國語，對於國語的語音、語法和文法，都必須加上詳細的考究。」〔註17〕

上述評論中的這些小學國語教師尚屬於勤勉的，更多的小學國語教師即使在國音標準化推廣的大環境下，也循著以往教學的慣性，依舊操持著方言進行授課。而同屬於一個地方的教師與學生，使用當地的方言，無論是在教學上，還是在生活上，都是沒有任何語言障礙的。「向來沒有國語觀念的地方，一般教師還都是操著土音土白，向學生去講解的，然而他們彼此皆用這種聲音，通行一地，倒也不覺得有什麼困難。」〔註18〕但當師生來自不同的地方，各自方言不同的時候，問題就發生了。「若是撞到甲地的教師來教乙地的兒童，其語言間，自不免有困難問題發現了。這種困難問題發生的結果，是足以減少兒童學習和閱讀的效用的。」〔註19〕在潛山任教的葉霖曾舉過這樣一個例子：「記得有一次一個兒童肚痛，我叫他立刻『回去』，他竟不懂得我的意思，而在小圓臉上卻表現出淒慘的陰影，我當時一點也不瞭解他內心的情

〔註14〕 程駿：《國語底危險》，《國語月刊》1922 年第 5 期，第 2 頁。
〔註15〕 范祥善：《小學國語教學法的將來》，《新教育》1925 年第 3 期，第 459 頁。
〔註16〕 范祥善：《小學國語教學法的將來》，《新教育》1925 年第 3 期，第 460 頁。
〔註17〕 胡適：《國語運動的歷史》，《時兆月報》1921 年第 5 期，第 43 頁。
〔註18〕 李剛中：《怎樣打破國語的難關？》，《教育雜誌》1921 年第 6 期，第 4 頁。
〔註19〕 葉霖：《國語教學上的語言統一訓練問題的研討》，《安徽教育輔導旬刊》1936 年第 28 期，第 26 頁。

況，後來經過另一位教師的解釋，說是：『安慶說回家叫『回去』，潛山叫『回去』卻是人『死了』的解釋。』」〔註20〕

民國初期，很多小學限於母語師資的業務水平，不能實現理想中的國語教學，尤其是在教師的國音發音要求上，只能聽之任之。在那些國語沒有通行的地區，甚至找不出一個能講國語的教師。也有很多小學的教師都是當地人，沒有接觸過國語。「要他擅長國語，哪裏來呢？常到交通便利地方走走的，常常和講國語的人往來的，或者能講幾句，還是不三不四，所謂藍青官話。」〔註21〕知道這樣不妥當，但環境所迫，又不得不如此。雖然師範教育在清末民初有了很大的發展，但中國地廣人眾，這些師範學校的合格畢業生對於全國小學的需求來說，杯水車薪。「從前的師範學校，沒有國語科，現在有國語科的，也是『鳳毛麟角』。忽然要叫全國的國民學校教授國語，那裡來這許多教師呢？」〔註22〕教育部希望通過行政命令的手段能促進小學教師在國語上的進步，結果在很多地區，這樣的努力被證明是徒然的。「有時省視學調查到此，不但教授上不能得他的真相，就是言語上也彼此不通，視學的人，只好敷衍過去。就是當面指導幾句，而燕去樑空，依舊無效。」〔註23〕即在行政領域，推行小學國語教學的法令在很多地區也只是具文。直至1926年，很多地區的小學依舊採用國文教學。以致有人不禁要問：「政府不是曾經下過一道小學校國文科改國語科的明令的嗎？後來不是又下過一道文言的小學教科書分期修正通用的明令的嗎？何以到如今不改也不管，不停止通用也不問呢？」〔註24〕

與研究國語的學術界不一樣，民國小學教師學習國語大多是被動的。李剛中說：「提倡國語，本來已有多年，無如他們穩如泰山，依舊置之不眤。」〔註25〕直至教育部推行國語命令出臺，小學界才有所動作。「於是手慌腳忙，

〔註20〕 葉霖：《國語教學上的語言統一訓練問題的研討》，《安徽教育輔導旬刊》1936年第28期，第26頁。

〔註21〕 我一：《提倡國語的難關怎樣過渡呢？》，《教育雜誌》1920年第4期，第2～3頁。

〔註22〕 我一：《提倡國語的難關怎樣過渡呢？》，《教育雜誌》1920年第4期，第7頁。

〔註23〕 李剛中：《怎樣打破國語的難關？》，《教育雜誌》1921年第6期，第4頁。

〔註24〕 吳有容：《國語言文一致的暗礁》，《新教育評論》1926年第25期，第20頁。

〔註25〕 李剛中：《怎樣打破國語的難關？》，《教育雜誌》1921年第6期，第4頁。

東奔西走，學了些皮毛知識，這還算是熱心的教師。」〔註26〕那些占大多數的不熱心的教師，「他們總是中了懶惰毒，不願費三月兩月，一年半載的工夫，把國語學好來教導小國民。」〔註27〕就隨心所欲，方言、國語不分，半土語半國語的亂講。「他就隨心所欲，一味的製造國語，那裡顧到統一不統一呢？有的看了語體文，就歡喜得非常道：『好了好了！我們今後不慮不能永久做國文教師了！從前教授文言文，要費許多探索的工夫，現在改為語體，我們既有一張嘴，那裡不會說話呢！』這兩種人，把語體文看得很容易，所以他教授生徒，滿紙的方言，滿口的土白。」〔註28〕

還有一種普遍的情形，就是教師在勉強使用著國語進行教學，但是並不強迫或難以強迫學生使用國語。國語僅僅是學校甚至是教室的區域用語。「現在有幾個學校，已經改用國語，但是教師在已改國語的教室裏，勉強用國語，並不叫學生一律用國語。出了教室，連教師也不用國語了。並且有教授國語讀本的時候，用國語。教授他種科目的時候，不用國語。學生讀國語教科書的聲調，讀國文教科書沒有兩樣。」〔註29〕當然，隨著時間的推移，小學國語教學與使用的範圍也正不斷的擴大。

有一些小學教師是反對國語教學的。1924年，何仲英說：「到了現在的時候，我們還常常聽見有些小學反對教學國語的聲浪，要把國語依舊改為文言，恢復前狀。」〔註30〕當時也有學者分析這些不願意進行國語教學的小學教師不僅僅是由於其對國語的掌握不足，還有一些社會原因，如有的小學擔心實行國語教學會導致當地社會保守勢力的反對，以致學生數的減少，影響到學校的招生問題。事實上，這種擔憂是杞人憂天，在一些行動比較迅速的小學中就有一些正面的例子。如吳縣滸關第二小學積極推行國語教學後，「社會上不是沒有人反對，卻得了許多人的贊成。說小孩子的知識，用了國語更容易開展一些。將來各處統一以後，就可以沒有說話不通的苦處了。所以學生數，也一些沒有減少。」〔註31〕至於那些頑固於文言文、國文教學的小學教師，

〔註26〕 李剛中：《怎樣打破國語的難關？》，《教育雜誌》1921年第6期，第4頁。
〔註27〕 吳有容：《國語言文一致的暗礁》，《新教育評論》1926年第25期，第19～20頁。
〔註28〕 李剛中：《怎樣打破國語的難關？》，《教育雜誌》1921年第6期，第5頁。
〔註29〕 我一：《提倡國語的難關怎樣過渡呢？》，《教育雜誌》1920年第4期，第3頁。
〔註30〕 何仲英：《小學教師的國語參考書》，《教育雜誌》1924年第10期，第1頁。
〔註31〕 《滸關第二小學「國語進行」上的大略報告和第二年所發現的兩個困難問題》，《國語月刊》1922年第5期，第1頁。

語言上的遺老遺少們，則很難通過辯論去說服他們。

　　儘管以往文言文教學的材料比較陳舊，但是具有古典語言學知識結構的教師還可以基本應付。現在改為國語教學，教師們卻既沒有國語學的根基，又缺乏學習，無論教學效果還是學生成績的評估，自然有所下降。在社會與家長的問責下，一些教師不對自身能力進行反思，而是將責任歸咎於國語的推廣。「其實這決不是國語本身的病，乃是教師們不研究國語的病。」〔註32〕

　　當然，也有積極行動的小學。如蘇州吳縣滸關第二小學裏的教師們，自1920年秋開始，就努力開始學習與實踐國語教學。「有的是每星期加了兩三小時的國語課程了；有的是遵照部令，把一二年級先改國語了；有的是一部分改了土音的語體文了；有的是完全改了土音的語體文了；那最少數的，就是完全改為國語。」〔註33〕這樣的努力之下，效果也自然異於其他學校。

　　在少數民族小學中，少數民族語言教師在學習國語的難度上較之漢族教師，更甚一籌，而能兼懂國語及一些西南地區少數民族語言的漢族教師更是難尋。「我們不難找得到懂蒙、藏、回語文的人，卻不易找到懂苗文、夷文，這些文的人。」〔註34〕在一些西南地區的少數民族小學中，可以對一些少數民族學生進行有效國語教學的教師基本上是鳳毛麟角。以川康地區的倮羅小學為例，「各校教師類多對於倮羅語無直接能力，教學徒憑姿勢及應用導生制之類似辦法，加以通譯。但導生未加訓練，教學甚為困難。教師指手畫腳，學生如啞人看戲，效率無限低落。」〔註35〕臺灣光復後，臺灣地區小學國語教育對於師資的要求更加特殊，矛盾更加尖銳。長期在日本殖民統治下的臺灣人大多通用日語，小學國語教師要想教授好國語，在掌握國語的同時，還須通曉日語，才能流暢的進行教學。「其情形好比在日本向日本人教授中國語言。」〔註36〕相比較近鄰的福建，「方言與國語，只是發音不同，詞語組織上並沒兩樣，把現成的注音字母好好利用就夠。」〔註37〕這種特殊的師資需求是巨量的，誠難在短期內得以滿足。

〔註32〕 何仲英：《小學教師的國語參考書》，《教育雜誌》1924年第10期，第2頁。
〔註33〕 《滸關第二小學「國語進行」上的大略報告和第二年所發現的兩個困難問題》，《國語月刊》1922年第5期，第1頁。
〔註34〕 謝龍泉：《談訓練邊疆語文人才》，《邊疆通訊》1945年第11～12期，第2頁。
〔註35〕 梁甌第：《川康區倮羅織教育》，《西南邊疆》1942年第15期，第20頁。
〔註36〕 默：《臺灣的國語運動》，《新語》1945年第3期，第4頁。
〔註37〕 默：《臺灣的國語運動》，《新語》1945年第3期，第4頁。

第二節　民國小學母語師資的培訓

　　民國教育部門面對這種國語師資缺乏的情況，也想方設法，開展了一些積極的措施。如他們要求、鼓勵各地教育部門爲當地小學教師開設各種形式的國語補習訓練機構與課程，包括在各縣開設勸學所、國語傳習所等，以及夜班、星期班、假期班等。民國教育部門希望通過這些培訓，使得小學教師們能夠迅速提升國語水平，並堅持使用國語進行教學。他們鼓勵這些教師即使國語水平不高，甚至南腔北調、不大純粹，也要堅持說，在實戰中逐漸提升。「教員不要因爲自己所說的國語不純粹，便耝著不說，要知道國語是愈說愈好的，開始便耝著不說，將來那裡會說的好呢？」〔註38〕

　　1918 年，北京政府教育部通令北京、武昌、奉天、南京、廣東、成都、陝西等 7 個國立高等師範學校附設國語講習所。1920 年，在教育部要求小學改習國語後，教育部國語統一籌備會先後舉辦了 4 次全國性的國語講習所，通過在北京進行考試及各省選送的方式招錄學員，兩個月一期。全國 22 省區都派有學員，畢業的約有 440 人。這些國語講習所都傳習注音字母及國音，主要目標是爲了培養合格的國語教師。也確實產生了一些實實在在的效果，時人評價：「這確是培養國語人材的法子。」〔註39〕這些學員也逐漸成爲各個地區推行白話和注音字母的重要師資。如湖南籍的國語講習生回到湖南後，努力實踐，他們「都很熱心傳播，什麼『研究會』，什麼『講習所』，……無論城鄉，遍地皆是。」〔註40〕

　　小學國語師資培訓的潮流也從中央及於地方，勃然興起。在各省區，教育廳、勸學所、教育會等機構都紛紛採取措施，有所行動。江蘇是這些地區中的積極者，早在 1918 年初，江蘇省教育會就舉辦了國語補習會。次年，該會繼續舉辦注音字母傳習所。「至 5 月 21 日，共舉辦四期，總共傳習人數 47 縣，41 校，共 176 人，旁聽者約百餘人。」〔註41〕江蘇教育廳還在南京舉辦了國語講習所，要求各縣選派學員來所學習，免除學費，並資助路費。全省各地也廣泛響應，並各自倡辦國語師資培訓機構，如吳縣勸學所、教育會則在暑期裏組織國語講習所，「由演講員程惜麟擔任國語發音學及蘇州閏音，楊

〔註38〕　《中小學教員一律用國語教授》，《中央週刊》1930 年第 93 期，第 16 頁。

〔註39〕　我一：《提倡國語的難關怎樣過渡呢？》，《教育雜誌》1920 年第 4 期，第 7 頁。

〔註40〕　盛先茂：《湖南國語的狀況》，《國語月刊》1922 年第 4 期，第 1 頁。

〔註41〕　《設立國語補習會及注音字母傳習所》，朱有瓛等編：《中國近代教育史資料彙編・教育行政機構及教育團體》，上海教育出版社 1993 年版，第 290 頁。

雲長擔任國語文法，張福保擔任注音字母，金軒人擔任國語會話，陸衣言擔任國語教授法，男女聽講員，計共二百三十餘人。」〔註42〕同年，上海縣勸學所設立小學教員講習所。具體情況為：「奉賢暑假國語講習所，有縣教育會組織，於十八日開幕，出席者達百餘人，旁聽二十四人，並有松江拓林鄉加入旁聽者，課程每日五點鐘，兩星期完畢。」〔註43〕吉林省要求各縣皆於假期組織國語講習會，在每年的寒暑假期間，「由縣知事召集所屬小學教員及縣視學、勸學員、學務委員等入會講習。」〔註44〕1921 年，黑龍江教育廳在哈爾濱設立了國語講學所，與黑龍江省立第一師範附屬小學校合作，卒業期限兩個月，講習科目包括注音字母發音學、實用國語文法等。次年春，省視學再次組織了黑龍江暑期國語講習會，「凡省城各小學教職員，無論男女，均得入會聽講。」〔註45〕江西省教育會成立國語傳習所後，以龍銓孫為所長，聘請上海國語專修學校李維岳先生為主講。初定名額 60 人，江西小學界教師踴躍報名，報名者達 120 餘人。後所開辦的第二期傳習所，亦有學員 50 餘人。「我們已經畢業的同學們，多半往各處提倡國語去了，我們屢次接到他們關於傳播國語的來信，都說有很好的成績。」〔註46〕1922 年，湖南省教育會組織了湖南中華國語研究會，興辦國語教員養成所。相較教育部要求各地小學國語教師自我學習的行政命令，小學國語師資培訓在全國大部分省區都有顯著的成績。

一些學校也通過主辦各類國語學習團體，專一促進國語教師的培養。吉林就規定各個學校要單獨或聯合組設國語教學研究會，並且要設有小學教員研究會，「每屆三個月。」〔註47〕再以北京為例，1921 年夏，京師勸學會議決議設立私立小學教師國語補習會，以公立第七小學為學習地點。這次補習會發函給城內各小學及幾所外地小學，收到 40 餘校覆函，參加補習的教師有 46 名，其職員組成為萬華（會長，京師勸學辦公處）、舒慶春（經理，京師勸學辦公處）、南式容（主講，京師公立第三高等小學校）、徐迪（主講，京師公立第十八高等小學校），皆為當時國語名師。會員名錄見下表〔註48〕：

〔註42〕 《蘇州國語講習會現狀》，《申報》1920 年 8 月 19 日。
〔註43〕 《奉賢國語講習會開講》，《申報》1920 年 7 月 22 日。
〔註44〕 《吉林省促進國語辦法》，《國語月刊》1923 年第 12 期，第 4 頁。
〔註45〕 《黑龍江省城自施行國語教育以來的狀況》，《國語月刊》1923 年第 12 期，第 4 頁。
〔註46〕 《江西國語傳習所歷程》，《國語月刊》1922 年第 5 期，第 2～3 頁。
〔註47〕 《吉林省促進國語辦法》，《國語月刊》1923 年第 12 期，第 4 頁。
〔註48〕 《京師私立小學教員夏期國語補習會紀事》，《京師學務局教育行政月刊》1920 年第 4 期，第 35～38 頁。

姓　名	單　位	姓　名	單　位	姓　名	單　位
管　復	湖北扶輪學校	蘇　健	北京體育學校	金桂森	京師公立第四高等小學校
王永德	京師第十改良私塾	邢振聲	私立復興國民學校	赫桂慶	京師私立第三十四國民學校
徐廣曾	京師私立第六國民學校	雷多年	京師私立第五十五國民學校	汪可培	京師私立第十二國民學校
陳鳳德	改良私塾	劉春霆	京師私立第三十三國民學校	何柏齡	京師私立求實國民學校
張耀光	京師私立第十三國民學校	趙志卿	私塾	李鶴庚	私塾
祉　紹	京師第二改良私塾	包文濂	京師私立第十國民學校	趙會垚	私立廣東國民學校
包錫濤	京師私立第十國民學校	富文福	京師私立第二十二國民學校	楊　貴	京師私立第四國民學校
白文祥	京師私立第十八國民學校	鄧金鐸	京師私立第二十七國民學校	王殿邦	京師私立第十四國民學校
常　祿	京師私立第八國民學校	李慶長	京師私立第十六國民學校	王遠山	京師私立第二十八國民學校
魯成鐸	京師私立第四十六國民學校	蘇聯元	京師私立第十七國民學校	楊德林	京師私立第四十二國民學校
呂縣長	京師私立第十一國民學校	李鼐光	京師私立第五十一國民學校	高樹材	京師私立第五十四國民學校
薛仲元	京師私立第五十三國民學校	洪永清	京師私立第十五國民學校	洪宗炳	京師私立第十五國民學校
趙忠全	孤兒院私立國民學校	那金萱	京師私立箴宜女學校	鄂成文	湖北鐵路學校
張難先	私塾	張泳穆	河南泌陽縣立高等小學校	雷延章	京師公立第四高等小學校
焦玉俊	京師私立幼女學校	楊崇煦	懷幼師範學校	張建忠	京師私立第十三國民學校
雷世縣	京師私立第五十五國民學校	齊勉	私立廣育國民學校		

　　該補習會所學習的科目為國音、國語文法、國語教授法等，為期兩周。具體講習內容為：發音機關（發音學）、國音的解釋、注音字母的由來、注音字母的發音、聲母的類別、注音字母排定的次序、聲母的用法、韻母的類別、四聲的讀法、注音練習、詞的界說（文法）、語句的構造、名詞表、國音的音調和書法、形容詞表、標點符號釋名、代名詞表、標點符號用法、副詞助詞

表、語體文範、介詞連詞表、教授法。〔註 49〕內容包含國語各個領域，十分豐富，且切於教學實用，影響積極。

　　還有一些其他的組織也出於不同的目的，參與進來，客觀上爲小學國語教師培訓作出了貢獻。如山東德州的西方教會公理會，「在寒假期內，辦小學教員講習所，特別注重『國音』、『會語』『國語教學法』等。」〔註 50〕

　　也有一些批評的聲音在傳出，有人認爲針對小學教師的這些形形色色的國語培訓並非是完美的，存在著很多問題。比如從培訓方法上來看，就有很大的缺陷。有人形容道：「就是有幾處設立講習所研究會，不過講授三兩星期的注音字母，像那國音標準、發音學、語言學、教授方法……等重要事項，不去研究，並且有誤會注音字母和國語是一件事的，這不是糟極麼？」〔註 51〕其次從培訓時間上來看，短期的語言培訓雖然能顯著地提升教師的國語水平，但限於培訓時間之短暫，這種水平提升與小學國語教學所要求的目標還有很大距離。一些能夠在首都或省會的正規國語傳習所裏面學習幾個月或幾周時間的小學教師，已經屬於其中的佼佼者。更多的小學教師由於費用、時間等條件的限制，只能在縣裏面接受一周左右的學習。甚至很多地區的小學教師沒有任何機會去參加任何形式的國語培訓。但是無論他們學習的情況有多大的差異，他們都要繼續在小學裏教授國語。所以，小學國語教師培訓的覆蓋率就成爲一個問題。有人建議：「須令各縣設法籌款，添辦國語傳習所，看經費的多寡，定期間的長短，令各校的教員，輪流補習。」〔註 52〕毫無疑問，這個理想的實現有很大的難度，並且願意自費學習國語的小學教師在當時仍屬於少數。教育部在北京所辦的國語講習所原本是公費，1921 年招收第三屆學員時取消了公費，改爲自費，結果除北京之外，應招的小學教師極少。湖南的盛先茂描述說：「我看那樣兒情景，很是不對，就毅然解私囊要求省政府咨送我去。等到北京調查同省人在那裡考取的，還有三四個人，在面子上也算很好。」〔註 53〕

〔註 49〕《京師私立小學教員夏期國語補習會紀事》，《京師學務局教育行政月刊》1920年第 4 期，第 8 頁。
〔註 50〕《國語界消息略誌》，《國語月刊》1922 年第 1 期，第 2 頁。
〔註 51〕我一：《提倡國語的難關怎樣過渡呢？》，《教育雜誌》1920 年第 4 期，第 7頁。
〔註 52〕李剛中：《怎樣打破國語的難關？》，《教育雜誌》1921 年第 6 期，第 8 頁。
〔註 53〕盛先茂：《湖南國語的狀況》，《國語月刊》1922 年第 4 期，第 1 頁。

在少數民族地區小學的國語教師培訓方面，民國教育部門也做了一些工作。20 世紀 30 年代間，爲了強化對邊疆省份教育經費的資助效度，教育部決定在邊省文化補助費中指定各省用途，其中亦包含黔、滇、甘、康、青、寧、綏、新、察、陝、川、湘、藏等十三省內的關於蒙、藏、回、苗等少數民族小學教師的培訓費。〔註 54〕同時成立國語普及委員會，擬在少數民族學校中推行國語。一些省份遵照部令，也舉辦了各種類型的少數民族教師訓練班，進行國語培訓在內的各種少數民族教師培訓工作，如廣西的特種師資訓練所及特種學校。抗戰期間，邊疆教育事業的地位得到提升。民國政府一些機構也參與進來，先後興辦了一些少數民族國語培訓組織，名頭最響的是參謀本部所辦的邊務研究所、蒙藏委員會所辦的蒙藏政治訓練班、中央政治學校附設蒙藏學校的語文專修科等三個。「可惜壽命都不長，最多的不過四期，少的僅畢業一期就夭折了，統計這三個機關前後畢業出來的人數也不到三百名。」〔註 55〕其他相關機構的結果也基本類似。與漢族小學教師的國語培訓相比，少數民族小學教師的國語培訓所遇見的困難更大。吳宗濟以爲一個教師要精通兩種語言，這在事實上所難能辦到的，縱或能夠辦到，在數量上恐怕就有嚴重的問題發生了。因此，「這種教材和師資都相當缺乏，教學兩方面都感到莫大的阻礙。」〔註 56〕這種困境直至民國政府在大陸統治的垮臺都未得到解決。

第三節　民國小學國語教師國語標準、檢定與懲戒

有關小學母語教師所要達到的國語水準，民國政府教育部門似乎並沒有一個完整的評估體系，僅是在一些政策文件中有著一些模糊的表述。民國一些學者據此提出了各自的理解。范善祥以爲小學國語教師在國語的學習上應達到「語言純熟的程度」〔註 57〕。這大概是當時學術界對此問題認知的共識。1936 年，陳俠發表了一篇名爲《小學國語教師自省標準》的文章，文中提出了一些對小學國語教師的基本要求，暫列如下：

　　（甲）習慣方面：

〔註 54〕 《教部推行蒙藏回苗教育計劃》，《邊疆半月刊》1936 年創刊號，第 79 頁。
〔註 55〕 謝龍泉：《談訓練邊疆語文人才》，《邊疆通訊》1945 年第 11～12 期，第 1 頁。
〔註 56〕 吳宗濟：《拼音文字與西南邊民教育》，《西南邊疆》1938 年第 2 期，第 55 頁。
〔註 57〕 范祥善：《教學國語的先決問題》，《教育雜誌》1921 年第 6 期，第 2 頁。

1、我有愛好讀書的習慣否？

2、我有每日讀報的習慣否？

3、我有利用空閒多讀有益書報的習慣否？

4、我有勤查字典詞書的習慣否？

5、我有參考書籍解決疑難的習慣否？

6、我閱讀較深的書籍，有細心體味內容的習慣否？

7、我有閱讀圖書力求迅速的習慣否？

8、我有隨時記載讀書心得和感想的習慣否？

9、我在閱讀時，有注意衛生條件的習慣否？

10、我有時時刻刻搜集兒童圖書的習慣否？

（乙）知識方面：

11、我知道讀書教學的最近趨勢否？

12、我能選擇優良的教科書及兒童字典否？

13、我會辨別教材的優劣否？

14、我能適應兒童的需要，隨機選擇或創作教材否？

15、我明瞭實用文的使用及做法否？

16、我會編撰鄉土國語教材否？

17、我會編故事否？

18、我會把故事改編爲劇本否？

19、我會做圖說否？

20、我會搜集民間故事否？

21、我熟悉國語文法否？

22、我能用淺明的文字或語言解釋疑難字句否？

23、我對於新式標點的運用能純熟無誤否？

24、我熟悉標準音韻並能使用無誤否？

25、我對於常用字音能正確的讀出否？

26、我對於常用的字形有正確的認識否？〔註58〕

客觀來看，這些問題的討論已經是十分詳盡而具體的了。

在進行小學國語師資培訓的呼籲下，20 年代初，對小學國語教師的國語

〔註58〕 陳俠：《小學國語教師自省標準》，《江蘇省小學教師半月刊》1936 年第 13 期，
　　　　第 1 頁。

水平進行檢定也被提上日程。1922 年，在全國國語統一籌備會第四次大會中，就有很多提案涉及到對小學教師的國語水平進行檢定的討論。如張毅任提出：「各省每屆檢定小學教員時期考試科目，要將國語列爲主要科；並由國語專門人員主試，不及格者不予許可狀。」〔註59〕方毅、劉儒等提出：「檢定小學教員，加入國語一項。」〔註60〕又如，在安徽省國語籌備會提出的《擬請教育部通令小學教師一律學習國語案》中，亦明確提出一方面要爲小學國語教師提供學習培訓的機會，一方面要制定考核的界限。「第一，在行政方面，除開會外，並得採用他種方法，總須使小學教師均有學習的機會。第二，到十二年八月底，擔任國語教授的人，仍有不認得注音字母的，即行撤換。」〔註61〕由秦鳳翔提議，王璞、黎錦暉、范祥善、劉儒連署的《檢定小學教員國語能力案》一案中，更是強調指出「直接推行國語者爲小學教員，對於國語若無研究，必遺害兒童。」〔註62〕因此，要求無論是師範畢業生、還是已經檢定的教師，包括預檢定試驗者，「均應一律定時嚴行查察其國語能力。若不及格，不得爲正教員。」〔註63〕這場大會後，相關的討論並沒有停息。

教育界對於小學教師的國語培訓普遍持支持態度，多數人也認爲需要通過適當的獎罰懲戒措施以進行激勵。由此而增加的小學教師的工作負擔被視爲正常。「小學教師，是教導全國未來的公民爲天職的，肩膀上何等吃重，怎可以爲了難的問題，就生出一種苟安的心呢？」〔註64〕20 年代，吉林省教育部門就提出：「對於未曾通曉國語，故意規避者，予以停薪或停職懲戒處分。」〔註65〕該省還要求凡舉行會期在一個月以上的假期講習會皆須將國語列爲必要科目。「講習期滿，其成績在六十分以上者，由講習會發給證明書。」〔註66〕在 1922 年的國語統一籌備會第四次大會中，也有一則《用土音教授國語的，宜嚴加懲戒案》（提議人王璞，連署人黎錦暉、馬國英、秦鳳翔、申延秋），他們對一些不使用國語進行教學，仍舊採用方言的小學感到失望和忿怒。並

〔註59〕 《國語統一籌備會第四次大會議案全文》，《國語月刊》1922 年第 9 期，第 6 頁。
〔註60〕 《國語統一籌備會第四次大會議案全文》，《國語月刊》1922 年第 9 期，第 6 頁。
〔註61〕 《國語統一籌備會第四次大會議案全文》，《國語月刊》1922 年第 9 期，第 11 頁。
〔註62〕 《國語統一籌備會第四次大會議案全文》，《國語月刊》1922 年第 9 期，第 13 頁。
〔註63〕 《國語統一籌備會第四次大會議案全文》，《國語月刊》1922 年第 9 期，第 13 頁。
〔註64〕 范祥善：《教學國語的先決問題》，《教育雜誌》1921 年第 6 期，第 2 頁。
〔註65〕 《吉林省促進國語辦法》，《國語月刊》1923 年第 12 期，第 4 頁。
〔註66〕 《吉林省促進國語辦法》，《國語月刊》1923 年第 12 期，第 4 頁。

以江蘇為例，「江蘇省內稍負時譽的各學校，除多數觀望敷衍外，最荒謬的是少數自負過大的學校，因自己沒有國音的技能，又不甘心學習。便倡造謬說，故意主張用土音教學國語，大背統一國語的本旨。江蘇如此，他省可知。」〔註67〕該案懇請大會呈請教育部頒佈懲戒命令；「凡教授國語，不用國音的，取締他的教員資格，奉行不力的學校，撤銷他的優良字樣。」〔註 68〕這些提案雖沒有全部實現，但從一個側面反映了當時教育界的想法，也在一定程度上加快了小學國語教師培訓的步伐。

〔註67〕　《國語統一籌備會第四次大會議案全文》，《國語月刊》1922 年第 9 期，第 13 頁。
〔註68〕　《國語統一籌備會第四次大會議案全文》，《國語月刊》1922 年第 9 期，第 13 頁。

第八章　民國小學母語（國語）單項教學

　　除了國語教學法領域基本問題上的廣泛爭鳴外，在具體的教學法上，民國時期教育界曾於 1919 年至 1927 年間，系統的引進了道爾頓制、設計教學法等西方教學方法。「雖然只有 10 年不到的時間，但卻是中國教育發展史上的一個非常關鍵的歷史階段。」〔註1〕而有關小學國語教學的程序研究也在 20 世紀 30、40 年代取得了一些進展。1932 年《新學制小學國語課程標準》頒佈後，小學國語教學的範圍逐漸擴展到語法、修辭、略讀、精讀、注音符號、說話等方面。很多學者結合當時的國語教科書設計出了一系列國語教學法，「這些教學法成爲教師從事國語教學的重要參考。」〔註2〕如在語用方面，民初小學要求內容爲讀法、書法與做法。至 1923 則變爲語言、讀文、作文與寫字。1929 年改爲說話、讀書、作文與寫字。民國小學國語教育在識字、語言、課文及作文等單項教學領域的實踐中都產生了一些經驗，可供總結與學習。

第一節　識字教學

　　時人庚冰說小學教授文字，「當以教授語言爲第一步。」〔註3〕民國小學國語教學的基礎是字的教學，其中包含字形、字音、字義的教學內容。字的

〔註1〕 耿紅衛：《民國語文教學法的嬗變與特徵》，《教育評論》2013 年第 4 期，第 132 頁。
〔註2〕 耿紅衛：《民國語文教學法的嬗變與特徵》，《教育評論》2013 年第 4 期，第 133 頁。
〔註3〕 顧黃初、李杏保：《二十世紀前期中國語文教育論集》，四川教育出版社 1991 年版，第 9 頁。

內涵包括著音、形、義三個方面，所謂見形而讀音，聞音而知意。民國學者
對字形、字音、字義對於學習國語的重要性早有認識。在小學國語教學還沒
有取得合法地位的 1912 年，馬裕藻在談論國語的教授方法時就將辨字形與重
字音列為「四大要」之「兩要」。一要為辨字形。「倉頡初文，大抵不外象形
指事中獨體之文。然欲先識初文，必當上溯獨體篆文。」二要為重字音。「小
學教師，於今音紐韻及古音紐韻。固宜知其大略。」〔註4〕但在他看來，這些
只是針對小學國語教師的要求，「然非所以施之兒童也。」〔註5〕1920 年，范
祥善也談到了字義學習的重要。他稱：「教授用字時候，還有一種困難地方，
就是兩個意義相近的字，用法絕然不同。萬一含混過去，學生就有誤會的弊。」
〔註6〕他以「不」和「沒」二字的細微區進行了典型的講解，以為從表面上來
看，這兩個字是幾乎可以相似而通用的。但在實際使用中，這兩個字卻有四
種情況不能通用：一是「不」字用作文言的非字的，如「不是」、「不然」；「沒」
字用過文言的無字的，如「沒有」、「沒得」。二是「不」字用以打消形容字的，
如「不好看」、「不好聽」。「沒」字用以打消動字的，如「沒在家」、「沒在校」。
三是同一打消動字，「不」字當未來用，如「不來」、「不肯來」。「沒」字當過
去用的，如「沒來」、「沒有來」。四是「不」字用作否定的意思，如「我不吃」、
「我不信」。「沒」字用作否定的事實的，如「還沒吃」、「還沒去。」

范祥善也兼談到了字音的重要：「聲則有高低強弱輕重緩急等種種變化。」
〔註7〕他以為國語教學中字音的教學應該得到專門的討論。因為標準的字音教
學十分關鍵，所以在教授國語的時候，每個字都應準確的合著國音才算標準。
為了達到這個目標，范祥善要求教師們在教學之先就在課文的每個字旁邊標
注出該字的國音。「誦習時候，就依照所注的聲音，再留心語法的組織，分別
出高低強弱輕重緩解的一種情態，那就對了。」〔註8〕如果不能嚴格做到這點，
依舊以方言或受到方言煩擾的語音進行教學，且不注重字音的聲調，以杜撰
的聲調進行教學，如此，則「非特形式上不能整齊劃一，並且還足以阻礙國
語話的進行。」〔註9〕

〔註 4〕 馬裕藻：《小學國語教授法商榷》，《東方雜誌》1912 年第 9 期，第 6 頁。
〔註 5〕 馬裕藻：《小學國語教授法商榷》，《東方雜誌》1912 年第 9 期，第 6 頁。
〔註 6〕 范祥善：《怎樣教授國語》，《教育雜誌》1920 年第 4 期，第 7 頁。
〔註 7〕 范祥善：《怎樣教授國語》，《教育雜誌》1920 年第 4 期，第 10 頁。
〔註 8〕 范祥善：《怎樣教授國語》，《教育雜誌》1920 年第 4 期，第 11 頁。
〔註 9〕 范祥善：《小學國語教學法的將來》，《新教育》1925 年第 3 期，第 462 頁。

　　以上種種說法獲得了當時很多小學國語教師的贊同，並得以實踐。如在
1936 年，湖南的黃德安就對這種以標準國音進行字音教學的方法給予了肯定
的評價，他覺得採用這樣的教學方式，即無論「音」還是「聲調」都是以國
音爲標準，對於國語教學與國語統一有很大的貢獻。但是他也提出了在一些
當地方言與國音距離較遠的地方，其教學易產生困難的具體情況。由於小學
國語師資業務水平等客觀原因的限制，一些教者不會用標準字音去實施教
學，受教者也自然難以學到符合國音標準的字音。極端的情況發生在一些短
期小學中，其注音教學的過程與質量都很難令人滿意。「一般短期小學，有對
於注音絕對未教者，而教過而不能應用者，有能應用而實際反生困難者。綜
而言之，短期小學課本，本爲國語統一的條件而編輯，但在非國音區內不容
易利用他來統一國語，本有國語普及的作用，但在非國音區內反因而增加許
多困難，不能爲普及教育的幫助。」〔註 10〕在這種情況下，黃德安等人主張
暫時放棄國音的統一，部分或全部的犧牲標準字音的教授，而專注於教育普
及的基本目標。「其最極端者，主張不用部編注國音的課本，而改用注方音的
課本。」〔註 11〕但是以方音進行的教學方式，不但違背了民國教育部關於小
學國語教學的部令，而且對於全國國語的普及、民族意識的增強與團結都是
不利的。爲此，國語推行委員會曾設計出一個折中的辦法，即課本雖然注著
國音，但是教學時，只須對於字旁注音符號拼讀無誤，其注音符號右角之聲
調點，盡可按照當地「鄉調」（即方音）教學，對於國音方音距離較遠的字，
可用方音來讀，並在字的左旁，兼注方音。這樣做法的好處是「他無須拘守
國音，卻又不必改注方音，可用國音的，儘量來用國音，不能用國音的，自
由來用方音，取捨如意，出入自由。」〔註 12〕但這種方法僅是當時小學教育
還未普及的國情下的權宜之計。即使是這樣操作，也面臨著學生學習上的一
些具體困難。因爲在現實社會中所呈現的每個漢字是不會另行標注拼音的，
而在課堂中教學時如果都是標注了拼音的情況下，「兒童在學校裏所獲得的訓
練，與社會上所需的閱讀活動，根本不同。這乃是背反教育原則的一件事。」

〔註10〕　黃德安：《短期義教如何注意國語的統一與普及》，《湖南義教》1936 年第 38
　　　　　期，第 293 頁。
〔註11〕　黃德安：《短期義教如何注意國語的統一與普及》，《湖南義教》1936 年第 38
　　　　　期，第 293 頁。
〔註12〕　黃德安：《短期義教如何注意國語的統一與普及》，《湖南義教》1936 年第 38
　　　　　期，第 294 頁。

〔註 13〕最好的學習方法應該按照未來要做的方式去教學，顯然，每字注音的方式並不適宜小學國語教學。也有人以爲只有在小學生確有需要的情況下，教師才應該用拼音去幫助學生識字。「至若在每一漢字上注音，那就給予兒童幫助太多了，結果將使兒童依賴這種幫助，而不去認別字形了。」〔註 14〕這也是一種觀點。趙廷爲甚至批判道：「小學教科書不應每字注音，我覺得是十分明顯的。倘若有人願意把少數小學生，當做白老鼠一樣的，做一種實驗，來求得若干客觀的證據，當然我們也可以表示贊成。然若積極地推行漢字注音，把全國的小學生都像白老鼠一樣的，供作試驗品，似未免犧牲太大了。」〔註 15〕也有一些地區有新的創設，如北京地區的一些小學，「爲初入學兒童學習方便起見，第一冊暫用北京土音，第二冊完全改爲國音。」〔註 16〕

一些人對於注音字母教學很有興趣，他們強調教學中注音字母讀音的正確性。如要求教師在教學時應正確舉例，儘量避免下列的字：「（一）方音與標準音符號不同的字；（二）輕讀的字；（三）在一個詞裏，兩個上聲的上一個字，或三個上聲的上兩個字；（四）在有入聲的區域中，避免入聲字。」〔註 17〕也有學者如葉霖希望通過注音字母的練習以促進國語其他單項領域的教學效果。葉霖就建議：「低級部：指導兒童認識及熟讀注音符號。中級部：指導兒童默寫及拼熟注音符號。高級部：指導兒童作文，演講，利用注音符號和國語。」〔註 18〕在這些練習的過程中，可以通過獎勵先進、重複難點等方式，強化學生的學習效果。同時，還有人建議以遊戲法教學注音符號。因爲注音符號是一種純粹抽象的記號，對於低年級的小學生來說，不是很容易學習。所以「只有利用遊戲方法，才是教學注音符號的很好法則」〔註 19〕，包括使用七巧板拼成注音符號、用卡片練習以及直接通過集體遊戲的方式來教學。

〔註 13〕 趙廷爲：《小學國語教學問題》，《國立中央大學教育叢刊》1934 年第 2 期，第 10 頁。

〔註 14〕 趙廷爲：《小學國語教學問題》，《國立中央大學教育叢刊》1934 年第 2 期，第 11 頁。

〔註 15〕 趙廷爲：《小學國語教學問題》，《國立中央大學教育叢刊》1934 年第 2 期，第 11～12 頁。

〔註 16〕 《北京高師實驗學校試用國語讀本後之報告》，《教育雜誌》1922 年第 6 期，第 3 頁。

〔註 17〕 王澤民：《短期小學國語教學法》，《民間》1936 年第 12 期，第 3 頁。

〔註 18〕 葉霖：《國語教學上的語言統一訓練問題的研討》，《安徽教育輔導旬刊》1936 年第 28 期，第 27 頁。

〔註 19〕 涂淑英：《小學國語教學的我見》，《南昌女中》1937 年第 5～6 期，第 104 頁。

此外，利用故事方法，即在講述故事的中間插入符號，以促進學習。以及兒歌法，即利用兒歌的教唱來教學注音符號等方法，都得到了倡議。

語音的教學其本質就是要排除方音，統一語言的讀音為標準音。嚴格意義上來說，語音的教學應是與注音字母的教學緊密捆綁在一起的。但實際上，兩者的聯繫並非那麼緊密。有教師以為語音教學首先是音符教學，其次才是拼音教學。涂淑英就以為：「教學注音符號，不一定要先把音符完全教會，然後再教拼音，最好先拿有實物可指的音符，或與已拼成的字音先教兒童，這樣比單獨教音符號或逐字教拼音的來得有趣味。」〔註 20〕這種意見也有一定的支持者，亦有教師以為相比注音符號，聽力的能力培養更為重要。教師在教學的過程中要時刻注意對於小學生發音的矯正，因為對於學生們來說，這首先是一種聽力訓練，先要使他們聽得清楚明白後，才能組織他們進行仿傚。呂朝相說教師在教學識字時，應保持嘹亮的發音，使學生準確掌握。如果是發音困難的字，還應多次重讀。

事實上，在小學國語教學推行的背景下，字音的教學較之字形、字義更加重要，其矛盾也最為突出。雖然 1920 年，王璞有留聲機片出。1921 年，秦鳳翔作國語正音法。「從此以後，大家對於讀音，有了明顯的依據了。」〔註 21〕乃至一些地方教育當局強調要求進行規範字音的教學，如廣州教育局「議決凡所屬各小學校主任教員，均須一律注意國語，以期發音正確，而免參差一案，當經一致議決通過。」〔註 22〕但在現實的小學國語教學中，很多小學國語教師有的嚴格執行課本的注音教學，有的則變更了課本的注音，仍以方言鄉調進行教學。還有很多教師對於國音與方言、平調與鄉調，無所適從。這種混亂的局面一直持續到 1949 年也未有大的改觀。

民國時期有一些學者對小學國語教學的字彙量與字庫進行了研究，其成果主要有：張公輝的《國字整理發揚的途徑》、王文新的《小學分級字彙研究》；敖弘德的《語體文應用字彙研究報告》；戴堅的《中文五百基礎單字表》；胡懷琛的《簡易字說》；丁福保的《說文解字詁林》；趙榮光的《標準字彙》、《基本字和民眾課本用字的研究》、《漢字問題和整理辦法》、《漢字新編》；李廉方的《國語基本字研究》；陳光垚的《簡易字表》；陳鶴琴的《語體文應用字彙》；

〔註 20〕 涂淑英：《小學國語教學的我見》，《南昌女中》1937 年第 5～6 期，第 104 頁。
〔註 21〕 李曉晨：《前期小學國語教學概要》，《新教育》1925 年第 1 期，第 127 頁。
〔註 22〕 《令市校教員注重國語》，《廣州市市政公報》1930 年第 351 期，第 47 頁。

黃覺民的《常用字研究之總檢討》；徐元浩的《中華大字典》；吳廉銘的《基本字的又一嘗試》等文論，還有全國國語教育促進會編的《標準語大辭典》等工具書。此外，還有類似於江蘇省立無錫師範附屬小學所編的《兒童與教師第十七期小學字彙研究專號》等文獻。民國教育部門對此也有專門的意見。1935 年，民國教育部頒佈了《小學初級分級暫用字彙》，共收錄了 2711 個字。並出臺了《暫用國民通用基本字表》、《國音常用字匯》、《注音漢字字模表》等文獻。抗戰爆發後，隨著形勢的發展，客觀上需要編輯新的小學教學字彙。1942 年春，國立編譯館教科用書組受命選編了新的小學用字字彙。

在小學國語教學過程中，很難確認有多少學校嚴格的執行了教育部的字彙標準。20 年代，民國教育部所規定的初級小學學生在畢業時應識得 2000 字左右，高級小學應識得 3500 字左右。這個標準被評價爲「也是一種虛構之談，並沒有經過甚麼調查統計的工夫，嚴格說起來，那裡可以信得過。」〔註 23〕即使是採用了教育部的部編教材，也還會出現「應該先學的字未能先教，應該後學的字反而先教」這樣的情況〔註 24〕。而一些短期小學的教學要求則相對一般的小學有所放鬆。「在文字學習中，最注重簡易符號（如注音符號）的熟練；漢字的學習，既費時間，又費腦力，故不能注重，也不應注重。」〔註 25〕

民國教育部課程標準要求：「指導兒童習寫範字和應用文字，養成其正確、敏捷的書寫能力。」迎合這個標準的民國學者們對於小學生識字有一些方法論方面的意見。民國學者大多認爲指導小學生識字應循序漸進，每天所學的生字應從前一天或當日所學的課文中選用。儘量選擇那些他們讀過的字，「這樣不光能和實用練習，更會提高他寫字的情緒。」〔註 26〕有一種教學程序是先在未講解課文之前，由學生自動提出生字，再由教師對生字進行講解。但這種方式也有其弊端而受到很多教師的批判。涂淑英就說用這種方式選字，「不但國音讀不准，連字音符號也不清楚，但知教師讀一聲後，他們便

〔註23〕 范祥善：《小學國語教學法的將來》，《新教育》1925 年第 3 期，第 458 頁。
〔註24〕 趙榮光：《小學國語字彙研究報告》，《中華教育界》1948 年第 4 期復刊，第 39 頁。
〔註25〕 王澤民：《短期小學國語教學法》，《民間》1936 年第 12 期，第 2 頁。
〔註26〕 劉松濤：《談談初小國語的編寫與使用問題》，《教育陣地》1946 年第 5 期，第 21 頁。

像瞎子唱曲一般的隨之而念，自然不會發生興趣。」〔註27〕有人將在未學習課文前先將生字進行學習的方法稱為「先摘法」，而將對課文瀏覽後再摘生字的方法稱為「後摘法」。隨著國語教學的推進，「先摘法」被越來越多的教師認為不合學習原理而拋棄。更多的教師逐漸認識到國語教學不僅僅是為了識字，「如果單為識字而讀書，那不妨去讀字典，何必學習國語。」〔註28〕而「後摘法」「可以使兒童先瞭解課文大意後，再認識生字，使辨認生字時，有個著落。」並且「先閱課文，或因生字不識，不能了解大意，那麼摘出生字後，更可以喚起學習的需要了。」〔註29〕這種方法因而倍受小學國語教師們的推崇。

　　字的偏旁與筆順的教學也受到了重視。呂朝相說：「筆順可以助寫字的正確與迅速，故指導兒童認識筆順，亦頗重要。」〔註30〕有人以為要重點講述字的來源演變，即六書的內容不可或缺。而一些優秀的小學國語教師在教學時對於字的筆順、結構，都會有詳細的指導，並注重寫字訓練的整齊與速度。這些都是值得重視的觀點。即使是筆順這種看似簡單的內容，其教學也有一定的規律與難度。「先數清每字的筆劃多少，然後再教兒童依次序念橫、豎、撇、捺、點等筆劃名詞，兒童頗能隨而反應，念而順口，毫無錯誤。」〔註31〕一般其正確順法則是由上而下，由左而右，由外而下，由中而後左右。為了教好筆順，民國小學國語教師們設計了很多方法，如在教室內放置筆劃名稱表（這類表內有筆劃、名稱、實例等內容）；在教室內裝有沙箱畫字（可以用木棒在沙箱內畫字，用實物積字，用火柴棒積塔成字形）；用各色蠟筆，或規定用紅色寫第一筆等這些方式使學生對筆順更加明瞭。

　　在教學生字的時候，民國教師們大多主張用以詞帶字的方法去解釋生字，不贊同分開講單個生字。呂朝相說：「凡兩個字組合成的名詞，應該連在一起教。」〔註32〕在學習新的字詞後，往往鼓勵學生多進行練習。王澤民說：「每課生詞中的新書用詞，都要使學生有造句練習，使之互相批評，在多聽

〔註27〕涂淑英：《小學國語教學的我見》，《南昌女中》1937 年第 5～6 期，第 104 頁。
〔註28〕沈百英：《小學國語教學上值得注意的幾個問題》，《中華教育界》1949 年第 10 期，第 46 頁。
〔註29〕沈百英：《小學國語教學上值得注意的幾個問題》，《中華教育界》1949 年第 10 期，第 46 頁。
〔註30〕呂朝相：《小學國語科教學之實際問題》，《國民教育》1940 年第 9 期，第 33 頁。
〔註31〕涂淑英：《小學國語教學的我見》，《南昌女中》1937 年第 5～6 期，第 105 頁。
〔註32〕呂朝相：《小學國語科教學之實際問題》，《國民教育》1940 年第 9 期，第 30 頁。

多說中，得到正確的了解與適當的運用。」〔註33〕在字義方面，可以先做動作，後讀生字。對於很難通過動作表明的字義，要多角度的去教示。但是練習的時間也不是無原則的越長越好，有人建議每天以十至十五分鐘爲宜。對於一些代名詞、簡單的動字或靜字的教學，有人建議以合契的暗示與練習，來逐漸培養他們掌握。在口述故事之後，可以不斷採用重複的方式，爲學生提供復述的機會，「使許多熟語熔化於兒童的語言中。」〔註34〕關於每日學習的字數，並沒有統一的要求，王澤民說最好每日學習 4 至 8 個新生字，也僅是一種理想化的想像。

　　徐侍峰以爲當老師在課堂上進行板書書寫的時候，如果有小學生有欲起而模倣者，可以鼓勵其進行嘗試，並應做全臂回轉的、大的、單字或短句。在練字的工具上，他們一般不鼓勵或較少選用毛筆，而以硬筆，如石筆、鉛筆等爲主。硬筆書寫較之以往毛筆書寫，有很大不同。但也有人認爲鉛筆和洋紙費用較貴，不是所有的小學生都能負擔得起，還可以採用粉筆或樹條沙面作爲代用品，進行寫字練習。在一些條件較艱苦的中共根據地的小學中，「買不起石板，就用白灰在瓦片上寫，有的在地上或沙盤上學寫。」〔註35〕如張家口根據地的一些小學，「平均五十個兒童中，有石板的僅有六、七個人，兒童練習寫的機會少，這在進行國語教學上是一個很不利的條件。」〔註36〕有人以爲小學低年級應以寫中字或小字進行練習爲主，而高年級可以練習大字。大中字的練習可以用九宮格進行，小字可以用直行格進行。初學者可以用「描紅」、「跳格」來幫助學習。在作寫字練習的時候，要寫有意義的句子，並將練習的重點放在一些特殊的字上，先學正書再寫行書。因爲一些農村小學不易購買正規的坊本，有人建議「可用非宋體字的教科書作小字範本，沒書時，也可借此抄書，兩全其美。」〔註37〕在寫字教學中，民國小學教師一般要求學生要做到寫得正確、整齊以及迅速。而在評閱學生的作業時，也對教師提出了耐心仔細的要求，「任何粗枝大葉懶省事的辦法，都是

〔註33〕 王澤民：《短期小學國語教學法》，《民間》1936 年第 12 期，第 3 頁。
〔註34〕 徐侍峰：《初年級國語教學法的要點》，《國語月刊》1922 年第 2 期，第 15 頁。
〔註35〕 劉松濤：《談談初小國語的編寫與使用問題》，《教育陣地》1946 年第 5 期，第 21 頁。
〔註36〕 劉松濤：《談談初小國語的編寫與使用問題》，《教育陣地》1946 年第 5 期，第 21 頁。
〔註37〕 呂朝相：《小學國語科教學之實際問題》，《國民教育》1940 年第 9 期，第 33 頁。

有害的。」〔註38〕

　　特殊的社會政治環境也對民國小學國語教師的識字教學產生了一定的影響。如有的小學國語教師在教授國語時，將國語當做政治課來講授，片面重視了思想教育，忽視了識字教育，「認爲懂得了課文的意思，便算達到了國語教學的目的。」〔註39〕也有教師僅重視識字教育，而不在乎思想的教學，單純的爲了識字而識字，完全不顧課本的內容。這些教學觀點都是不對的。

第二節　語言教學

　　雖然文字可以代表語言，但在表達的過程中，語言是更加直接與便利的。所以在國語教學中分爲語言（說話）與文字兩部分內容進行教學。

　　在民國小學國語教學內容中，說話教學往往是最爲薄弱的一環。陳兆衡說：「小學裏的國語教學一般的多以教科書爲主，這是不妥當的，今後應當以『說話』來訓練。」〔註40〕因在很多小學，教師們爲保持教學環境的靜雅，不但沒有把說話列入教學程序，甚至還部分的有意禁止。「誰要天眞活潑的說話，那就會被認爲最愛搗亂的頑童，叱罵和處罰，是常常免不開的。」〔註41〕在當時大部分小學生所處的家庭環境中，兒童說話的機會、說話的培養，也是十分少的。尤其在環境簡單固定的農村家庭中，因爲缺少新鮮事物的刺激，兒童的說話能力是很難在家庭中得到培養的。「我們要知道，低年級小學生，在第一學年第一學期和第二學期國語科，在語言方面須要使兒童練習簡單的會話、短篇故事講演；使兒童多習中流社會通行語。這對於國語科的學習，是有很大的助力的，而且這種活動是含有可能與必要。」〔註42〕

　　而在選擇與編配語料，即語言教育的基本材料時，舒新城有過詳細的解讀。他以爲在編選演進語料時候，每句只應含一個動作，並按自然的順序展開每一句的層次。每套語料的組織應從5、6句左右開始，逐漸提升，但不應

〔註38〕 劉松濤：《談談初小國語的編寫與使用問題》，《教育陣地》1946年第5期，第22頁。

〔註39〕 劉松濤：《談談初小國語的編寫與使用問題》，《教育陣地》1946年第5期，第20頁。

〔註40〕 陳兆衡：《小學的國語教材教法》，《教育雜誌》1948年第12期，第24頁。

〔註41〕 呂朝相：《小學國語科教學之實際問題》，《國民教育》1940年第9期，第27頁。

〔註42〕 梁上燕：《小學低年級國語補充教材底研究》，《教育論壇》1932年第5期，第64頁。

超過 24 句。其語言上的理解難度也應有層次的遞進。在組織會話語料時，還要關注主題的趣味性。故事、普通講演時的語料組織則與讀文時的故事差不多，主題應該不殘酷、不恐怖，有教育意義且雅馴而不鄙陋的。

民國學者認爲在這樣的情況下，實施有效率的課堂說話教學是不能缺少的。教師們首先要對小學生的說話能力進行評估。針對學生說話能力的現實基礎，再靈活的開展針對性的教學。有關說話教學有會話、故事演講、普通演說、辯論、遊戲工作等訓練方式。在這類教學中，要注意主題的鮮明、健康與有趣味。恰如徐特立所說：「利用在生活中多方面的活動來豐富其說話中的詞句。」〔註43〕要有教師的指導參與其中，並盡力保證每個學生都有平均而充分的講話時間。徐階平就察覺到：「最近普通小學校裏的語言教學，都犯這個通病，會講話的小孩子，練習的機會非常之多，不會講話的小孩子，永遠沒有講話的機會。」〔註44〕有些小學生因爲害羞或是懼怕同學嘲笑，不敢講話，或者講話很少。他建議教師應該主動去關心這樣的學生，及時鼓勵。

呂朝相設計了小學國語說話教學的一些內容，可作爲我們對民國小學說話教學的觀察。他建議首先要對學生進行「日常用語和有組織的言語活動」的訓練。這樣的訓練可以在課堂教學中及整個在學校的時間中進行。教師們應該多利用自己與學生的交流、學生與學生的交流機會來進行說話的練習。「至於有組織的言語活動，過去有人把它編成教材，叫兒童機械去讀，是不大好的辦法。」〔註45〕而如果採取將行動與說話相結合的方法，學生就容易接受，樂於去做。比如「請你立起來，到我這邊來，把這支筆拾起來，把這本書拿去，回到座位上坐下來。」〔註46〕這些有組織的說話方式包括講故事、組織演說和辯論等。講故事是兒童喜歡的一種鍛鍊說話的方式，而演說和辯論則是針對小學較高年級學生所組織的說話方式。如沈仲九就說演講「於養成學生講話的能力，是很有利益的。」〔註47〕這些訓練對於他們說話的語句、組織、材料、思想、姿態等有很大的幫助。「許多兒童講話的時候，或是登臺講演的時候，都手足無措，不是把手放在口袋裏，就是把手拉著衣角，還有

〔註43〕 徐特立：《徐特立文存（第一卷）》，廣東教育出版社 1995 年版，第 165 頁。
〔註44〕 徐階平：《小學校的語言教學》，《中華教育界》1930 年第 4 期，第 4 頁。
〔註45〕 呂朝相：《小學國語科教學之實際問題》，《國民教育》1940 年第 9 期，第 27 頁。
〔註46〕 呂朝相：《小學國語科教學之實際問題》，《國民教育》1940 年第 9 期，第 27 頁。
〔註47〕 顧黃初、李杏保：《二十世紀前期中國語文教育論集》，四川教育出版社 1991 年版，第 104 頁。

眼睛不是向旁邊望，就是向地下望，表示出一種不自然的樣子來」〔註 48〕，因此，教師必須要對他們的會話姿勢進行糾正。還有一些孩子因爲受了家庭或社會語言環境的影響，會不自覺地說出俚語俗詞，這些也是國語會話教學的障礙，需要教師們予以修正。

呂朝相還對說話教學的一些原則進行了總結，摘錄如下〔註 49〕：

　　（一）兒童初學說話時，應先養成聽的訓練；

　　（二）初學的語句，應在事物上表示，動作上表示；

　　（三）要在有趣味的事情上去找材料；

　　（四）說話應注應內容，不應太注重形式；

　　（五）要利用兒童自發的活動，隨時隨地都作爲說話的機會；

　　（六）要和作文、讀書、及其他科目聯絡；

　　（七）要由片斷的言語進而爲有組織的言語；

　　（八）低年級兒童，注意其發音的正確；中高年級兒童，注意其語句的組織；

　　（九）要在表演上、遊戲上、報告上練習說話；

　　（十）要注意示範；

　　（十一）應立定優良標準，鼓勵兒童學習的興趣；

　　（十二）發現兒童發音的錯誤，並加以更正；

　　（十三）應注重平均練習，並設法鼓勵不常說話的兒童；

　　（十四）兒童說話時，要注意其語詞及說話的態度。

這些原則要求有步驟的進行小學國語會話教學，並且主要由小學生自己自發進行，但教師的指導責任也不可缺失。他還要求會話教學不完全在課堂時間進行，應是創造條件、隨時隨地進行練習。

徐階平則設計了小學每個學年中會話教學的各自內容：「第一學年，演進語、遊戲工作、簡易會話、童話演講；第二學年，同第一學年，注重會話和童話演講；第三學年，童話、史話、小說等的演講；第四學年，同第三學年，加普通演說；第五學年，同第四學年，加辯論會的設計；第六學年，同第五學年，注重演說的練習。」〔註 50〕此外，還應結合各地的具體情形，尤其注

〔註 48〕　徐階平：《小學校的語言教學》，《中華教育界》1930 年第 4 期，第 4 頁。

〔註 49〕　呂朝相：《小學國語科教學之實際問題》，《國民教育》1940 年第 9 期，第 28 頁。

〔註 50〕　徐階平：《小學校的語言教學》，《中華教育界》1930 年第 4 期，第 3 頁。

重各地方言與標準語之間的緊密關係等來設計教學。在具體的教學程序上，他制定了具體的格式，具有一定的典型性，抄錄如下〔註51〕：

1、一二年級應用的程序

a・練習演進語和遊戲動作的

兒童活動←→教師活動

↓　　　　↓

決定目的←→引起動機

↓　　　　↓

時聽時說←→聽說範語

↓　　　　↓

分部練習←→矯正語言

↓　　　　↓

通體練習←→指點語調

↓　　　　↓

計劃表演←→鼓勵演習

↓　　　　↓

表演動作←→相機指導

↓　　　　↓

鑑賞成績←→批評結果

b・練習童話演講的

兒童活動←→教師活動

↓　　　　↓

決定目的←→引起動機

↓　　　　↓

討論分組←→指示方法

↓　　　　↓

實地練習←→依法進行

↓　　　　↓

矯正土語←→指點音字

〔註51〕 徐階平：《小學校的語言教學》，《中華教育界》1930 年第 4 期，第 5～6 頁。

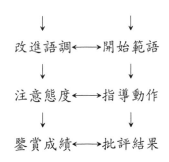

```
     ↓              ↓
改進語調←——→開始範語
     ↓              ↓
注意態度←——→指導動作
     ↓              ↓
鑒賞成績←——→批評結果
```

2、三四年級應用的程序

a‧練習演講童話、史話、小說的

　　同一二年級練習童話演講的程序。

b‧練習普通演說的程序

```
兒童活動←——→教師活動
     ↓              ↓
決定目的←——→引起動機
     ↓              ↓
討論分組←——→指示方法
     ↓              ↓
整理思想←——→幫助計劃
     ↓              ↓
開始練習←——→實地進行
     ↓              ↓
注意聲調←——→相機指點
     ↓              ↓
矯正態度←——→隨時指導
     ↓              ↓
鑒賞成績←——→批評結果
```

3、五六年級應用的程序

a‧練習普通演說的

　　同三四年級練習普通演說的程序。

b‧練習討論的

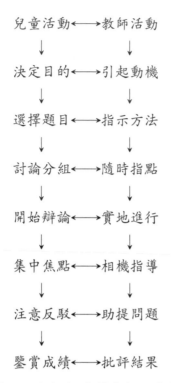

兒童活動←→教師活動
決定目的←→引起動機
選擇題目←→指示方法
討論分組←→隨時指點
開始辯論←→實地進行
集中焦點←→相機指導
注意反駁←→助提問題
鑒賞成績←→批評結果

（五六年級如練習童話、史話、小說等演講時，得根據一二年級練習童話演講的程序，變通應用之。）

以上設計對各個年級有不同的教學程序與要求，而其最終所要達到的目標，以能實現小學生對語言的合理組織，並進行完整、合理的國語演講和辯論爲準。

第三節　課文（讀文）教學

在小學國語教學中，課文教學佔據著重要的地位，其教學內容也最豐富。一方面它是其他各科學習的基礎，另一方面它也是獲得人類生活經驗的主要途徑。所以，課文教學在小學國語教學中一貫受到重視。在大部分的民國小學國語教師眼中，國語課文的學習是高於字、詞教學的，也是國語教學的最高層次。如果說「小學教國語話的目的在於使學生於交際往來時互通聲氣」，那麼，「教國語文的目的在於使學生有讀書的能力、有發表思想的能力、有發表思想的工具。」〔註52〕

〔註52〕舒新城：《道爾頓制與小學國語教學法》，《教育雜誌》1924 年第 1 期，第 5 頁。

　　民國小學國語教師在教學前選擇課文材料的時候，一直覺得很困難。因為除了一些位於大城市的學校之外，很多小城鎮及鄉村學校教師都會覺得現行教材中的課文內容與他們所教學生的真實生活太遠離了。而如果課文教材並不切合當地小學生的使用，又不能去求助於四書五經，適當的採用鄉土教材也是一種方法。「無論在消極方面、積極方面，都是意味著鄉土教材採用是切迫而且必要的。不管是把它當做中心讀物，或是補充讀物。」〔註53〕一般來說，民國小學教師們注意到所選擇的課文內容應具有犧牲、互助、奮發圖強等精神，並應排除具有自私自利、消極退縮、悲觀以及封建思想、貴族思想等內容。尤其是能夠體現國民革命精神、民族民權民生精神的內容更為當時的小學國語教師們所推崇。此外，民國小學國語教師們還提出課文的內容應更多的符合小學生生活經驗及心理發育的狀態，並能夠最大程度的切合我國的自然社會環境。在語句上的編排也應明白清楚，符合語言的自然。這些要求綜合起來，即是課文選擇「中心思想要適合三民主義的精神」；「教材內容應合於現實的生活」；「題裁及形式應合於兒童的心理」；「全部教材應顧及藝術化和科學化」。〔註54〕更進一步，這些課文還應具有文學性質，即能發展學生的想像力、培養學生的美感、滿足學生的好奇心、修養學生的情感等的作用。但是在實際操作中，自行選編課文教材是很難契合以上觀念，收到滿意的效果的。很多小學國語教師會發現選取外國材料容易與本國國情情理相背離；選取書報材料容易蕪雜而不適合學生生活，在印刷上也難以與正規教材相比等問題。

　　有人認為在課文教學之前，教師除了以教科書和掛圖為主的「正讀本」外，還要準備「輔助讀本」。這些輔助讀本中有期刊（如《兒童世界》、《兒童畫報》、《小朋友》、《福幼報》、《童報》、《兒童》等）、叢刊（如《兒童文學叢書》、《故事讀本》等）、書坊所出的各種教科書、各種小冊子（如出版的各種童話、小小說等）。要準備讀本以外的一些設備，包括：用文字將教室中的物品標注名稱；用文字標注學校中各種實物模型、標準和畫片的名稱等等。在從民間文學中選擇課文時，可以從農諺、傳說、田謠、山歌等中選擇。「這樣的教材，這樣與生活息息相關的教材，對於兒童閱讀的效益，確是很大的。」〔註55〕如成都實驗小學所採用的《四川歌謠第二集》中的幾篇課文：

〔註53〕　呂朝相：《小學國語科教學之實際問題》，《國民教育》1940年第9期，第28頁。
〔註54〕　呂朝相：《小學國語科教學之實際問題》，《國民教育》1940年第9期，第29頁。
〔註55〕　呂朝相：《小學國語科教學之實際問題》，《國民教育》1940年第9期，第29頁。

　　斑鳩咕咕咕，我叫姑娘吃少午，姑娘打我兩耳巴，我在後門哭我媽。媽媽問我哭啥子，我說我在種瓜子，瓜子生，我同瓜子打老庚，桃子紅，李子青，柑子樹上掛紅燈。

　　花蛾蛾，金燦燦。油梳頭，粉蓋面。手上拿把花花扇，走一步，搨一搨，格吱格吱眞好看。

　　爬山豆，葉葉長，爬心爬肝想著娘。娘又遠，路又長，坐在路旁哭一場。〔註56〕

　　在具體的課文內容設計與選擇時，李曉晨提出教學內容應分爲一、二學年及三、四學年兩個階段，前一個階段中各種國語題材內容講述的課時安排分別應爲：故事（20%）、童話（30%）、寓言（10%）、劇本（10%）、山歌（15%）、童謠（10%）、其他（5%）。後一階段則爲故事（25%）、童話（15%）、寓言（15%）、小說（20%）、劇本（10%）、山歌（5%）、詩（5%）、其他（5%），去除了童謠內容，另增加了小說（20%）。〔註57〕舒新城則對詩歌內容更爲關注，建議小學低年級應以詩歌爲主，高年級則逐漸減少。

　　范祥善以爲在指導這些課內讀物的時候，仍舊不能忘記國音的重要，還要注意聲調的標準。他批判了那些認爲聲調並不重要，只須欣賞文學便足矣的論點。在進行課文的誦讀時，王澤民強調應以一般速度的「說話」聲調，不許哼哼、不許唱。「禁止學生齊讀，快讀。」〔註58〕而吳研因則將讀文的腔調分爲兩種，一種是讀散文的腔調。「例如官話區域，宜打起用國語演講的調子來，一句一句和演說一般的說下去。」〔註59〕而另一種是讀韻文的腔調。「例如吳人唱四句七言山歌，不妨用吳歌調；唱十二月花名，不妨用唱春調；唱彈詞不妨用彈詞調。因爲這樣吟唱，很可以鼓勵兒童的興趣。」〔註60〕這些觀點都很有意義。

　　在民國小學國語的教學中，修辭學內容並沒有普及。范祥善以爲小學的國語教學不需要講述修辭學，雖然語句的組織是需要指導的，但這方面內容對於小學生而言很難理解，在小學階段似乎沒有講解的必要。「太深了，兒童

〔註56〕呂朝相：《小學國語科教學之實際問題》，《國民教育》1940年第9期，第29頁。
〔註57〕李曉晨：《前期小學國語教學概要》，《新教育》1925年第1期，第126頁。
〔註58〕王澤民：《短期小學國語教學法》，《民間》1936年第12期，第3頁。
〔註59〕吳研因：《小學國語教學法概要》，《教育雜誌》1924年第1期，第16頁。
〔註60〕吳研因：《小學國語教學法概要》，《教育雜誌》1924年第1期，第16頁。

莫名其妙；太淺了，又覺得味同嚼蠟。」〔註 61〕有人以為和以往那種傳統的「講書」相比較，民國小學國語課本是語言較為淺近的白話文，並不需要過多的解讀。沈百英說：「即使你可以用土話來翻譯一遍，其結果一定變成越是講得清清楚楚，越會使兒童聽得模模糊糊。」〔註62〕

以往民國小學教師們對小學國文文章的講授，往往採取從文章的正面、反面、側面、前一層、後一層等角度進行講述。而小學國語階段教學中有的教師會更加注重作者的思想研究。「思想周密的，全篇布置得天衣無縫，思想奇幻的，全篇好比山峰的突兀，河流的曲折。」〔註63〕一些人以為要使小學生能夠理解小學國語課文，必然要有一個使學生深究課文的過程。陳俠就說深究課文的第一步在於明白課文的意義與做法，使學生對此有體會與欣賞的機會。其次是培養學生的閱讀能力，這種閱讀能力的培養是建立在廣泛閱讀與精讀相聯合的基礎之上。再次是增強學生的想像能力，「倘若對於一篇文章，只是在敷淺的讀講，或斤斤於字和詞的注釋。」〔註64〕是不可能增強學生的想像力的。只有利用好學生的好奇心，使學生深入其境的去閱讀學習，才能有理想的效果。第四是增進學生語言與文字發表的能力，要逐步養成學生熟練使用語言、文字這種發表工具的能力。最後是培養學生創造的能力，那些「精密完善的想像力和組織健全的發表力，正是創造能力的基礎哩！」〔註65〕

在具體的進行課文講解時，也有一些基本的方法被民國教師們所採用。如在每節課文開始講解的時候，結合當時時代發展的背景，注意總結提煉出課文中體現的各種新觀點。再如先對學生閱讀的材料含義進行解讀，尤其是使學生全面的掌握其中的語言知識點，然後充分以學生的想像能力為橋樑，引導他們去理解課文。最後帶領學生對課文的意趣進行欣賞，提升學生對課文的理解。這裡面包括了對課文中所描寫的人物的心理狀態、對課文事件發展的因果邏輯關係、對課文所展示的名勝建築的欣賞等內涵。

〔註61〕范祥善：《小學國語教學法的將來》，《新教育》1925 年第 3 期，第 463 頁。
〔註62〕沈百英：《小學國語教學上值得注意的幾個問題》，《中華教育界》1949 年第 10 期，第 46 頁。
〔註63〕范祥善：《小學國語教學法的將來》，《新教育》1925 年第 3 期，第 463 頁。
〔註64〕陳俠：《小學國語教學中的研究指導》，《江蘇教育》1934 年第 5～6 期，第 214 頁。
〔註65〕陳俠：《小學國語教學中的研究指導》，《江蘇教育》1934 年第 5～6 期，第 214 頁。

　　民國學者與教師們對於課文的泛讀與精讀也有很多的思考。他們一般以爲泛讀的目的只在於領會課文的大意，但也有人有不同意見。蔣協力還提出泛讀應具有多讀的內涵，即要保證小學生有一定的國語文章閱讀的數量。對於精讀，他們以爲需要使學生對課文產生感情的共鳴以及對課文中的各種字句、符號所表達的情意有深刻的瞭解。大家都認可泛讀大多由學生自動進行，而精讀則需要教師的參與。蔣協力以爲精讀的方法應注重速度與數量兩個方面，在速度上，「才讀新的文章，應格外的慢。然後越讀越快。到讀得朗朗上口了，就再口誦心維的慢讀。」而讀的數量可以適度掌控。「初讀的時候，可以通篇讀。讀上幾遍，再改爲分段讀。遇有難讀的段落，就可多加工夫。待到成誦以後，就又可以由快而慢的通篇讀了。」〔註 66〕吳研因曾對課文的教學方法有具體的描述，爲便利讀者瞭解，特引述如下〔註 67〕：

　　一、要引起學習的動機

　　　初入學的兒童，雖有家庭的暗示，（例如令子弟入學，不稱入學，往往稱去讀書。到校之後，往往於出學時，詢問讀了什麼書。又如父母兄弟讀書的在家讀書，暗示尤多。）但是他們並無讀書的需要，要他們讀書是很不容易的。即使讀書已久的學生，因爲讀書終是靜止的生活之故，也往往不肯努力讀。所以教師的要設法引起兒童學習的動機。其法：1、多供給文字的環境，使他們觸目就見文的標識，隨後就可以檢得有趣味的圖書。自然發生好奇心，觸動想像，而有學習讀文的動機。大約低年級兒童該用掛圖、畫片、揭示板……等引起。2、常令兒童有應用於實地的目的；使他們覺著讀書之後，可以做出趣味的事情來，或得到優勝滿意的結果，或能表示於他人之前，那麼讀書時自然有努力的傾向了。例如可表演的教材，於教學之先，問答設計要作一種表演，於是說明要作這種表演，非先了解了某種教材不可，因而導引兒童努力於某種教材。又如讀一故事，先對兒童說：「讀這個有趣的故事，可以歸告你的母姊或鄰人……。」3、常令自述所要誦讀的教材，記在筆記簿上，而指導他自己去尋求誦習。動機有由兒童自發的，有由教師引起的。例如本能傾向於閱讀故事，得讀故事之後，便有滿意之感；又如見了圖書而生好奇心，

〔註 66〕　蔣協力：《小學國語教學上的五多主義》，《基礎教育》1936 年第 9 期，第 28 頁。
〔註 67〕　吳研因：《小學國語教學法概要》，《教育雜誌》1924 年第 1 期，第 12～15 頁。

看了一小段文字而觸動想像：……這都是自發的動機。教師用問答法，使知讀文之後，能夠得到何種滿意的結果，……這是引起的動機。讀輔助讀本的動機，往往由兒童自發，讀正讀本的動機，往往由教師引起。但是動機的引起，並不是在每次上課的某一時間，必須要施行的。某一種新教材教學的開始，設法使兒童覺著需要，再在作業時，略加興味的鼓勵，那就是了。

　　二、要先全體而後分析

　　例如教學一篇文字，當從了解事實的內容入手，不要一字一句的枝枝節節，累積而起。舊時教學讀文，先教識字，把生字新詞的意義，一字一句的弄清楚，並且很熟習了，然後再進求內容。這種辦法，一則很費時間，而所得到的效力很少；二則容易把整個的內容破碎，使兒童注意到枝節上去。現在則反其道而行之，須得到全體的意義，使全體的意義了解並且純熟了，然後一句一詞一字的分析練習。這一個原則，我們不必旁徵博引的高談闊論，只須回想我們幼時看小說的經驗就知道了。我們看小說，第一遍只在事實內容上注意，第二三遍方注意文法的組織。看第一遍時，有些生字新詞，雖不了解，因為切求內容之故，也往往推想他的意義而通過去了。即使當這切求內容的時候，見一生字新詞必須查字典詞典，反反覆覆的審辨，然後再讀下去。這種麻煩的手續，一定要減少興趣，我們也不願去讀了。因此，可知讀文教學法。1、初入學的兒童，不當從單字入手，要從有意義的語句入手；語句熟習了，方可分析字義。2、在概覽全課的中間，不當多費工夫，斤斤於生詞新詞的教學，遇有生字新詞，只須輕輕指點說明就是了；等到全文意義既了解後，方可提出生字新詞，分析練習。3、在兒童對於文字的經驗很幼稚的時候，不可和他們細講文法；細講文法，要在他們既有許多具體概念之後。

　　三、要充分的輔助想像

　　讀文要能體味入微：例如讀傳記，覺著自己便是傳記中的主人翁。讀遊記，覺著自己好像真在那裡遊覽；讀故事覺著自己好像親見或親身參預；那才能夠深入其中，不致輕輕滑過錯過。但是兒童

讀文，不易有此境界。所以要設法供給想像資料，引導他們的體會。例如文為「鄉人背了一個衣包，夜裏從城裏回去。走到半路上，樹林裏忽然跳出兩個大漢，來將他扭住。……」在了解全體意義之後，可按照課文的順序提出問題問答。「鄉人的狀貌，想起來，大約怎樣？穿什麼衣服？……衣包是怎樣的？内容大約如何？鄉人的家離城裏遠近如何？鄉間的道路怎樣？人家何如？夜裏獨行鄉下路上的情形怎樣？……樹林的情形怎樣？大漢的裝束狀貌，大約怎樣？大漢把鄉人怎樣扭法？拉胸脯嗎？拉手臂嗎？抱腰嗎？……鄉人見了大漢，心裏怎樣？……」以補充兒童的想像。又如在講解時隨手畫圖，或用聲音笑貌表現，這也是補充想像的方法。又如遇文中有省略之處，例如《哥倫布傳》哥倫布和西班牙哲人辯論的部分和水手談話的部分，為本傳所不詳的，可令兒童由想像而補充。

四、要用種種方法充分的練習

所謂種種方法：（一）字片練習；例如用所預備的字片，如舊時私塾練習方字的，做閃爍的練習。（二）抄寫練習；指定一段文字，限定時間抄寫，時限一到，檢查成績，比較誰快誰慢，誰正誰誤，而施以訂正批評。（三）默寫練習；由教師或一個兒童口說字句，其餘的兒童默寫在黑板或筆記簿上，而教師隨時巡視矯正。（四）朗讀練習，一人朗讀，眾人閉書靜聽，等讀完了，提出讀法上的誤點，共同批評訂正。（五）默讀練習；限定在某時間内，默讀某課的全課，或一節，時限一到，立刻各闔書本，將該時間所讀大意指名口述或各筆述。（六）類比練習；令兒童檢查讀過的文字，或形似的、或音同的、或韻同的、或意同的、或畫數同的、或部首同的、……在限定的時間内，把已習過的文字類比抄寫，並且比賽成績的遲速正誤，加以批評訂正。高年級並可把相同或相反的句子，加上法匯類而互相比較。……無論何種練習，須用以下的三個方法，保持兒童的注意力。1、要多變化；例如時而問答，時而默讀，時而朗讀，時而字片練習，時而抄寫練習，在用同一種方法練習時，也須變化多端，例如朗讀練習，時而對讀，時而輪讀，時而偶讀。……2、要分佈的練習，就是每天在讀文時間内，劃定幾分鐘時間，天天練習。例如生字新詞字片的練習，不可在某一時間内，持續的練習多時，定要

兒童認識熟習，須今天將這生字熟詞練習數分時，明天再練習數分時，後天再練習數分時，……以前天天不間斷的練習，以後每隔兩天或三天練習一次；以前只須認識字形或聯結的詞形，以後乃教筆順學抄寫，將字形分析，將詞類拆分講解。……3、要比較進步；或同學相互比較，或自己與自己比較。例如類比練習，比較誰正誰誤，誰遲誰速等，這是相互比較；又如字片練習，使兒童自己把能讀的字數記出，今天能讀的幾個，明天能讀的幾個，……這是自己比較進步。

五、要隨機設計表演

凡可設計表演的教材，要和兒童談論表演方法，隨機表演。表演時要注意：1、時間要經濟，不可太浪費。2、要幫助學生，減少他們的困難，使他們成功而滿意。3、要使全體兒童都得到表演之益：例如由一部分兒童表演，其餘的兒童注意課文與所表演的情節對比而加以批評訂正。

六、要多給以討論判斷的機會

這一個原則，應用於高年級學生熟習課文之後。討論方法，宜根據課文的內容形式而加以比較的研究。討論內容，在注意於文情文意；討論形式，則注意於章法文法。討論章法文法，宜將類似的或相反的提出，互相比較，而推論出結果來。談論文情文意，宜設想那幾處合的，那幾處不合的，主要部分在那裡，襯托部分在那裡，並判斷他的優點，和劣點的所在。討論判斷應注意之點如下：1、要多給兒童以思索的餘地；就是教師不當熱心過度，亟要兒童從速判斷，而與以暗示或說明。2、要注意兒童的答語是否由衷之言；兒童的答語往往揣摩迎合，只求取悅於教師，教師當加以辨別，去其不誠篤處。3、要以正當的理由為主，不當但顧答語的措辭機巧。

七、要使常習慣於組織的研究

就是對於課文一要能夠集聚成點，二要能夠省略不重要的部分。（一）集聚成點的方法：1、分段落；2、尋求文中的主要思想；3、加符號，表明課文的價值的輕重；4、把課文和標題對照提出意見，將標題修改或變更。用這方法，教師對於兒童要多加助力，或

示範，或和兒童協議而將代表主要事實的短節文字，寫在黑板上，並令兒童抄寫在筆記簿上。（二）省略不重要部分的方法：1、令兒童讀書時，注意主要部分，省略不需要的部分，例如讀新聞紙意在注重專電，則無關重要的地方小新聞可以省略。2、令兒童約縮全文，省略無關係的枝節文字；例如令兒童陳述故事，初次所述的約有六頁，逐漸縮成三頁，再縮成一頁……每次把不關重要的略去。3、常用默讀法；例如限定時間，令讀完一定的字數；時時用此法練習，可以增進兒童的讀書速度。

與以上觀點類似，在教學中引發小學生對於國語的興趣，是很多小學國語教師的共識。而引發學生興趣的方式，一般而論，多是以講故事為主。在南昌三師任教的涂淑英說：「當教師講述時，兒童莫不聚精會神的靜聽，全堂秩序，不費一絲口舌，自然會安靜無聲，等到講完故事之後，似感興趣未盡，於是多數兒童異口全聲的請求教師再講。」〔註68〕沈百英也十分贊同這種辦法，他尤其以為越是低年級學生越容易因為聽故事而引起學習國語的興趣。「因為教師講個故事，等於令兒童學習聽話；教師從故事中復述要點，由兒童模倣，等於令兒童學習說話；教師再將故事要點，配合課文寫在黑板上給兒童閱讀，這是令兒童從聽話、學話，漸漸地引到識字讀書上去，這是國語教學中頂好的辦法。」〔註69〕

但是課堂教學的時間是有限制的，每一個課文內容的講授時間也相應受到限制，教師不可能也不應純粹以故事的講述來完成國語課文的全部教學。有鑒於此，涂淑英就設計了兩種在課堂上講述故事的方法：一是在未講故事以前，教師應該陳述這堂課所講的這個故事的目的，並說明這個故事只能當做比喻，或是鼓勵學生先用心聽講，然後預留下課前的十幾分鐘為講故事的時間，以免故事一講完，兒童又要吵鬧而妨礙教學。二是教師在故事的設計中將課文內容的材料組織進去，再以問答和啟發的方式講述給兒童聽，並按照故事情節多的發展而較多的採用動作來表示，使兒童既瞭解內容又不至於引起課堂秩序的混亂。〔註70〕

〔註68〕 涂淑英：《小學國語教學的我見》，《南昌女中》1937 年第 5～6 期，第 103 頁。
〔註69〕 沈百英：《小學國語教學上值得注意的幾個問題》，《中華教育界》1949 年第 10 期，第 46 頁。
〔註70〕 涂淑英：《小學國語教學的我見》，《南昌女中》1937 年第 5～6 期，第 103 頁。

在小學生朗讀課文的訓練中有集體朗讀與單獨朗讀兩種方法，兩者各有效用。集體朗讀可以使全班學生的讀書聲一致而整齊，振動精神，秩序較好。但須注意不能故意慫恿兒童聲嘶力竭的高聲朗誦，「這樣不但難得應有的效果，且對兒童的健康，也是有害的。」〔註71〕單獨朗讀可以使學生不受他人語速、語調影響，但因為個人學習素養，易出現讀國音不準確的情況。極端情況下，有的學生「只知道瞎念，眼睛總離開書本，於是教師只有令兒童每人用手指著字句一字一字的讀，但這種方法只能維持於一時片刻，時間久了，則仍恢復原狀。」〔註72〕不管怎樣，因為小學生的記憶力較強，多讀幾遍後，就可以背誦，因此朗讀法是一種有著較高效率的國語課文教學手段。在民國初期開始進行朗讀訓練的時候，還會有一些小學生由於接受過私塾的教育，在朗讀時容易變腔，「聲音沒有高低頓挫，一個字和一個字聲的長短相同，跟和尚念經一樣。日子久了，慢慢變成只會溜口歌，念起來既不注意字句，更少想到課文內容的意思。」〔註73〕這也是令民國小學國語教師們頭疼而需要積極去矯正的問題。關於朗誦與默讀哪種方法更好，民國小學國語教師們也是各有偏好。有人以為小學低年級學生以朗讀為更好，「在低年級裏，因為初步學習需要能夠聽得懂的字……故朗讀訓練，仍屬重要。」〔註74〕但是默讀也有其作用，並可以和板書、報告、表演、遊戲等方式結合進行。有些教師以為一些兒童文學類的課文，如詩歌、小品文等，因為較重視結構與章法，所以適合朗讀。有些如傳記、童話等，則適合默讀去領略，瞭解其大意及簡單布局即可。也有小學國語教師反對進行朗讀，以為朗讀對識字幫助不大。對於朗讀至什麼程度為宜，民國教師們也有探討。有的教師以為讀得越純熟越好。以致沈百英批判道：「有的學校，竟至於一天到晚，捧著一本國語書在打著調子死讀，這風氣實在太壞了。」〔註75〕他提出：「國語可以讀，而不必課課讀熟。」〔註76〕而對於需不需要背、默課文，民國小學國語教師們也是

〔註71〕 劉松濤：《談談初小國語的編寫與使用問題》，《教育陣地》1946 年第 5 期，第21 頁。

〔註72〕 涂淑英：《小學國語教學的我見》，《南昌女中》1937 年第 5〜6 期，第 105 頁。

〔註73〕 劉松濤：《談談初小國語的編寫與使用問題》，《教育陣地》1946 年第 5 期，第20 頁。

〔註74〕 呂朝相：《小學國語科教學之實際問題》，《國民教育》1940 年第 9 期，第 30 頁。

〔註75〕 沈百英：《小學國語教學上值得注意的幾個問題》，《中華教育界》1949 年第10 期，第 47 頁。

〔註76〕 沈百英：《小學國語教學上值得注意的幾個問題》，《中華教育界》1949 年第

仁者見仁、智者見智。大多人支持不必完全廢除背默課文的能力，因爲確實有很多背、默課文的需要，但他們也承認背、默課文並不能眞正考察學生的國語能力。

對具體的課文講授程序，有一些格式可以作爲我們研究的參考。如陳俠老師對通中實驗小學曾進行過的國語教學實驗的總結，就談及了講學課文做法與文法時的一些格式。

做法的研究

1、立意

研究全文的要旨，即作者給這篇文章所負的使命。

2、取材

研究全文材料的來源，如研究一篇文章，要辨別它是鄉土材料抑是異邦材料；是史實還是寓言；是直觀的描寫，抑係想像的記錄；是片斷的記載，抑係整個的敘述。

3、範圍

研究全文所寫事物的範圍。如時間的起迄，空間的遠近，事實的記載，人物的描摹等，都須確定其範圍。

4、人物地位

研究文中所寫人物的賓主地位。文中主要人物和陪襯人物，研究時必需分別清楚。並研究怎樣敘述，便可表現出賓主的地位來，怎樣敘述，便會有喧賓奪主的弊病等問題。

5、層次

研究課文中事實記述的次序。有依時間的先後爲次序的，有依空間的變更爲次序的，有依事實發生的先後爲次序的……這些，都得和兒童詳加研究，尋出文章的層次來。

6、音韻

關於有韻的文字，當研究叶韻的字。有全篇叶一韻的，有每節換韻的。並可研究韻文朗誦時音調協和的緣故。〔註77〕

10 期，第 47 頁。

〔註77〕 陳俠：《小學國語教學中的研究指導》，《江蘇教育》1934 年第 5～6 期，第 215 頁。

文法的研究

1、詞類

研究詞類的性質，使兒童能夠認識辨別和應用。詞類有九種：名詞；代名詞；動詞；形容詞；副詞；連詞；介詞；嘆詞；助詞。

2、句的組織

組成一個完全句子的，有五種語類。探究形式時，應和兒童分析研究：主語；述語；賓語；補足語；附加語。

3、句法

句法的變化很多，有：反覆法；對偶法；排疊法；直喻法；隱喻法；寓言法；相形法；擬人法；想見法；誇張法；負詞法；詰問法；感嘆法；倒裝法；抑揚法；省略法；引用法；問答法；設疑法等等。均應和兒童比較研究，便能認識，辨別和應用。

4、篇法

篇法的變化有：順敘式；散列式；頭括式；尾括式；比較式；對話式等等。也要和兒童比較研究。

5、文體

有：普通文；實用文；詩歌；劇本的分別；普通文範圍較廣，應和兒童比較研究。〔註78〕

呂朝相認為在第一年教學課文時，應引導兒童進行有意義的閱讀，同時注重培養小學生自動閱讀的能力，「閱讀之先，預先要引起動機、心理態度」〔註79〕，而在激發學生的閱讀興趣後，要能夠滿足他們的這種興趣。他對於課文教學也同樣設計了一套過程〔註80〕：

（一）引起動機

由故事講述或發問題，而引起兒童的興趣；

（二）概覽全文

〔註78〕陳俠：《小學國語教學中的研究指導》，《江蘇教育》1934 年第 5～6 期，第 215～216 頁。

〔註79〕呂朝相：《小學國語科教學之實際問題》，《國民教育》1940 年第 9 期，第 30 頁。

〔註80〕呂朝相：《小學國語科教學之實際問題》，《國民教育》1940 年第 9 期，第 31 頁。

　　默讀全文，低年級應先看圖畫，看完以後，令兒童報告全文大意，概讀全文。並將錯誤地方，寫在黑板上，共同矯正；

　　（三）研究

　　關於詞句、段落、章法、描寫，以及全文的中心意義，及有關知識之研究；

　　（四）討論

　　批評內容，構造及印象；

　　（五）整理

　　將各段大意、生字，及精彩之處記下；

　　（六）朗讀練習；

　　（七）應用。

　　此外，民國小學國語教師們還有一些在課文教學實踐中的細節經驗值得傳承。如在教學的形式上面，1925 年，李曉晨曾提出應語序自然、行文活潑、不雕琢、不濫用故典、用詞普通、層次分明。〔註 81〕王澤民說講解課文只要把所有的生詞和語法規律都解釋明白即可。「但說時須有表情，有神氣，有時還要參以手勢動作，或一人獨白，或兩人對話，或多人表演。」〔註 82〕總之，越有變化越好。范祥善以爲在教學國語課文的時候，可以用比較的方式，對句法、字音、字形、字義等進行教學。「比較的好處，一則可以提起聯想的觀念，二則可以發生類化的作用。」〔註 83〕在語法教學方面，民國學者談論的較多。也有學者以爲在每節課後，教師都應該留出時間，專門練習語法規律用詞。而練習的方法，以教師舉例，學生仿造爲主。在四年制的短期小學的國語教學中，由於年限的縮短，不能兼顧語言與文字，於是語言訓練成爲其中最重要最基本的教學內容。

　　民國小學國語課文的教學肯定是艱難和複雜的，一方面是因爲小學生處於特殊的生理心理階段，難以與教師和諧配合。尤其是小學低年級的學生，初進學校，需要一個適應的過程。「怯弱的兒童整天都在弔眼淚，叫爺呼娘的，對於先生十足地表現出畏懼的樣子，無論先生怎樣的設法和他們親近，他們

〔註 81〕　李曉晨：《前期小學國語教學概要》，《新教育》1925 年第 1 期，第 125 頁。
〔註 82〕　王澤民：《短期小學國語教學法》，《民間》1936 年第 12 期，第 3 頁。
〔註 83〕　范祥善：《小學國語教學法的將來》，《新教育》1925 年第 3 期，第 463 頁。

都是一樣的畏懼。」〔註84〕雖然低年級的國語教學內容並不複雜，但是如果稍有失當，「便處處會使人感到困難。」〔註85〕一些教師只要教學方式稍欠變化，學生的興趣就不能持久，教師秩序就會變糟。而高年級的學生雖然在教師的暗示下可以保證較好的教室秩序，但對教學過程還是很難應付自如。「譬如教師在講解課文的時候，遇有難字難句，解釋欠詳細，或說話不順利，就會給兒童一個不好的印象，而不信仰教師，有些頑皮的兒童，更會故意的從根掘底的發問，如果教師答覆不出，那真是糟糕極了。」〔註86〕另一方面則是因為國語教學的難度很大。「因為國語是最有格律有方式的語言，稍不注意，便要蹈於不規則的途徑，不但於同一語言上無補，而且要發生很大的危險！」〔註87〕

抗戰勝利後，在一些地區的小學中，有的教師過於追求實際需要，「忽略了正式課本的系統性與計劃性，只以眼下應用的需要來作為課文取捨的標準。」〔註88〕於是出現了將課文中抽出幾課來講解，也有的教師根本就拋棄課本來講，「索性廢除課本，讓學生抄報紙上、舊雜誌上一些新詩和小說，及自己編選的雜文來讀，更有的寧可乾脆暫時停止這門課。」〔註89〕這種情況下，有時候因自己選編內容質量的下降，使教學效果受到影響，連帶影響到教師的工作積極性與信心。「在根據地以及新解放區的個別學校，都曾發生過這樣的事實。」〔註90〕

第四節　作文教學

作文是處理思想感情及發表的一種能力，也是一種生活的工具。在小學國語教學中佔有重要的地位。民國小學作文教學一般要求學生的作文水平能

〔註84〕　梁上燕：《小學低年級國語補充教材底研究》，《教育論壇》1932年第5期，第55頁。
〔註85〕　涂淑英：《小學國語教學的我見》，《南昌女中》1937年第5～6期，第103頁。
〔註86〕　涂淑英：《小學國語教學的我見》，《南昌女中》1937年第5～6期，第109頁。
〔註87〕　程駿：《國語底危險》，《國語月刊》1922年第5期，第1頁。
〔註88〕　劉松濤：《談談初小國語的編寫與使用問題》，《教育陣地》1946年第5期，第22頁。
〔註89〕　劉松濤：《談談初小國語的編寫與使用問題》，《教育陣地》1946年第5期，第22頁。
〔註90〕　劉松濤：《談談初小國語的編寫與使用問題》，《教育陣地》1946年第5期，第23頁。

夠達到運用的水準。爲此，要求民國小學國語教師們對小學生的寫作能力做動態的分析，並進行有計劃的教學。

民國時期，對於小學國語作文教學的意見很龐雜。「作文教學的目的，在使兒童能操縱語言文字，把語言文字做發表情意的工具罷了。」〔註91〕在打造作文教學的基礎工作上，有人以爲必須以說話訓練爲抓手，否則作文教學容易失敗。所謂「兒童既有說話的練習，進於寫作，實是自然聯絡的事，並不煩難。」〔註92〕因此，他們建議小學低年級或短期小學的作文教學應從口語訓練入手，然後再進行造句練習，最後進行各種命題作文的寫作。至於作文題目的選擇，應以教師命題進行，且這些題目最好要圍繞小學生生活的環境及經驗而設計。如王澤民建議的：「利用地方流行的民間故事，日常用品，偶發事項，地方新聞，簡短的訓話」〔註93〕等作爲選題來源。也如吳研因所說：「把往時讀文中所甚重、改組後所減輕的日用文，特別注重。」〔註94〕這種思路與以前小學實行國文教學的階段有很大的不同。呂朝相評價這樣做的目的在於：「在多方的生活活動之中，訓練兒童各式各樣的作文能力。」〔註95〕同時，他們還提出在進行作文教學時，尤其是小學低年級的作文教學時，要注重學生自然發表的養成等意見。據觀察，民國小學國語教師們在進行作文範例指導時，所用的材料大多以實用文、說明文爲主，不大採用文學文。所採用的範文也多以層次分明、結構完整、思想清晰爲標準。

在具體進行作文教學時，其程序大致爲先由教師輔導學生進行一些作文的練習。然後再由教師命題，由學生獨立寫作。寫作的內容形式也按照年級差異而有所不同。比如有人建議「三四年級注重記敘文、說明文、實用文，五六年級逐漸注重議論文。」〔註96〕在指導的時候，要時時關注學生的需要，隨著學生的動機進行導引。「例如兒童要表演，可指導他製作戲劇的說明書；兒童因某事而要和他人通信，可指導製作某種信件的方法。」〔註97〕作文教學內容要考慮到實際的應用，使學生有眞情所發，並和其生活經驗相互補充。

〔註91〕 吳研因：《小學國語教學法概要》，《教育雜誌》1924 年第 1 期，第 20 頁。
〔註92〕 葉紹鈞：《小學國文教授的諸問題》，《教育雜誌》1922 年第 1 期，第 9 頁。
〔註93〕 王澤民：《短期小學國語教學法》，《民間》1936 年第 12 期，第 4 頁。
〔註94〕 吳研因：《小學國語教學法概要》，《教育雜誌》1924 年第 1 期，第 1 頁。
〔註95〕 呂朝相：《小學國語科教學之實際問題》，《國民教育》1940 年第 9 期，第 31 頁。
〔註96〕 吳研因：《小學國語教學法概要》，《教育雜誌》1924 年第 1 期，第 23 頁。
〔註97〕 吳研因：《小學國語教學法概要》，《教育雜誌》1924 年第 1 期，第 23 頁。

如多以小學生個人生活記錄和各種特殊的生活記錄爲主，包括參加運動會、旅行、演講等內容。也有對實物進行臨摹，如對校園設備、校園環境、教具及學校所在地的風景進行臨摹。還有一些具有應用性質的命題，如書信、布告、通訊稿等，以及採用讀書筆記等方式。總之，這些選題都要注重能使學生有話所說，不能超越他們的經驗範疇。因爲國語教學最主要的目的在於使小學生運用國語，所以，一些教師也在實際教學中指導小學生進行國語的應用作文寫作。即使是在艱苦的抗戰階段，很多小學國語教師也經過努力，有很多新的創造。「如二三年級的學生學會寫文契、借帖、書信……這在過去的小學中是很難做到的。」〔註98〕再如在一些根據地小學中，有教師發動學生「給子弟兵或民首長寫慰問信」，給老師、兒童團等寫報告。「如曲陽范家莊小學生組織的群眾代筆處，以及各地小學生自己成立的合作社由自己管理帳目，或自己辦壁報，都是練習應用的好辦法。」〔註99〕

　　小學生作文水平的提升需要長期的練習，蔣協力就將作文視爲一種技術，而技術的養成是需要不斷的練習的，所以他以爲讓小學生多作、多揣摩是做好作文的基本功。劉半農建議學生：「下筆前應先將全篇大意想定；勿作一句，想一句，做一段，想一段。」〔註100〕陳啓天則說：「最經濟最當穩的，只有列表分段法先整理思想，把要發表的意義，列個簡表，再照表分段發揮於文卷，以清眉目。」〔註101〕除了課堂作文外，還有日記、課外作文、各種報告的撰寫都可以鍛鍊小學生的寫作能力。在文章中心思想的決定、材料的選取、篇章的布置、段落的分析、詞句的構造等等方面的能力，可以通過對範文的揣摩而得以提高。他並不贊成以一套固定的模式統一所有小學生的作文教學。因爲他說一些國語作文名家雖然自己寫作能力強，但也難以給人以作文提高的具體方法。而各個書局所提供的文法書，「除了研究詞性，還是研究詞性，對於作文，也沒有大的幫助。」〔註102〕但是，通過自己多練習、多

〔註98〕 劉松濤：《談談初小國語的編寫與使用問題》，《教育陣地》1946 年第 5 期，第 19 頁。
〔註99〕 劉松濤：《談談初小國語的編寫與使用問題》，《教育陣地》1946 年第 5 期，第 22 頁。
〔註100〕 顧黃初、李杏保：《二十世紀前期中國語文教育論集》，四川教育出版社 1991 年版，第 65 頁。
〔註101〕 顧黃初、李杏保：《二十世紀前期中國語文教育論集》，四川教育出版社 1991 年版，第 160 頁。
〔註102〕 蔣協力：《小學國語教學上的五多主義》，《基礎教育》1936 年第 9 期，第 29 頁。

揣摩，小學生的國語程度，「莫不因之提高」〔註103〕。

　　民國小學生在進行國語作文時常犯的錯誤大致有以下幾種：一、文不對題。因為對於文章中心思想的理解不夠準確，容易在寫作時出現偏題的情況。二、辭不達意。很多小學生由於經驗、技術及字句的素養不夠，不會用簡單明瞭的詞句來表達文章的意思。三、錯別字太多。這都需要教師們更加盡心的去教導。有教師提出批改作文不得法也是作文教學需要注意的方面。建議在批改時應包含對內容結構、思想內容、形式等方面的批判。也不妨有時採用學生自己修改的方式，而若是較多人所存在的錯誤則需要集中進行矯正，個別的缺點則個別糾正。

〔註103〕蔣協力：《小學國語教學上的五多主義》，《基礎教育》1936年第9期，第29頁。

第九章　影響民國小學母語教育的
　　　　特殊因素

　　民國小學母語教育存在著一些特殊的因素，這些特殊因素在民國小學母語教育的特定歷史階段有各自的施力，影響著民國小學母語教育的推廣與進行，對這些特殊因素的分析體現出民國小學母語教育的階段性與複雜性。在標準國語制定與小學母語教育的實施中，很多並非完全學理上的並起影響的因素貌似從語言學學理出發，實際上卻「展示了不同地域和階級意識的衝突，夾雜著各異的文化和政治訴求，但又多與『平等』這一共同的核心價值理念相關。」〔註 1〕在這些特殊因素的影響下，國語標準不斷進行著修改。「每一次修改都是語言學學理和眾多政治──文化權力共同作用的結果，而後者的影響力往往還超出前者。」〔註2〕具體來看，存在著北京語與國語的特殊矛盾、各種社會文化潮流、漢族區域群體文化、政府控制、民族融合目標等民國母語教育的特殊因素。

第一節　北京語與國語的特殊矛盾

　　之所以這樣稱呼此一問題，是因為在標準國語的確定時，雖然在主體語音上有多種選擇，但由於北京這個城市具有特殊的政治、文化、區位優勢，

〔註 1〕　王東傑：《「代表全國」：20 世紀上半葉的國語標準論爭》，《近代史研究》2014
　　　　年第 6 期，第 77 頁。

〔註 2〕　王東傑：《「代表全國」：20 世紀上半葉的國語標準論爭》，《近代史研究》2014
　　　　年第 6 期，第 77 頁。

從而造成北京語在國語大討論中的特殊地位，對於國語的確定形成了至關重要的影響。這種影響不同於其他區域的漢語方言或少數民族語言與標準國語之間的矛盾，而是具有全域性整體性的影響。事實上，正是北京這種具有特殊優勢地位背書的城市方言，最終擊敗了全國若干漢族方言，成爲了標準國語的主體。

貫穿於民國母語標準音的大討論，影響最大的有兩個派別：一派是要求直接將北京話定爲國語，以北京話或大部分北京話的元素作爲國語的標準；另一派則要求「會通」，即將全國其他漢族方言的語音語調語義融合組合，定爲國語的標準。這兩派內部也各自有不同的差異意見，他們各自爭取政府、學術界與輿論力量，形成了激烈的論戰。如北京話本身的界定就存在著爭論，在明清時期，事實上存在著以北京話爲代表的北方官話（有稱北音）、以南京話（江淮官話）爲代表的南方官話（有稱南音）及西南官話三種官話系統。其中，西南官話由於地處少數民族聚居區，加之遠離政治、經濟、文化中心，無論是政治支持力量，還是經濟文化群體，都處於較弱勢的地位，故在與北方官話、南方官話的話語權利之爭中處於弱勢。但南方官話與北方官話之間，兩者的力量對比卻勢均力敵，難分伯仲。明清之際，特殊的國家政治、經濟、文化格局造成北方官話長期佔有政治優勢；南方官話則享有經濟優勢。雖然學術界對於是否存在南北官話體系仍有異議，但在明清兩朝，南北官話各自在中國華北、華東地區佔有通暢流行的便利則是學術界一致的認識。也有人認爲官話仍是一種超越於南北官話之上的共同語言系統，即所謂「普通官話」。「普通官話」概念的出現，正恰恰反映了當時南北官話兩套系統的客觀存在。至清末民初，隨著近代傳媒的逐漸興起，中央話語體系逐漸侵蝕南方官話區域，北方官話已經具有一定程度上超越南方官話的優勢地位。有人甚至以爲官話就是北方官話，就是北京話。但在當時的中國，並沒有眞正從學理角度進行嚴格界定與區分的官話概念體系，更多的是一種習慣性的大眾化的區分。如即使在北京話的概念界定上，也有北京官話與北京土話的差異，有時候這兩者之間的差異十分明顯。在民國國語標準的爭論中，支持北京話爲國語的一派與支持會通的一派之間，往往也常混淆使用北京話的概念。其內涵的界定往往由使用者的主觀立場而決定。支持北京話爲國語標準的往往使用的是北京官話的內涵，而會通派則大多視北京土語爲北京話的代表。甚至於會通派常將北音與北京音等同看待，以此襄助其會通的觀點。

在民國國語大討論中，人們對於國語的概念也有不同的理解，大多將其分為口頭語言與書面語言兩種。而人們一般將白話文作為口頭語言；將普通官話作為書面語。由於在語言的概念中，文字與語音之間的區別也較複雜。在文字的語法方面，漢語各地方言與北京話的差別並不嚴重，大部分可以互通理解。從而為會通派與北京派在文字上的合作奠定了基礎。但在語音、語彙兩部分，兩派確實存在著很多的矛盾。如果說語彙的差異尚可通過編訂統一的國語語彙資料以確定，並能獲得兩派積極的認可外，兩派之間關於國語語音的矛盾則是尖銳而敏感，難以調和的。在語音上面的爭論不但局限於此，還涉及更加細微的聲腔音調的差別。

在清末民初，贊成會通派的力量較大，很多人反對以北京話作為國語的主體，原因在於北京作為一個當時被主體漢族視為異族建立的朝代的政治中心，其語言不被認為是漢族純音。所謂滿族語言亂中華，即指這個原因。一些人認為北京話雜合了北方少數民族尤其是滿族語的諸多元素，不能作為漢族為主體的民國國語的主體。還有一些人以為北京語根本不能算是一個獨立的或是具有歷史的話語體系，不能代表明清以來北方流行的官話。甚至於到了 1920 年，吳稚暉還在強調：「京音算做一物，不過三十年以來，日本人把他抬舉出來。」〔註3〕認為北京話只是臨時性的，不應被廣泛認可的，甚至是一種臆造的語言體系。在民國政府初肇、革命氛圍濃厚、民族主義情緒高漲的環境下，清末民初的這場爭論很快有了結果，會通派的意見得到了肯定。其標誌即是 1913 年全國讀音統一會通過的國音標準，後又被稱為「老國音」。新文化運動初期，一些讀音統一會會員成為了新文化運動的積極提倡與實踐者，其中很多人是會通派，為了增強老國音的會通性，他們對國音進行了修訂。1919 年 5 月，在教育部國語統一籌備會上，就決議將一個表入聲的字母加入了注音字母標中。

20 世紀 20 年代初，在當時的文化、思想等諸多潮流的影響下，一批南方出身的學者卻再次提出了國音問題。他們不但較數年前的北京派更加直白的提出支持北京話為國語標準，而且還揭露出 1913 年的國音確定實質已經是北京話派的勝利。同時，仍有很多南方會通派學者對於 1913 年編製的注音字母及字音不滿，而堅持對北京話的聲討。這場爭論被稱為「京國之爭」。在爭論

〔註3〕 吳敬恒（吳稚暉）：《答評國音字典例言》，《時事新報》1920 年 11 月 28 日，「學燈」第 4 張第 1 版。

中，一些學者的話語使我們更加明瞭北京話在整個國語爭論中的優勢地位，甚至明瞭在「老國音」中北京話的實際份量。如吳稚暉曾反覆聲言：「現在的國音與北京音比較，簡直有百分之九十五相同。所以可說國音就是北京音。」〔註4〕黎錦熙說當年國音統一會所通過的 39 個注音字母與 6000 多字的讀音雖說採用了會通原則，但實際上基本是以北音爲標準。而這樣做的原因，只是爲了在表面上敷衍南方人爲主的會通派。「現在依舊案頒佈，正是北京音佔了優勝。當時不敢說他是北京音，就是因爲怕江南人的反對。現在江南人自己服從了京音，就是服從讀音統一會舊案，就是奉行國音，何以反和國音發生衝突呢？」〔註5〕這番言論無疑對於會通派而言是一種損貶，也使會通派十分不滿，而同時也使得北京話派再度強硬起來。爭論持續了一年之久，雙方在國語統一籌備會中繼續爭鋒，最終該會決議維持原案，但在具體思路上卻有了新的智慧。該會通過以普通官話包含北京音的方式，強調北京音與國音的高度相關，認爲兩者具有很多共同點，闡述了兩者之間不可分別的聯繫，也就是在事實上承認了北京話在國語中的特殊地位。該會在回應全國教育會聯合會決議案的文件中強調：讀音統一會所定國音「本以普通音爲根據」，也就是「舊日所謂官音」，亦即「數百年來全國共同遵用之讀書正音」，本具「通行全國之資格」。京音因「所合官音比較最多」，故也在國音中佔有「極重要之地位」。但北京的若干土音，「無論行於何地，均爲不便者」，自當「捨棄」。至「該會所欲定爲國音之北京音，即指北京之官音而言，絕非強全國人人共奉北京之土音爲國音也」。故「該會所請求者實際上業已辦到，似可毋庸贅議」〔註6〕。因此，北京話派的要求在學理層面基本得到滿足，而會通派也無法辯駁，爭論遂告一段落。而在事實上，「京國之爭」一舉奠定了北京話在國語標準中幾乎不可動搖的主體地位。1923 年，國語統一籌備會決議對《國音字典》再次進行了修正，將北京音作爲修正的標準。1927 年，國語統一籌備委員會開始編纂《國音常用字匯》。據吳稚暉起草的國語統一籌備委員會（由國語統一籌備會改組而成）向教育部的呈文所稱：此工作的「第一原則」，就是「指

〔註4〕 吳稚暉：《草鞋與皮鞋》，中國國民黨中央委員會黨史史料編纂委員會編《吳稚暉先生全集（第 5 卷）》，編者 1969 年版，第 294 頁。

〔註5〕 黎錦熙：《國語中「八十分之一」的小問題》，《時事新報》，1921 年 2 月 19 日，「學燈」，第 4 張第 2 版 1921 年 2 月 25 日，「學燈」，第 4 張第 1 版。

〔註6〕 《熱河道道尹公署訓令第 588 號》（1921 年 3 月 31 日），遼寧省檔案館藏，熱河省公署檔案，JC23/1/30820。

定北平地方爲國音之標準」。1932 年 5 月，教育部公佈《國音常用字匯》，這部字彙被稱爲「新國音」，確立了北京音在國音中的絕對地位。在這場爭論中，還因爲用活的時代語言代替死的語言的觀點得到了很多學者的支持，包括錢玄同等在內的很多學者轉而改變立場，支持北京話派，也是北京話派大獲成功的一個助力。

第二節　社會文化潮流的影響

民國時期，對於國語運動，或小學國語教育影響最大的社會文化潮流應是白話文運動與左翼文化運動。

一、白話文運動與小學國語教育

20 世紀 20～30 年代間，由晚清啓蒙的白話文運動又有了新的內涵與發展，也因此對民國小學國語教育產生了一定影響。晚清時期的白話文原本針對於文言文，仍屬於古代白話文。新文化運動以來，白話文運動開始了新的發展，朝著使全體國民都能更加快捷、方便的掌握語言的方向前進。白話文在其演變發展過程中，大量吸收了日本及西方的近代詞匯，在語法結構等方面也有一定的借鑒。我們可以看到自清末開始，日本新名詞即大量進入中國的語言文化體系中，很多中國近代知識分子首先接受並使用這些舶來詞彙。也有很多人表示反對，但在具體的語言實踐之下，在近代詞匯猛然蜂擁而入的環境下，這些新詞匯逐漸被大眾所接受，成爲漢語語言體系的有機組成部分而保留了下來。白話文在總體上更加淺顯、易懂、活潑、生動，接地氣。民國時期的白話文一般分爲官話白話文（即京白，流行於北方）、吳語白話文（蘇白，流行於蘇南等地）、粵語白話文（粵白，流行於廣東一帶）、韻白（流行於河南一帶）等，還有一些不在此四大類中的各地「土白」。而官話白話文佔據了白話文的主導地位，其流行在標準國語的確立過程中起到了很大的作用。一方面，白話文運動使得國語標準的確立更加複雜，另一方面，在國語標準音的確定過程中，對京白的借鑒十分明顯。

在民國小學國語教育層面，經過白話文加工的書面語，即語體文，成爲了民國小學國語教育的主要形式。1920 年 1 月，民國政府教育部正式頒令，確認小學、國民學校的國文教育一律採用語體文，即白話文。此後，白話文運動又對大眾化口語進行了直接的促進。這些都直接對國語運動產生了影

響。建立於白話文運動基礎上的國語運動，最終影響到了小學國語教育的發展，而國語教育又對全國國民語言的統一與規範起到了積極作用。

二、左翼文化運動與小學國語教育

　　20 世紀 30 年代，左翼文化開始興盛。其運動領導人瞿秋白等人超越了白話文運動，提出反對國語，提倡以「普通話」代替國語概念，主張南北語音混合，以 1913 年全國讀音統一會通過的國音標準，即老國音，作為普通話的國音，甚至直接建議以上海工人階級的語言標準為主體來建構「普通話」。他們還對以北京話為主體的國語提出了異議。「左翼語文運動興起，力圖用『普通話』取代『國語』，同時對北京（北平）話作為標準語的地位發起進攻。」〔註7〕瞿秋白說：「無產階級不比一般『鄉下人』的農民。『鄉下人』的言語是原始的，偏僻的；而無產階級在五方雜處的大都市裏面，在現代化的大工廠裏面，他的言語事實上已經產生一種中國的普通話（不是官僚的所謂國語）！」〔註8〕魯迅：「現在在碼頭上、公共機關中、大學校裏，確已有著一種好像普通話模樣的東西，大家說話，既非『國語』，又不是京話，各各帶著鄉音、鄉調，卻又不是方言，即使說的吃力，聽的也吃力，然而總歸說得出，聽得懂。」〔註9〕瞿秋白等人是通過將普通話與國語分為兩個陣營，從人的群體性上去分析了。「對於普通話的產生場所，論者的認知並不一致：瞿秋白、聶紺弩都強調它是都市裏的『無產階級』創造的；鄭伯奇把它放在『封建社會』的衰落和『資本主義』興起的歷史脈絡中；魏猛克雖沒有直接使用這些術語，但他列出的場所名單，除了『客棧』、『飯桶』外，都屬於絕對的『現代』場域，其意應與其他幾位相通。因此，在歷史這一層次上，左翼文化人論述的重點都是『普通話』與新社會形態的關聯，也就是歷史中那斷裂的一面。比較而言，主張國語統一的人們，更側重歷史的繼承性，這只要看他們常把國語和官話並論就可見出。」〔註10〕但這場爭論的發起因素已經與前兩次爭論有本

〔註 7〕　王東傑：《「代表全國」：20 世紀上半葉的國語標準論爭》，《近代史研究》2014 年第 6 期，第 78 頁。

〔註 8〕　瞿秋白：《大眾文藝的問題》，《瞿秋白文集（文學編第 3 卷）》，人民文學出版社 1989 年版，第 15～16 頁。

〔註 9〕　魯迅：《門外文談》，《魯迅全集（第 6 卷）》，人民文學出版社 2005 年版，第 100 頁。

〔註 10〕　王東傑：《官話、國語、普通話：中國近代標準語的「正名」與政治》，《學術月刊》2014 年第 2 期，162 頁。

質的區別，不再是專門瞄準北京話的特殊地位而進行的了。這場語言運動因為號召採用大眾自己的語言來寫作，因此又被某些人稱爲大眾語運動。瞿秋白等人還制訂了中文的拉丁字母方案，希望以此取代注音字母。這個方案並在一定的群體中得到使用。1936 年以後，由於中國共產黨全國抗日統一戰線政策的實施，左翼文化運動的領袖們不再堅持以「普通話」完全代替國語，而是轉而主張拉丁化與國語的合流。20 世紀 30 年代開始的這次左翼文化運動所推出的「普通話」代替國語的潮流，儘管沒有實質性動搖民國小學的國語教育，但在一定程度上對小學國語教育的進行有所影響。

第三節　漢族區域群體文化的影響

去除少數民族地區的語言因素，在整個國語運動的啓動與推廣階段，最大的阻力不是來自學術界裏北京話派、會通派等國語派別的紛爭，而是來自於各個區域的漢族群體文化的現實阻力。「如果地方形式和方言土語問題和地方政治認同發生直接的聯繫，那麼，對於統一的民族國家的形成而言則是重要的威脅。」〔註 11〕中國是一個地域面積廣大、人口數量龐大，並具有區域性群體差異文化結構的國家。從大的範圍來看，有三晉文化區域、江淮文化區域、吳文化區域、嶺南文化區域、西南文化區域等，再細分至各個大文化區域內的小文化圈，如江淮文化區域內存在的淮揚文化、江海文化、金陵文化等更小範圍的區域群體文化等。雖然這些區域群體文化在歷史變遷中不斷交融，但自從明清以來，基本處於內涵相對固定的狀態。這些區域群體文化與其區域內漢族方言的存在與使用是一種體表關係。從某種程度上來考察，漢族各地方言並非是憑空存在的無本之木，區域群體文化就是這些方言的根，是其產生、存在與流行的核心支撐。在以人爲媒介的基礎上，文化靠語言得以傳播，尤其是區域群體文化，就是在長期的歷史過程中，依靠著具有同樣特徵的語言體系（即方言）的傳播而得以拓展或維持其存在；方言更是靠著某種同質性的區域群體文化的維繫而得以保持。因此，差異化的漢族區域群體文化的存在成爲民國國語教育推行的一個重要影響因素。

錢穆有過這樣的觀點，在近代語言的演變討論中，官民、夷夏、雅俗等各種視角皆被引入討論過程，這些視角在開拓語言發展論證空間的同時，卻

〔註11〕　汪暉：《現代中國思想的興起》，北京三聯書店 2004 年版，第 1506 頁。

使人往往忽視了這些論點中的地域色彩。事實上，在國語大辯論中，無論持北京派與會通派的學者們表現得如何公正、客觀、科學，其各派中的地域色彩與立場都是顯而易見並充斥於他們的文論中。所謂「官民之分和夷夏之別，各自從民權和民族理論中獲得了營養；至於雅俗之辨，則本具區分『天下性』與『地域性』的功能。」〔註12〕如雖然在國語大辯論中，亦有支持北京派的南方學者，但這些人早已居住、生活於北京，而北京化了。這一點我們不用避諱，也無須汗顏。身處各個漢族區域群體文化圈內的學者們爲各自方言代言，對於個體而言，本是一種最經濟與天經地義的方式。錢玄同說自從明清以來，「南北混一，交通頻繁，集五方之人而共處於一堂，彼此談必各犧牲其方音之不能通用者，而操彼此可以共喻之普通音。」〔註13〕這種局面的出現也僅是爲了交流而不得以的權宜之術，待各自回到家鄉，自然是方言更爲便利。之所以到了民國，才有國語概念的討論，也正因爲在明清其時，無論是實際要求，還是理論層面，統一的全國性的母語需求還未上升至國家語言統一、民族融合等高度。在民國國語教育推行的過程中，除了京音區域，其餘的漢族區域群體文化始終是其反向作用的一方，典型者莫非東北、山東等地。東北地區直至 1928 年底「改易旗幟」，才逐漸開始與中央政府政令統一。其間，東北地區的地方統治勢力都較強大，在語言教育政策上也長期與民國中央政府相左。張作霖、張學良執政東北時，爲博取舊派人物支持，其教育政令曾明確反對白話文，反對國語教育，造成小學國語教育在東北地區的推行十分艱難。而在日據時期，在其小學教育中，更是以日語殖民語言教育爲重點，難有國語的發展空間。在軍閥割據時代，山東地區也長期如此。這些狀況皆與當地所具有的較爲強大的語言保守勢力有關，而這些語言保守勢力與當地的區域群體文化亦有關聯。反觀江蘇，屬於中國近代化文化開拓、進步的領先區域，受其開明的群體文化影響，江蘇的國語教育雖也坎坷，但較京音外的其他省份，不可謂不先進，是全國國語運動的中心之一。雖有觀點上的差異，但其區域的知識分子群體大多接受或同情國語運動的發展。當孫傳芳佔領江蘇，想動搖國語地位時，也難有收效。可見，即便有人臆想在民國時期已不需要以文辭取士，以爲國語教育可以以一紙政令而通行全國，但也

〔註12〕 錢穆：《再論中國文化傳統中之士》，《國史新論》，三聯書店 2001 年版，第 212 頁。
〔註13〕 錢玄同：《文字音篇》，《錢玄同文集（第 5 卷）》，中國人民大學出版社 1999
年版，第 8 頁。

僅是臆想。終民國政府統治大陸時期，區域群體文化與小學國語教育的博弈就沒有停止過。

第四節　政府控制與國語教育

　　國語教育所具有的國家統一功能是民國政府所看重的，民國政府積極推行國語教育，也在某種程度上是爲國家統一而努力。民國時期，除了地方割據之外，由於日本入侵，國家長期得不到統一，以國語教育作爲維繫國民統一意志、培植國家意識，實現中央政府的有效控制，就顯得十分重要而急迫。在這方面，最典型者莫非臺灣地區。

　　臺灣地區在日據時期的奴化語言教育政策影響下，其日常語言已被日語所佔據。面對臺灣地區日語流行，漢語衰敗的狀態，爲實現語言通用，減少語言障礙，國民政府著重於從國語推行入手，迅速制訂和實施了一批針對性的語言政策。由於和內地隔絕太久，多數臺胞已視國語爲與自己方言無關的另一種語言，他們學習國語的態度、方法與學習外國語相同，即硬學和死記，而不能如內地各省人憑藉自己的方言，比較類推，舉一反三。這也充分顯示出爲實現政府的有效控制而積極推行國語教育的必要。「我們必須徹底地把其糾正，不僅要說本地語，而且更重要的要使學生能夠說國語寫國文。一個中國的國民，如果連祖國的文字語言卻不懂，那是很不好的。」〔註14〕推行國語教育成爲了推翻殖民政府影響、實現對臺灣實際控制的重要途徑。以致於臺灣省國語推行委員會副主任何容對外省來臺的國語教師們說：「我們是來臺灣作戰，同日本語文以及日本思想作戰。」〔註15〕推行國語教育，是實現臺灣地區「再中國化」的重要措施。由此考量，光復後的臺灣地區的國語教育與內地不一樣，是有政府的高度強制力參與其中的。早在臺灣還未光復前，臺灣調查委員會擬制定的《臺灣接管計劃綱要草案》就規定臺灣接管後，要限期逐步實現國語普及計劃，在臺灣各地小學內設立國語教育的必修課程，並且要求公教人員必須說國語。陳儀邀請了魏建功、何容、王炬三人至臺灣負責國語推行。1946 年 3 月，臺灣省行政長官公署教育處發布《臺灣省各縣

〔註14〕　吳乃光：《論臺灣當前的教育及語文教授》，臺灣省立臺南一中校刊編委會編：
　　　　《臺南一中校刊》1947 年第 1 期，第 2 頁。
〔註15〕　何容：《呼冤》，《論語半月刊》1947 年第 127 期，第 417 頁。

市推行國語實施辦法》，規定設立臺灣省國語推行委員會，在省內各地設立分會、推行所、講習工作站（班）等國語教育推行機構。臺灣省國語推行委員會成立後，由魏建功任總理會務，何容任副主任委員，下設調查研究組、編輯審查組、訓練宣傳組和總務組等，全面負責臺灣國語教育的研究、設計、調查、編審、訓練、視導、宣傳等事宜。在實踐中，臺灣的各個縣市都在政府行政力的強力推動下行動起來，從公務員隊伍到基層社會的普通老百姓，都受到了這股潮流的推動。在學校中，由臺灣省行政長官公署直接命令，自1946 年 8 月起，所有的中小學教師在教學時，一律用國語，或臺灣方言講授，禁用日語。日常用語也以國語為主，不許以日語進行，如有違背者，「決予嚴懲」。〔註16〕政府在臺灣小學國語教育中的強力介入可見一斑。

　　儘管由於臺灣地區的國語教育比內地更加困難，「我們要比內地同胞，多費一番『語言復員』的工夫」。〔註17〕但正因為憑藉著政府控制目標下的強力推行，臺灣小學國語教育的進步是十分顯著的。

第五節　民族融合目標與小學國語教育

　　從國語的建構出發點而言，國語要成為全國人民的共同母語。她不但是漢族各地方言區的民眾應該學會掌握的語言，也應成為少數民族地區所流行的語言。所以，國語運動的目標不僅是在內地漢族區域推行國語，也關注於在邊疆少數民族區域推行國語，即要通過國語來強化漢族與少數民族的關係，以及通過小學國語教育來團結漢族與少數民族同胞。在少數民族地區小學開展國語教育，除了培養國語語言技能外，還有著促進民族融合的特殊目標。「中國之民素以一盤散沙，貽笑於外人。推厥由來，未始非言語不通階之屬也。蓋言語不通，則感情不能親洽，自不能互相聯絡互相團結。以共謀一事。而地方界限之惡習以生。國語既相統一，則不啻導向之情睽意隔者以相見於一堂。向者之論鄉誼，今者之分省界。其惡習不期其除而自除。無論政治界學術界實業界，無不驟添活氣。國民活動之力，可以大增矣。」〔註18〕

〔註16〕　《事由：電令該校全體師生、縣市轉飭各級學校禁用日語合亟電仰遵照》，《臺灣省政府公報》1947 年第 60 期，第 947 頁。
〔註17〕　陳英洲：《關於推行國語的私見》，《臺糖通訊旬刊》1947 年第 10 期，第 26 頁。
〔註18〕　博山：《全國初等小學均宜改用通俗文以統一國語議》，《東方雜誌》1911 年第 3 期，第 5 頁。

換一個角度看，在國語的發展演變及少數民族小學國語教育的推廣中，民族融合既是目標，也是其出發點，是一個特殊的因素。

民族融合的立場對國語標準的確定產生著影響。民國政府教育部國語推行委員會曾成立全國方音注音符號修正委員會，由魏建功、黎錦熙、趙元任主事，負責制定全國方音注音符號。他們對全國方言和少數民族語言進行了大量的調查工作，於 1943 年提出了一個草案，提出：「按照人類語言發音的口舌部和方法音，將提出的音素比照國際音標，制定注音符號，綜合原有的國音注音符號，並添製了新的方音注音符號，列成一表，稱爲《全國方音注音符號總表》。」〔註 19〕這些工作不但涉及了漢語方言的因素，更考慮到了少數民族語言與國語的溝通，對於少數民族小學國語教育有一定的幫助。再如1947 年，設於齊齊哈爾的內蒙古軍政大學就建立了蒙古語文研究室，組成了17 名人員的研究隊伍，表明了對少數民族語言的重視。事實上，國語標準的制定、推廣一直就與宏大的民族融合主題相聯繫。「其實，漢語在其歷史發展中也是一個不斷吸納各民族語言成分的『大雜燴』，是一個融合了各民族語言藉詞並且優化了的中國語。」〔註 20〕一方面是爲了民族融合而儘量對少數民族學習國語提供方便；另一方面則是在少數民族小學國語教育中堅持著民族融合的目標。當然，也有學者反對將行政力量施力於國語教育，以爲這種方式對於民族融合的作用並不能深入，僅能產生一時的表面效果。黎錦熙就說道：「有一派頭腦簡單的人，主張憑藉政治的力量，和高度的文化灌輸，盡可以強迫通行國語國字（漢文），讓各種特殊語文自然減少以致於淘汰消滅。」〔註 21〕他認爲即使少數民族中一些具有較高文化水平的人士能夠接受這種方式，掌握國語，並運用國語與其他民族交流。但在文化水平普遍較低的少數民族群體中，「並不能夠發揮語言文字在一切設施上應當呈顯的效用。」〔註 22〕儘管存在著有些少數民族幼兒在母語技能上的暫時性欠缺，「單從語言學角

〔註 19〕 參見《方言調查研究所工作計劃》，教育部檔，檔案號 5－12288，二檔館藏；《全國方音注音符號總表（草案）》，教育部檔，檔案號：5－12300，二檔館藏；《方言調查研究所工作計劃》，教育部檔，檔案號 5－12288，二檔館藏。

〔註 20〕 趙傑：《論西部開發與西藏新疆諸民族的語言文化教育》，《寧夏社會科學》2007年第 1 期，第 123 頁。

〔註 21〕 黎錦熙：《國語邊語對照「四行課本」建議》，《文藝與生活》1947 年第 4 卷第2 期，第 2 頁。

〔註 22〕 黎錦熙：《國語邊語對照「四行課本」建議》，《文藝與生活》1947 年第 4 卷第2 期，第 1 頁。

度講，也許是人所最先習得的語言就是母語，而從大社會當中的各民族現實角度去理解，人所最先習得的語言並不一定是他的母語。」〔註23〕但只要有機會在其所屬的族群中生活一段時間，就很快能鍛練出其母語技能。原因只在於各民族的母語所具有的強大的生命力與適應性。只要這個民族保持有生存與發展的狀態，其母語即不斷在運用，永遠在進步，並不容易被統一的與本民族語言體系相距較遠的國語所替代。這些就是邊疆少數民族地區小學推行國語教育及國語教育在少數民族社群中推行困難的原因所在。

〔註23〕 額·烏力更：《也談母語和民族語言》，《黑龍江民族叢刊》2000 年第 3 期，第 117 頁。

第十章　民國小學母語（國語）教學實際效果的評價

　　「語文教育本質上就是一種文化傳遞過程，一種文化的生成和創造過程。」〔註1〕民國小學國語教育實施前，無論是全國語言通達方面，還是全國小學語言教育方面，都很難有統一共同的語言教育亮點。在少數民族地區，漢族與少數民族語言隔閡的情況十分嚴重。而在一些將宗教教育作爲啓蒙教育主要方式與內涵的少數民族地區，如實施伊斯蘭經學啓蒙教育的新疆地區，民族與民族之間語言的障礙更加嚴重。這是民國小學國語教學實施前的現實。

第一節　漢族區域小學母語教育情況評價

　　對於民國小學國語教學的效果評估，從整體上來看是呈一個上升的態勢的。民初，這方面的評估效果都很難令人滿意。1914 年時，李啓元曾評價當時的小學國文教學不但費力費時，而且效果不佳。「取近來小學畢業之國文成績觀察之，幾至一年不如一年。」〔註2〕黎錦熙評述這個時期，潮流雖然轟烈，但影響還未達於鄉村。「在民國五年文學革命潮流澎湃……這個潮流雖則很大，但在鄉村的小學校，多半是依照部章辦理，報紙雜誌上的文學革命，還

〔註 1〕　曹明海、陳秀春：《語言教育文化學》，山東教育出版社 2005 年版，第 18 頁。
〔註 2〕　李啓元：《論小學國語教授宜特別注意》，《京師教育報》1914 年第 4 期，第 1
　　　　～2 頁。

沒有知道。」〔註3〕乃至到了 1920 年，這種情況還是很明顯。「在民國九年一月以前，只有江蘇幾個特別的小學校教語體文，以外的，把語體文都認爲奇怪的東西，鄉村的小學，連聽都沒有聽到。」〔註4〕

對於小學國語教育的推行理想，民國學者們也懷有一些想像，如 1919 年，在《國語統一籌備會議案》中，有人推想「二十年以後，國音普及全國，窮鄉僻壤裏種田的男子，養蠶的女人，因爲附近的小學校裏用國音教授國語，以致他們也能講國語、讀國音，到那時候，就是他們看的淺俗書報，也可以國語國音編撰，無須更用方言方音了。」〔註5〕這份推想不但描繪了小學國語教育對全體國民國語普及的貢獻，也還提到了國語推廣普及後，各地方言的存續情況，字裏行間滿是自信之情。「但國語國音，可以用人力強迫早日普及，而國語國音普及以後，方言方音必無即日滅亡之理，並也不能用人力強迫他定期滅亡。」〔註6〕黎巾卉說自 1918 年起，不是官話區域的東南各省中，很多熱心國語的人士都在努力，安慶、蕪湖、南京、上海、寶山、南通、杭州、松江、寧波、鎮海、福州、廈門、廣州、瓊州等地皆是如此。「並且《小學用國語讀本》的銷行，差不多東南各省佔有全國二分之一，所以我敢說，國語在東南各省的宣傳，比官話區域要上緊些，成績也多些，當眞的，並非謬獎！」〔註7〕

但也有人對於國語教育的未來並不那麼樂觀，1920 年，有人評價：「這件事，單靠著教育部慢慢兒做去，不知何年何月方才普及，全靠各省高級的行政機關和公共團體，大家籌辦，才有些希望呀。」〔註8〕范祥善就對國語教育推行的難度有清楚的認識。他說：「不過從前有句話『言之匪艱，行之惟艱』。現在學校裏的教師，正是犯了這個毛病。你想教授國語一句話，說來很便，試問如何實行呢？據我所知道的：著名的各學校，正在那裡研究教授順序、教授案……等種種細工夫，次一些，雖也是在搖旗擂鼓，鬧得驚天動地，待到角色出場，怕要被看客喝倒彩呢？再次一些，就是形式上用了一本國語教

〔註 3〕 黎劭西：《國語教育底三步》，《國語月刊》1922 年第 6 期，第 1 頁。
〔註 4〕 黎劭西：《國語教育底三步》，《國語月刊》1922 年第 6 期，第 1 頁。
〔註 5〕 《國語統一籌備會議案三件》，《北京大學月刊》1919 年第 4 期，第 142 頁。
〔註 6〕 《國語統一籌備會議案三件》，《北京大學月刊》1919 年第 4 期，第 142 頁。
〔註 7〕 黎巾卉：《國語在東南各省的發展》，《晨報五週年紀念增刊》1923 年 12 月 1日，第 23 頁。
〔註 8〕 我一：《提倡國語的難關怎樣過度呢？》，《教育雜誌》1920 年第 4 期，第 8 頁。

科書，實際上依舊是挨腔挨板的朗讀，這真所謂『換湯不換藥』的一句俗話了。然而這種學校，倒占一個大多數，至於頑固派的反對國語，我也不屑和他辯論了。」〔註9〕即使對強力堅持國語教育推廣的這些學者而言，類似的感覺也常縈繞他們的心頭。在現實中，他們既自慰於「現在教育界上對於國語教育，可算盡了一些人事。」〔註10〕同時又深刻的感受到民初社會對於國語教育的排斥，以致於「學校為了教授國語，竟被家庭反對，社會唾棄。」〔註11〕實際上，他們自己也常常陷入使用國語的糾結。「自己做的這些文章，都還脫不了紳士的架子，總覺得『之乎者也』不能不用，而『的麼哪呢』究竟不是我們用的，而是他們——高小以下的學生們和粗實文字的平民用的，充其量也不過是我們對他們於必要時用的，而不是我們自己用的。」〔註12〕有人還建議在推廣國語教育的同時，不能減少方言方音的演講、方言方音的書報。雖然這些建議有其理由，但也可見社會上一些勢力對於國語推廣的障礙。「我國自教育部國語統一籌備委員會議，決以北平語為標準語以來，各小學並不注意實行，仍以方言教育。」〔註13〕直至1935年，民國政府一項統計表明，全國識字的人不超過20%。「這就是說中國有百分之八十以上的民眾們還不認識方塊的漢字呢。」〔註14〕而在國語普及上，「各地極大多數的人還是用著各地的方言。」〔註15〕有人曾講過這樣一個故事：「相傳有一個鄉下孩子，到北京去學買賣。整學了三年，才功行圓滿，回家省親。他一進家門，首先看見自己的父親。他急忙走向前，施了一禮，說一聲『爸爸您好！』誰知『您好』二字，尚未脫口，『拍！』的一下，他父親給了他個大嘴巴，他正在莫名其妙，就聽得他父親說：『你居然叫我『爸爸』！好小子！跟你『爹』都撇起京腔來了！』他這才恍然大悟，原來是『爸爸』得罪了『爹』。他趕緊謝過，說：『你老人家不必生氣。我在北京待了三年之久，叫『爸爸』，叫慣了。』他父親一聽，更是『怒不可遏』，高聲叫罵：『你在北京都是管誰叫『爸爸』，叫慣了？』」〔註16〕由這個故事，作者引申出：「在北平一帶，原來管自己父母叫『爸爸媽

〔註9〕　范祥善：《怎樣教授國語》，《教育雜誌》1920年第4期，第1頁。
〔註10〕　雲六：《國語教育的過去與將來》，《教育雜誌》1921年第6期，第9頁。
〔註11〕　雲六：《國語教育的過去與將來》，《教育雜誌》1921年第6期，第10頁。
〔註12〕　黎錦熙：《國語運動史綱》，北京商務印書館2001年版，第134頁。
〔註13〕　《教部屬行國語教育》，《時事月報》1930年第2卷，第202頁。
〔註14〕　途友：《拉丁化與方言統一》，《大同月刊》1935年第3期，第8頁。
〔註15〕　途友：《拉丁化與方言統一》，《大同月刊》1935年第3期，第9頁。
〔註16〕　老向：《論小學國語中的爸爸媽媽》，《眾志月刊》1934年第2期，第73頁。

媽』的，教科書上沒有再三使兒童複習的必要，因爲他們早已叫成了習慣。可是在與北平稱呼不同的地帶，教科書上也沒有使兒童再三複習的理由，因爲，這類親屬稱呼，沒有使兒童養成習慣的必要。」〔註17〕一些人以爲，國語普及並不是方言的結束，所謂「目的並不是在反對國語統一，而是在說明用一種方言來削平群雄於一尊，以使溥天之下莫非王土的這種方法是行不通的。」〔註18〕這也是一種觀點。

到了小學國語教學的實質性推廣階段，尤其是教育部通令全國各小學校改國文爲語體文後，全國各地小學校終於開始都要學習國語了。黎錦熙說：「好了，照部章辦事的鄉村小學校，現在也知道了，也要改國文爲語體文了。所以我從前說這道命令，實在是中國歷史一大改革。」〔註19〕

這段時期，民國教育界除了積極推行國語教學外，也開始對教學效果開展了一些評價工作。如1929年1月7日，民國教育部發文評價：「前國語統一籌備會前後辦理國語講習所四次，也並傳授注音字母。十年以後，中小學校大都能利用注音字母作語音字音的標準，不可謂非此等傳習之功。」有人說，推行國語「學校方面，不過閱讀幾本國語教科書，模倣幾句四不像的藍青官話，一般先生們、學生們，已覺得心滿意足了。」〔註20〕這是對國語教育推行不力學校的評價。各地也有一些相關的具體彙報。如上海崇明朱有成報告說崇明本地人將國民學校國音練習視爲外國書，「他們對於外國有一種天然憎惡心，所以他們看了像外國書似的書，極端的不贊成」；而「國語的語音和聲調，大都根據北京話，語調不同，還沒有多大的關係，語音不同，是個極大的難題，……這是鄉人腦筋中最反對的。」〔註21〕歐陽潤說湖南隆中在國語推行方面遭受到民間的巨大阻力。「而對於國語一科，不惟不甚發展，且或加以誹謗哪！我們當表白意思的時候，若去掉方言，他們必笑我們是『敲竹腦殼』。」〔註22〕綜合來看，很多地區「小學校雖然改了國語，文字障礙仍舊很厚，所以耳朵和口大有進步，眼睛和手依然如故。」〔註23〕在很多少數

〔註17〕 老向：《論小學國語中的爸爸媽媽》，《眾志月刊》1934年第2期，第74頁。

〔註18〕 陳丹企：《國語與方言》，《中國語文（上海）》1941年第3～4期，第166頁。

〔註19〕 黎劭西：《國語教育底三步》，《國語月刊》1922年第6期，第1頁。

〔註20〕 雲六：《推行國語教育的我見》，《教育雜誌》1922年第2期，第1頁。

〔註21〕 朱有成：《鄉村地方推行國語的難處和救濟的方法》，《國語月刊》1922年第8期，第4頁。

〔註22〕 歐陽潤：《湖南寶慶隆中團的國語狀況》，《國語月刊》1922年第8期，第2頁。

〔註23〕 《國語統一籌備會第四次大會議案全文》，《國語月刊》1922年第9期，第10頁。

民族聚居區，這樣的情況更加普遍。「其能應用現代學校教育方式傳授民族語言者，只有新疆之突厥系各族，其歷史亦不過十年，教材缺乏，字母使用及拼音標準尚多不能一致。」〔註24〕

　　一些觀察從宏觀上指出小學國語教育還需要時間的積澱以及強力的監督制度，才能有實效。「國語教育，亦一重大問題，進來各縣小學，各師範，各中等學校，改授國語科者，類多有名無實，設非省有專員，隨時視察，周歷指導，分別獎懲，恐十年二十年，國語空氣，不得濃密。」〔註25〕有人說民國雖然有種種小學國語教育推行的措施，但在實施上，卻並不如人意。葉霖說：「除卻城市小學以外，在一個縣份是很少有實施的，至於談到鄉村小學中的語言統一訓練，那更是不足道了。」〔註26〕

　　在很多較為封閉閉塞的地區，即使學生在小學中學習了國語，但回到家中後，他們所學習的國音並無使用之地，「家人談話，不肯用國語。也是習慣成自然的緣故。」〔註27〕家長們往往以為國音難懂，而依舊逼迫孩子講習方言。「做父母的不肯改，要做子弟的先改，一家的人不全改，要一部分人先改，就是難事。」〔註28〕從學生自身來說，「從小講慣的土語，不容易改口。我國地方大，一地方有一地方的土語。同在一個地方，還有特別的名詞、特別的語法，要叫他一概犧牲，談何容易。」〔註29〕在這樣的語言環境下，學生的國語學習效果很難得到鞏固。「今使一出校門，而入於耳者，仍盡是娓娓之鄉談，則每周數小時之教課，果能奏若干之效果也？」〔註30〕趙廷為就坦承道：「倘然兒童在校內和校外的實際生活中仍然應用土語而不應用國語，那麼，兒童雖讀熟了一百部漢字注音的教科書，也是不中用的。」〔註31〕所以，也有時人評價，要完成中國的語言統一絕不是一個短期的工作。「這工作至少也

〔註24〕　芮逸夫：《中國邊疆民族之語言文字及其傳授方法》，《中國邊疆》1948年第11期，第3頁。
〔註25〕　《國語統一籌備會第四次大會議案全文》，《國語月刊》1922年第9期，第15頁。
〔註26〕　葉霖：《國語教學上的語言統一訓練問題的研討》，《安徽教育輔導旬刊》1936年第28期，第25頁。
〔註27〕　我一：《提倡國語的難關怎樣過度呢？》，《教育雜誌》1920年第4期，第1頁。
〔註28〕　我一：《提倡國語的難關怎樣過度呢？》，《教育雜誌》1920年第4期，第1～2頁。
〔註29〕　我一：《提倡國語的難關怎樣過度呢？》，《教育雜誌》1920年第4期，第1頁。
〔註30〕　羅重民：《國民之統一與國語之統一》，《學藝》1917年第2期，第7頁。
〔註31〕　趙廷為《小學國語教學問題》，《國立中央大學教育叢刊》1934年第2期，第9頁。

得經過三個世紀以上的時期才能收效。而且，照這樣，這一件統一工作還是發展得很不自然。」〔註32〕如果沒有其他條件，尤其是交通條件的配合，這樣的工作則更加艱難。「我們如果要使語言統一，其最重要一點倒還是先溝通各地的交通，組織交通網，利用這一個媒介體，而是各種不同的語言由經常接觸而自然地統一起來，以這樣的方式來達到其目的，比要一個素來沒有聽過見過國語的無知民眾，硬緊計牢一個字的發音比較迅速而合適吧？何況中國土地面積這般廣表。不使各地在關係互相多生接觸，而先要是連隔兩地的地方講一種相同的話是合乎邏輯的嗎？」〔註33〕

但也有一些評價具有現實的指導意義。如1922年，北京國語總會就對全市的小學國音字母的教學效果進行了測試，結果如下表〔註34〕：

學　　校	得將人數	加獎人數	學　　校	得獎人數	加獎人數
公立第十九小學	18	0	女高師附屬小學	22	2
公立第八小學	4	0	第二女子小學	19	0
公立第三十四小學	12	0	公立第十小學	58	6
第一女子小學	12	0	公立第三十五小學	12	0
高師附屬小學	109	2	公立第四小學	104	15
公立第二十三小學	30	0	公立第十三小學	51	8
公立第二十四高小	17	0	公立第十五小學	30	0
公立第二十六高小	8	0	公立第二十二小學	51	4
公立第三十一高小	3	0	公立第二十七小學	30	0
公立第四十高小	3	0	平民補習學校	16	1
普勵小學	14	0	師範一部分	19	6
第二十四國民學校	9	0	公立第十八小學	48	2
公立第一兩等學校	3	0	第一國民學校	8	0
公立第三小學	3	0	公立第十一小學	68	2
公立第五小學	7	0	公立第十二小學	7	0
公立第六小學	6	0	公立第十七小學	80	6
公立第二十五小學	9	0	公立第三十六小學	7	0

〔註32〕 希行：《也來談談關於方言劇》，《中國語文（上海）》1941年第3、4合期，第162頁。
〔註33〕 希行：《也來談談關於方言劇》，《中國語文（上海）》1941年第3、4合期，第162頁。
〔註34〕 《國語界消息》，《國語月刊》1922年第11期，第1頁。

公立第三十八小學	9	0	第三女子小學	2	0
東郊第一小學	17	1	平民第三小學	18	0
平民第一小學	7	1	共計	949	56

　　從上表可見，儘管是同一個北京市的學校，其在小學國語教學方面的效果差異還是很大的，並不均衡。再如吳縣地區各高等小學中，每個星期用於國語會話教育的時間僅有一、二小時，「其餘仍舊是『之乎者也』的鬧個不清。」〔註35〕這個情況普遍存在於全國的小學中。王家鼇稱：「據我的朋友說，方才知道不單是我們吳縣高等小學是這樣的，各處差不多都是這樣。」〔註36〕范祥善就評判各地小學在進行國語教育時，很難達到教育部的基本要求，如「就是畢業最低限度內所定的初級小學識普通的文字二千個左右，高級小學識字累計三千五百個左右，也是一種虛構之談，並沒有經過甚麼調查統計的工夫，嚴格說來，那裡可以信得過。」〔註37〕何仲英說：「有個人說的好：『為什麼一個人進學校，在上海要學蘇白，在北京要學京腔。』」〔註38〕頗有諷刺意味。

　　師資問題是很多學者所關注到的因素，他們認為小學國語教學推行不力的一個重要因素就是合格的國語教師的缺乏。趙廷為就直述：「與其努力於漢字注音的運動，還不如先努力來解決這更根本的師資問題。」〔註39〕而師資是否合格，對於國語注音的教學效果又有極大的影響。沒有合格的小學國語教師，不可能嫻熟的教授漢字注音的教科書，其教學效果難以保障。「我敢說有些鄉村小學教師還不懂得注音符號的，叫他在國語教學上，怎樣去從事訓練呢？」〔註40〕「然而可惜的是：領導這個運動的人們沒有注意語言同化的自然規律，不知道從各地方言的交互影響，因勢利導，而只是機械的片面的推行法定的國語。即那已經失去全國中心都市地位的北平的方言。於是注音符號除了在小學教科書的生字旁邊和國音字典上注國音以外，便沒有別的用處了。……就小學的國語正音教育來說，因為缺乏說北平話的師資，也就大

〔註35〕 王家鼇：《高等小學的國文應該快改國語》，《國語月刊》1922 年第 3 期，第 9 頁。
〔註36〕 王家鼇：《高等小學的國文應該快改國語》，《國語月刊》1922 年第 3 期，第 9 頁。
〔註37〕 范祥善：《小學國語教學法的將來》，《新教育》1925 年第 3 期，第 458 頁。
〔註38〕 何仲英：《提倡國語與研究方言》，《約翰聲》1923 年第 2 期，第 62 頁。
〔註39〕 趙廷為《小學國語教學問題》，《國立中央大學教育叢刊》1934 年第 2 期，第 9～10 頁。
〔註40〕 葉霖：《國語教學上的語言統一訓練問題的研討》，《安徽教育輔導旬刊》1936 年第 28 期，第 25 頁。

半不能實施。」〔註41〕

　　注音教學與實際國語教學效果也緊密相關。小學國語教育中常使用每字注音的方式，以簡化、熟練學生學習的過程，促進學生的學習。在課堂教學中，這種做法有其利處，但亦存在不利之處，「今後我們在社會生活中閱讀的材料，決不會是每字注音的。如是兒童在社會生活中必須要閱讀的各種材料，仍是不注音的，但其在學校中所用的教科書，卻已經是每字注音的了。兒童在學校裏所獲得的訓練，與社會上所需的閱讀活動，根本不同。這乃是背反教學原則的一件事。」〔註42〕由於在課堂教學時每個字都注音，給予學生的幫助太多，以至於他們產生了依賴。在小學國語教學中，因為教者難以達到統一的標準國音教授的水準，學生也得不到標準國音的受教。「因此之故，一般短期小學，有對於注音絕對未教者，有教過而不能應用者，有能應用而實際反生困難者。」〔註43〕尤其是在與國音標準差異較大的南方方言區內，這種情況更加明顯。「但在非國音區內不容易利用他來統一國語，本有國語普及的作用，但在非國音區內反因而增加許多困難，不能為普及教育的幫助。」〔註44〕恰如黃德安所說：「現在各地短期小學對於注音教學，有的拘守課本上的注音，屬行國音平調，有的變更課本的注音，仍用方音鄉調。有的對於國音與方音，平調與鄉調，躊躇不定，無所適從。有的根本上不知道注音，或不注意注音，對於注音符號，視同贅疣，不加理會。」〔註45〕

　　以上這些情況也為民國小學國語教學評估帶來了動力。很多學校還自發組織參與與國語教學有關的比賽。1921 年，山車輞阪小學就每周都組織小型的演講會、辯論會，「起先的時候，大家覺得很不高興，後來也慣常了。」〔註46〕1922 年 1 月 11 日晚上 7 點，在上海的寧波同鄉會會館裏，上海很多學校聯合組織了國語運動學藝大會。加入表演的，有坤範女中學、民生女學、國

〔註41〕 伯韓：《方言的使用和研究》，《文化雜誌》1942 年第 3 期，第 10 頁。
〔註42〕 趙廷為《小學國語教學問題》，《國立中央大學教育叢刊》1934 年第 2 期，第 10 頁。
〔註43〕 黃德安：《短期義教如何注意國語的統一與普及》，《湖南義教》1936 年第 38 期，第 293 頁。
〔註44〕 黃德安：《短期義教如何注意國語的統一與普及》，《湖南義教》1936 年第 38 期，第 293 頁。
〔註45〕 黃德安：《短期義教如何注意國語的統一與普及》，《湖南義教》1936 年第 38 期，第 293～294 頁。
〔註46〕 王家鰲：《試行國語教學後的大略報告》，《教育雜誌》1921 年第 8 期，第 11 頁。

民公學、北區公學、萬竹女校、國語專修學校、奉賢女校、開智小學、紫金小學、養正小學、養性小學、飛虹小學等眾多學校。〔註 47〕演講是最能直接反映學生國語綜合素質的項目，所以演講比賽在很多學校都有開展。1931 年，集美男小學為了鼓勵學生練習口才及國語，進行了國語演講比賽，由高年級每班出選手 3 名參加。比賽開始前 30 分鐘，才由校長親自揭示演講題目為《集小學生應否學習英語》。「各演員接到題目後，均聚精會神，預抒發表意見。屆時即相繼登臺發揮，態度聲音，俱頗自然清晰。」〔註 48〕其時，各地小學國語教育的比賽活動此起彼伏，精彩不斷，也啟發了全國性的相關活動。1934 年 9 月，教育部就向全國各地的教育廳轉佈了《全國小學國語文競賽會辦法》，在全國範圍內組織國語文競賽活動。其宗旨是「競賽國語文，促進國語普及」，其參與者「以全國公私立小學校學生為限」〔註 49〕，這些活動的組織與開展在一定程度上有助於小學國語教學的發展。

　　1947 年，有人曾對臺灣地區國語教育運動的效果進行評價，說有了長足的進步，而其中進步最快的就是小學生。「臺灣的國語運動，自光復以來，總算有了長足的進步。說得最好的是小學生，其次是中學生，再次恐怕就要算商人了。」〔註 50〕也有時人談到臺灣國語教育運動的效果。「二年前我們剛到臺灣之時，正如走到一個外國，他們的話我們是沒有一句聽得懂的；可是假使你們現在再到臺灣去，在臺北或基隆上岸，你們一定可以聽到比閩南語更容易懂的一種語言，在客客氣氣地招呼著你們。這是語言教育運動的成績，現在臺灣語運動可說已經成功了。」〔註 51〕這些評價都肯定了國語教育的價值。

第二節　少數民族地區小學母語教育情況評價

一、區域性差異

　　在小學國語教育推行的部令下，少數民族地區小學國語教育亦有一定的

〔註 47〕　《國語界消息略誌》，《國語月刊》1922 年第 1 期，第 1 頁。
〔註 48〕　《男小學校消息甲組國語演講比賽》，《集美週刊》1931 年第 274 期，第 11 頁。
〔註 49〕　《全國小學國語文競賽會辦法》，《河北教育公報》1934 年第 27～29 期，第 19 頁。
〔註 50〕　味橄：《臺灣的國語運動》，《臺灣文化》1947 年第 7 期，第 6 頁。
〔註 51〕　何容、朱實儒：《語言教育的重要在臺灣：日本人是怎樣統治臺灣的》，《國民教育輔導月刊（上海）》1948 年第 6 期，第 7 頁。

進步。根據 20 世紀 30 年代的統計，民國教育部在 1935 至 1938 的短短四年間，設立了 2375 所邊疆小學，具體分佈爲：甘肅省（55 所），青海省（143 所），寧夏省（14 所），西康省（5 所），雲南省（35 所），貴州省（12 所），四川省（15 所），湖南省（100 所），新疆省（1412 所），綏遠省（29 所），察哈爾省（13 所），廣西省（541 所），西藏（1 所）。其中，新疆建設的最多，佔了一半以上，而西藏則僅有一所，可見邊疆小學在建設數量上存在著區域差異。在這些邊疆小學中，基本都設有少數民族語言課程與國語課程，承擔著小學國語教育的任務。到了 1949 年，梁素人評價：「十八年來爲少數民族而設的國營邊疆學校僅有四二校，三〇五班，九六一一學生，卻散佈在面積遼闊的十五省區，二千萬人口裏，真是鳳毛麟角，渺小可憐的數字。」〔註 52〕

　　在少數民族小學國語教育推廣的評價上，區域性差異非常明顯。如 1938 年設立的國立拉薩小學，有藏文班、回文（即阿拉伯文）班、國（漢）藏文班，設有藏文、國語、算術、歷史、地理、公民、常識、音樂、圖畫、體育、習字和阿拉伯文等課程。該校初期僅爲不足百人的學生規模，除了少數藏族學生外，大部分是維吾爾族、漢族及外商、尼泊爾官員的子弟。該校於 1949 年停辦，但全部高小畢業生僅有 12 人。〔註 53〕從小學國語教育的推廣效果上看，這所學校幾乎沒有建樹。在新疆地區，則有相對更多的努力。在教育部令的要求下，凡是有辦學條件的縣城學校都在努力貫徹相關命令，疏勒、莎車、澤普、麥蓋提、巴楚、伽師、阿圖什等少數民族聚居地區先後建立起了學校。1932 年，新疆的各個縣僅有 1、2 所小學，短短 4 年後，僅莎車一地，學校數目即達 199 所，學生 22000 多人。這些學校基本都有漢語課程。如柯坪縣學校內設有國文（漢語）、修身、算術、維吾爾文等語言課程。塔爾迪吐然學校（後改爲伊犁區立鞏乃斯學校）開設了哈薩克文、漢語等課程。1934 年起，維吾爾、哈薩克等族民族文化促進會陸續建立並創辦了不少小學，在這些會立小學中，基本上都有漢語課程。僅 1937 年哈薩克文化會即創辦了學校 275 所，學生規模達到 14322 人，這些學校開設有語文課程，小學高年級則有漢語課程。至 1940 年，新疆公立與會立小學中的少數民族學生已經達到 210019 名，其中含維吾爾族學生 162378 名，哈薩克、柯爾克族學生 34412 名，

〔註 52〕　梁素人：《新中國的少數民族教育問題》，《中華教育界》1949 年第 9 期，第 16 頁。

〔註 53〕　多傑才旦：《西藏的教育》，中國藏學出版社 1991 年版，第 57～59 頁。

回族學生 4723 名，蒙古族學生 1868 名，塔塔爾族學生 1151 名，烏孜別克族學生 721 名，俄羅斯族學生 2458 名，滿族學生 182 名，塔吉克族學生 46 名。〔註 54〕許景灝在《新疆志略》中稱 1942 年，新疆僅會立學校即達 1883 所，學生 180035 人。少數民族地區小學的開辦數量也對小學國語教育的推廣有直接影響。如 1936 年，經過努力，雲南省已設立省立小學 34 所，雖然這些小學的國語教育還存在著課本選擇等方面的困惑，但是其規模及效果已有客觀呈現。1938 年，寧夏全省已有小學 200 餘所。〔註 55〕同年，青海全省也有「回民小學十五所，學生有二千人左右，初級小學七十六所，學生有四千人左右。」〔註 56〕這些少數民族聚居區域的小學數量與密度雖然不能與內地或漢族地區相比，但縱向比較，進步十分明顯。

二、有利於少數民族小學國語教育開展的原因

　　首先是這些地區普遍實行了有利於小學國語教育推廣的教育政策。

　　早在清末，新疆地區就在一定程度上推廣著漢語教育。到了民國時期，在楊增新執政新疆時，他雖然認同「強迫維吾爾族兒童直接接受漢語授課，給開發維吾爾族兒童早期的智慧帶來了一定的損失。」但他也以為「此舉已經進退維谷，與其功虧一簣，不如逆流而上，繼續推行漢語學習。」「這種努力最後所造就出來的是一批活躍在二三十年代新疆政界和文化界的出類拔萃的人物，其中的一些人全然是陰錯陽差代人入學，而後來進入較高的社會層次。」〔註 57〕民國中央政府還在寧夏、貴州、西康、西藏等地設立了實驗中心學校，重點進行語言教育。「以迎合其特殊環境與實際需要」，「其語言文字教學方法，均與內地小學不同。」〔註 58〕1946 年，新疆伊犁根據《和平條款》，實行了維文與漢文並行的行文政策。1949 年 7 月，新疆省政府再次發文，通

〔註 54〕　李儒忠、曹春梅：《新疆少數民族「雙語」教育前年大事年表（之一）》，《新疆教育學院學報》2009 年第 2 期，第 9 頁。

〔註 55〕　貫繼英：《如何改進戰時西北的回民教育》，《邊疆半月刊》1938 年第 10～12 期，第 1 頁。

〔註 56〕　貫繼英：《如何改進戰時西北的回民教育》，《邊疆半月刊》1938 年第 10～12 期，第 1 頁。

〔註 57〕　王澤民：《試論民國時期的新語文政策》，《新疆地方志》2007 年第 2 期，第 54 頁。

〔註 58〕　《教育部邊疆教育現狀》，《邊疆服務》1943 年第 5 期，第 22 頁。

令各單位公文國文通用。〔註 59〕這些政策都爲新疆地區漢語教育的開展提供了支持。

在漢語教育的成果上，不同的少數民族聚居區之間，如新疆與西藏地區存在著巨大的差異，除了各少數民族聚居區內語言學習環境、習慣的差異之外，雙語師資的培養工作是其中一個重要的原因。

1935 年，新疆省立師範即開設了維吾爾族師範班，年制 3 年。1939 年又開始創辦哈薩克族 3 年制師範班。同時新疆學院以語文系國語專修科（兩年制）招生，培養維吾爾、哈薩克族學生學習漢語，這些畢業生大都作爲雙語師資而進入各級學校，充實了當地的雙語師資隊伍。

外國傳教士在我國邊疆少數民族地區進行的宗教傳道教育雖然具有文化侵略的性質，但在客觀上也加強了這些地區少數民族接受國語教育的基礎。他們所創辦的宗教學校，其中提供小學教育階段的語言教育，對於少數民族學生接受漢語教育有很大的幫助。如在西南地區，無論是雲南的瀾滄、車裏，還是漢越鐵路沿線，都有英法傳教士所創辦的學校。僅在卡瓦山一帶就有學校 17 所，福音宣講所 90 處。在羅黑山一帶有學校 14 所，福音宣講所 136 處。這些機構在語言教育上的效能也不能爲我們所忽視。

三、不利於少數民族小學國語教育開展的原因

少數民族聚居地區的教育基礎較內地薄弱，單薄的基礎教育事業無論在體量規模上，還是質量上，都難以滿足小學國語教育推廣的重任。如西北的甘肅、寧夏、青海等省份，是回族聚居區域，「而回民教育，至今仍較內地各省落後。各縣中初級小學不易多覯，中學校更寥落晨星。」〔註 60〕在一些地區，政府經常挪用小學教育經費，方東澄說：「就像某省本來由中央撥出一筆轉款辦理藏回各族小學教育，而教廳竟移作某學院的教育經費。」〔註 61〕也是少數民族小學國語教育開展不暢的原因之一。

一些少數民族聚居區流行著漠視教育的風氣，不願意接受漢族所主導的教育模式。

〔註 59〕 李儒忠、曹春梅：《新疆少數民族「雙語」教育前年大事年表（之一）》，《新疆教育學院學報》2009 年第 2 期，第 10 頁。

〔註 60〕 賈繼英：《如何改進戰時西北的回民教育》，《邊疆半月刊》1938 年第 10〜12 期，第 1 頁。

〔註 61〕 方東澄：《邊疆教育問題概論》，《邊疆半月刊》1937 年第 2 期，第 12 頁。

　　曾在西北藏區從事教育工作多年的俞湘文就明顯的感受到當地藏民在爲子女選擇教育內容時，對於漢族文字教育所普遍具有的受壓迫感。「其最大理由是在於心理方面，以爲一個民族既有他們固有的文字，若要強迫他們研究另外一族的文字，會使他們意識到在受另外一族的壓迫而反感。」〔註62〕他舉例說 1943 年初，康根小學成立時，就受到了當地藏民的反對。「民眾反對設立學校的原因有三：第一、該區社會裏的小孩子，到入學年齡時就已成爲家庭中的生產力的一分子，抽去一名當學生，猶如抽去了一份勞動力。第二、該地文化落後，生活簡單，大部分感覺不到教育的需要。第三、民眾以爲學習另一民族的文字似乎喪失了其民族的自尊心。」〔註63〕可見，除了對於漢語教育的排斥，這些民眾由於生活環境、家庭情況以及教育回報期待等原因，也對子女教育缺少興趣和動力。回族學者艾沙曾對新疆教育有一定瞭解，他總結了回民不願意接受漢族語言教育的原因有四點：一是回民們的宗教信仰濃厚，認爲接受了漢族語言及文化教育，就會不知不覺中失去對自己原本宗教信仰的堅持。這一觀點在阿訇中十分流行，也成爲他們積極反對漢語語言教育的藉口。馬福祥說：「所以在社會上無形中形成一種風氣，以讀漢書爲恥。」〔註64〕二是回民們普遍對漢族文化持有一種鄙視的姿態，以爲漢族文化中沒有什麼眞的有價值的學問，所以不願意去瞭解與學習。三是回民從清末開始，即對漢族懷有戒心，總以爲漢族語言教育與文化教育帶有民族同化的陰謀。而越是漢族教育官員催逼回民子弟學習漢語，越相反造成回民的牴觸情緒。「兩種極相反心理，交互作用，遂使回民不讀漢書問題更爲複雜化。」〔註65〕四是他們認爲學習了漢族語言的回民大多會與漢族官員相聯繫，「且專爲漢官充舌人，當『走狗』，是爲本民族的敗類，所以回民民眾大多認爲學漢文毫無任何實用利益，而且有害，「學者愈多，民族基礎，愈趨動搖。」〔註66〕馬福祥也贊同這些觀點，說：「故學生時有逃亡，動須官廳票緝，強迫過甚，則相率投入俄籍，以求庇護。」〔註67〕所以一些少數民族地區出現了強徵少數民

〔註62〕　俞湘文：《西北游牧藏區之社會調查》，商務印書館 1947 年版，第 91～93 頁。
〔註63〕　俞湘文：《西北游牧藏區之社會調查》，商務印書館 1947 年版，第 91～93 頁。
〔註64〕　馬福祥：《蒙藏狀況》，蒙藏委員會印行 1931 年版，第 112 頁。
〔註65〕　馬福祥：《蒙藏狀況》，蒙藏委員會印行 1931 年版，第 112 頁。
〔註66〕　艾沙作、矯如述：《新疆回民教育之回顧與瞻望》，《邊鐸》1934 年第 2 期，第 6～7 頁。
〔註67〕　馬福祥：《蒙藏狀況》，蒙藏委員會印行 1931 年版，第 112 頁。

族學生來學習，而非他們自願求學的情況。「學生多數是接近夷區的漢人，而非夷族子弟。夷族子弟來入學的，都以強制手段徵來的。」〔註68〕一些地區甚至以官位與俸祿相引誘，乃至採取強迫攤派的手段，吸引少數民族子弟入學，但自願入學者依舊寥寥。

少數民族聚居區的一些所謂的「教育」，其實質卻是宗教教育，與世俗教育有很大區別。

在新疆、西藏地區，這種教育模式很常見。如在新疆地區，很多家庭在其孩子實行割禮以後，就將其送到宗教場所進行學習。但在這些場所進行的教育完全是為培養孩子的宗教信仰而服務的。在這些宗教場所進行的學習內容主要是將一些阿拉伯語的宗教經典進行背誦，方法十分機械，很多孩子經過幾年學習，即使能夠背誦的很熟練，但對於阿拉伯語的字母拼音、意義等，仍很不明白。而在西藏地區，實際上缺乏宗教內容以外的藏文書籍，如果要將藏文教育作為普及教育的途徑，其成本是浩大的，因為需要將宗教外的講述新知識的書籍翻譯為藏文。「這不但工程浩大，且這種翻譯工作的人材並不易搜求，困難太多。況且藏族俗人幾全是文盲，即使翻成許多藏文書籍，對於他們仍是無濟於事，還是要從基本的識字階段開始，所以要用邊民自己的文字來推廣教育，並不是短時間可能實現的事情。」〔註69〕而藏文也大多只有宗教界人士才掌握，平民中掌握藏文的也不多。

即使一些少數民族小學生接受了學校教育，學習了漢語，但在一些少數民族聚居區語言氛圍環境的限制下，也很難在生活中使用漢語。尤其是在一些少數民族語言使用正常、有較大影響力的少數民族聚居區域中，漢語的使用空間十分狹小。王一影說：「除土司土目階級外，民族民間是很少能講說漢語的。然而各地的邊民學校，大部分是用國語或土語教授漢字，在整個國家教育方針上說，固然不錯，不過在教學的方法上來說，來入學的夷族學生既不易聽懂，而不科學的方塊漢字，更使夷族學生感覺得記憶是非常的困難，所以夷族青年子弟視讀書為畏途，而先生學生之間，更以語言的隔閡，不能互通情感，所以實不易談到教學上的成果；就是夷族青年子弟，在學校中努力記得幾個漢字，學會幾句漢話，回到家中，無處應用，一頃刻便都忘了。」

〔註68〕 王一影：《泛論邊疆夷族青年的教育訓練》，《邊政公論》1941年第3、4期合刊，第97頁。
〔註69〕 俞湘文：《西北游牧藏區之社會調查》，商務印書館1947年版，第92～93頁。

〔註 70〕長此以往，這些學生覺得學習漢語沒有用處，也對學習產生了抗拒的情緒。「所以夷族青年視讀書為畏途，先生學生之間更以語言隔閡，不能互通情感，教學上難有功效。」〔註 71〕漢語沒有成為當地少數民族必不可少的交際工具，自然失去了對少數民資子弟的吸引力。1944 年，新疆警務處曾經做過一個調查，稱新疆人口占前三位的維吾爾族、蒙古族、哈薩克族共有人口400 萬左右，其中絕大部分使用本民族語言。使用漢語的主要是漢族、回族、滿族等，其總人口不過 33 萬，僅占全疆總人口的 0.07%。從民族分佈情況來看，漢語的使用範圍也是有限的。「漢族主要分佈在北疆地區，1944 年，據新疆省警務處的統計資料，人口 222401 人，北疆地區的漢族人口的比重為65.0%。1949 年，新疆漢族人口為 29.10 萬人。以迪化、奇臺、綏來（今瑪納斯）三縣市人數較多。」〔註 72〕可見，當時漢語不是該地區主要使用語言的地位也限制了小學國語教育在當地的推廣。

在小學國語教育實施的同時，對於國語標準的爭論依然在持續，這些爭論也影響到了小學國語教育的進行。「由方言的分化到民族共同語的形成，這是一個複雜的過程，這裡伴隨著古老民族的不斷融合與混合，同時政治與經濟的集中，使語言形成一種向心的運動，同離心的運動（方言不斷分化）作鬥爭，經過漫長的歷史時期才會形成與穩定下來。」〔註 73〕方言區的一些小學教師對方言懷有感情，在教學過程中，自覺不自覺的使用方言的情況十分普遍。「在提倡統一國語的聲浪之下，每一個學生不得不對於每一個漢字，兼學一個土音和一個國音。」〔註 74〕有人說：「文字在方言變成普通話的過程中不是不曾起作用，但主要的不是那種國音字典和注了國音的小學教本，而是用北方口頭話寫的小說、劇本和雜誌文等。」〔註 75〕「在中國這一小學階段，

〔註 70〕 王一影：《泛論邊疆夷族青年的教育訓練》，《邊政公論》1941 年第 3、4 期合刊，第 97～98 頁。

〔註 71〕 王一影：《泛論邊疆夷族青年的教育訓練》，《邊政公論》1941 年第 3、4 期合刊，第 97 頁。

〔註 72〕 娜拉：《清末民國時期新疆民族人口與分佈格局》，《黑龍江民族叢刊》2006年第 3 期，第 89 頁。

〔註 73〕 周雙利：《馬克思、恩格斯論民族與民族語的形成》，《內蒙古民族大學學報》（社會科學版）1983 年第 1 期，第 40 頁。

〔註 74〕 趙廷為：《小學國語教學問題》，《國立中央大學教育叢刊》1934 年第 2 期，第6 頁。

〔註 75〕 伯韓：《方言的使用和研究》，《文化雜誌》1942 年第 3 期，第 10 頁。

連本國文字還沒有弄得清楚，這樣進步自然是慢的。」〔註76〕而更加複雜的是，民國小學國語教育的推行，還引起了民眾語言心理上的變化。「受不同方言習慣的影響，推行國語亦引起民眾方言觀念上的文化衝突，這一集體群像充分體現了中國現代文化轉型過程中複雜的社會面相。」〔註77〕

〔註76〕 穗子：《方言統一的楔子》，《文藝（南京）》1943 年第 1 期，第 25 頁。
〔註77〕 賈猛、崔明海：《認同與困惑：近代白話文推行的社會反應》，《學術界》2011
　　　　年第 6 期，第 208 頁。

第十一章　民國小學母語（國語）教育的民眾能動性

　　民國小學國語教育的推行大多依靠學術界、教育界人士的倡議與實踐，就其大眾化過程來看，普通民眾對於小學國語教育的能動性一直沒有得到積極的調動。雖然官僚、商人階層，以及大部分中上層知識分子等群體對國語持有熱情的態度，但大部分普通中下層民眾卻對國語教育推廣沒有積極投入，對於小學國語教育更是無感。普通民眾在小學國語教育方面動員不足的原因很多，其中最主要的莫過於各個漢族方言區域群體性心理因素、一些地區的少數民族輕學風俗、語言使用生態的堅守與變化、民眾國家意識是否覺醒等因素的影響。

第一節　各個漢族方言區域群體性心理因素

　　學習母語有兩個方式，一種是自然狀態的學習；一種是系統的學校教育。對於國語教育，各個漢族方言區域的民眾是否能夠欣然接受，這個問題早在國語推廣運動啓動前，就有人懷有疑慮。民國小學國語教育的倡導者們在進行這項事業的同時，不是沒有考慮到各個漢族方言區民眾群體性心理的接受程度，他們圍繞著國語標準的爭論其實也是對這種未知的群體性心理焦慮的一種反映。但這種爭論大多僅僅局限於學理層面，沒有真正與普通民眾的群體性心理相契合。國語教育倡導者內部的分歧與矛盾儘管激烈，但並非不可調和，是一種在追求全國語言統一前提下的論點分歧，最終在理性的討論下，

實現了妥協。然在民國小學國語教育的推行實踐中，這種倡導者之間的妥協與理性不具有解決應用矛盾的能力，不能完全分解掉不同漢族方言區域民眾群體對於學習國語，實現語言統一的心理障礙。

人們會問：「對母語的確認，要不要考慮人們的心理因素呢？」〔註1〕答案是肯定的。1948 年頒佈的《世界人權宣言》第 26 條規定了父母有對子女語言教育差別的自由選擇權，「父母對其子女所應受的教育的種類，有優先選擇的權利。」不同方言區域的人們對於本地方言都懷有一種與生俱來的特殊情愫，這種情感不僅來源於對國語學習難度的畏懼、對國語統一的種種不適反應，更多的來自於民眾們對於他們襁褓時代就聆聽、孩提時代所嫻熟的母語的依戀。這種母語一般爲其區域的方言，他們習慣、喜歡，乃至欣賞、自豪於本區域方言的種種語音語調、詞匯、話語結構，這種心理依戀超脫了語言使用的現實需要與統一語言的客觀理由。如陳夢韶評述福建閩語方言與國語的差別：「以『閩語』與『國語』比較，顯然可見三種特點：（一）多古語古音。國語中之古語古音，幾乎絕無僅有，而閩語則古語既多，古音更不少。……（二）比較多鼻音……（三）語音比較單純統一。」〔註2〕這些差異性是閩語方言區群眾難以割捨的語言習慣。儘管全國語言統一有著種種莫大的益處，但對於某個方言區域的普通民眾而論，這種益處有時並不與己相關或關聯很少。這種思想在那些封閉落後、交通條件不暢的地區尤其頑固。沒有國語使用的必要，則必然產生無須學習國語的心理，也更加依賴與固守方言。而在首都及一些通衢都會中，雖社會上層多有語言統一的需求與一定程度上的實際應用，但於中下層民眾而言，方言卻是成爲他們維持與標榜本土身份的外顯標誌。這就不難理解，爲何民國推廣國語那麼多年，然在上海、廣州、成都、杭州等非北方官話區的大中城市中，方言依舊是當地最強勢的語言。而在各個城鄉小學中所推行的國語教育，則屢屢限於尷尬境地。

胡以魯說：「有人提出母語概念的兩個標準：一是語言標準，一是心理標準。」〔註3〕小學國語教育的倡導者們更多的談論與解決了國語代替全國各地漢族方言母語的語言標準技術，但在心理層面，他們沒有能夠更多的去思考，也沒有能夠更努力、有效的去動員民眾。因爲心理標準層面的統一極其複雜

〔註1〕 劉永焱：《論民族語、母語和第一語言》，《民族研究》1999 年第 3 期，第 43 頁。

〔註2〕 陳夢韶：《福建之語言》，《新福建》1945 年第 6 期，第 62 頁。

〔註3〕 劉永焱：《論民族語、母語和第一語言》，《民族研究》1999 年第 3 期，第 43 頁。

與困難。1923 年，民國小學國語教育推行不久，胡以魯就觀察道：語言是一種「社會現象」，制定標準語「當視社會心理爲標準。」〔註 4〕可見，他已經認識到僅僅解決語言統一的標準化問題，並非國語標準建立的全部，而不同漢族方言區域的民眾對於各自方言母語的「社會心理」，是更爲核心的問題。遺憾的是，認識到這一點的學者並不多，願去解決而付出的努力則更少。

第二節　一些地區的少數民族輕學風俗的影響

　　民國小學國語教育的推行在邊疆少數民族聚居地區與內地漢族聚居區域所遭遇的教育生態有很大的不同。大體上，由於存在著所居環境、生活狀態、社會結構、技術程度、經驗傳授傳統、民族風俗乃至宗教信仰等方面的差異，漢族相較一些少數民族，尤其是那些邊疆少數民族，更加認可教育的價值，重視教育對於下一代的影響，在子女接受教育的問題上更加主動。尤其是在江南等漢族文化核心區的民眾在儒家傳統文化所浸染的社會氛圍中，長期以來，形成了濃厚的重教崇文的傳統。但在一些邊疆少數民族聚居區，如在西北塞外與西南邊陲，一些在邊疆地區所聚居的少數民族民眾缺乏對教育價值的認可，對漢族化的世俗教育接納程度較低，這就爲民國小學國語教育在這些地區的實行形成了天然的負面阻力。

　　部分邊疆少數民族民眾輕學風俗的形成有很多原因，如在很多少數民族群體中，掌握著意識形態領導地位的宗教領袖出於對自身信仰權威的維護，並不希望其民眾過多的接受外來文化的「侵蝕」，尤其是面對佔據優勢地位的漢族文化。相對來看，漢族文化代表著比少數民族文化更加先進的文明程度，其文化的進入可能減弱被進入民族傳統文化的影響力，也可能對佔據其民族文化主導地位的宗教文化產生很大的削弱作用，甚至直接影響到其民族宗教信仰的穩定。同時，世俗教育模式與內容的介入對於少數民族傳統宗教教育是一個現實的威脅。故而，這些少數民族的宗教領袖們往往通過各種方式進行阻擾，不僅是保證其民族宗教信仰的延續與宗教教育的純正，更爲了其民族的信仰傳承與民族意識的維繫。「我國西部及北部廣大牧區之居民主要爲蒙藏二族，各有其語言文字，其中識字者不過百分之一二，什九皆爲喇嘛。」〔註 5〕

〔註 4〕　胡以魯：《國語學草創》，商務印書館 1923 年版，第 96 頁。
〔註 5〕　陳恩鳳：《對於推進我國牧區教育之意見》，《邊疆通訊》1943 年第 8 期，第 1 頁。

而承載著近代文明的世俗教育事業的開展是他們難以介懷的心病。如新疆南疆地區的阿訇們就曾極力阻止世俗教育機構在南疆的設立，也對那些接受了漢族語言教育的回族子民極盡嘲諷、阻擾之事。此外，在一些少數民族聚居區域內，其宗教信仰要求民眾接受的教育只能在宗教教義許可的範圍內，不能與其宗教信仰相背離。這些教育內容與世俗教育內容應是毫不涉及的。所以，這些宗教教義的學習，是不能算為真正意義上的教育的。由於具體條件的限制，這些地區少數民族民眾子女接受世俗教育後的預期回報也難以令他們滿意。學習實效的弱化體現在在這些少數民族聚居區內，一些少數民族子女即使費盡千辛萬苦，能夠接受到一定程度的世俗教育或漢族語言教育，也很少有施展的舞臺與空間。即使在一些地區，政府有意識的吸納懂漢語、接受過漢語教育的少數民族人士進入政府機構工作，但在一些少數民族的主流意見中，卻視這種「出路」為不恥的異途，不是正道。加上一些少數民族聚居區的少數民族民眾對於教育價值存在錯誤的認識，他們覺得世俗教育所教授的知識不但與他們的宗教信仰所衝突，也與他們生活的社會沒有太大關聯，主觀上即有排斥心理。一些家長對於這類教育的態度是持有惡意的，認為「夷人家庭基於夷漢不和之事實，與人民間仇恨心之傳統，對於政府之興辦教育，認為是『漢人的』，常生惡意之推測與舉動，表示積極的反對。」〔註6〕也有一些人對政府推動漢語教育的動機持有懷疑態度，「此派較上派為緩和，但對漢人為夷家（自稱）教育兒女一世，非常疑惑。他們認為夷漢素來失和，黃牛、水牛，各自有種，最好彼此不相干涉。各過各的。今漢人忽然設立學校，要夷家子弟入學，以為又是對付夷家另一狡謀，與過去的坐質換班、納款投誠如出一轍。」〔註7〕同時，這些地區近代世俗教育事業基礎的薄弱與發展的緩慢也客觀上減少了他們接受教育的可能。如「牧區文化之所以落後，顯與游牧生活有關。」〔註8〕青海地區直到 1938 年，全省才有回民小學 15 所，學生 2000 人左右，初級小學 76 所，學生 4000 人左右。「較於鄰省，雖算發達，但各校之設備及學生程度，仍較內地各省為落後。」〔註9〕

〔註 6〕 梁甌第：《川康區倮羅之教育》，《西南邊疆》1942 年第 15 期，第 19 頁。
〔註 7〕 梁甌第：《川康區倮羅之教育》，《西南邊疆》1942 年第 15 期，第 19 頁。
〔註 8〕 陳恩鳳：《對於推進我國牧區教育之意見》，《邊疆通訊》1943 年第 8 期，第 2 頁。
〔註 9〕 貫繼英：《如何改進戰時西北的回民教育》，《邊疆半月刊》1938 年第 10～12 期，第 1 頁。

在這種輕學風俗的影響下，針對少數民族的漢語語言教育在這些地區多受掣肘，而期待以國語統一全國通行語言願景下的小學國語教育除了實施條件的缺乏，更是遭受著多重限制。雖然有人指出：「就宏觀整體和少數民族的根本利益而言，民族地區中小學漢語教育和民族語教育之間不存在任何矛盾；而兩種語言教育在時間和空間環境方面存在的一些衝突，可以通過科學合理的安排妥善解決。」〔註10〕但這僅是一種在單純語言環境下的理想，在複雜的多因素影響下的少數民族聚居區內的小學國語教育，其道路注定十分艱難。

第三節　語言使用生態的堅守與變化

從母語使用的情感與習慣上看，當一個民族或族群無論是被動，還是主動地拋棄或減少其母語使用頻率時，都會遭遇到來自其民族或族群內部的巨大阻力。事實上，這種現象不僅表現在少數民族群體中，也表現在使用各種方言的漢語群體中。對方言或民族母語的堅守，既是有意識的個體精英性行為，也是無意識的群體性行為。

這種堅守，有時候不僅是對自己民族母語或方言而論，也包括對被本民族或本方言區域內所熟悉掌握的他種語言或方言的堅守。如清代，鄂倫春一族內部交流主要使用鄂倫春語，但在長期學習滿文的基礎上，形成了以滿文作為其日常行文的習慣。「並以滿文作為與外界交往的工具。」這種語言使用的習慣一致延續下來，「直到民國年間，鄂倫春人仍然通用滿語文。」〔註11〕1943 年，庫馬爾鄂倫春公署仍用滿文撰寫公文。造成這種情況的原因是一些人口較少的少數民族在堅守本民族母語的同時，出於民族生存交流的實際需要，對於學習第二語言的態度也相對較為積極。「雙語人或多語人比較普遍，這樣的民族常常被稱為『翻譯族』，其個體語言人常常被稱為『語言說家』，比如新疆的錫伯族、塔塔爾族、達翰爾族，內蒙古的鄂溫克族、內蒙古和黑龍江的鄂倫春族等。」〔註12〕某種程度上來說，這些第二語言也成為了他們

〔註10〕 楊大方：《民族地區中小學漢語教育的性質及漢語教育與民族教育之間的關係》，《民族教育研究》2006 年第 1 期，第 88 頁。

〔註11〕 李英：《鄂倫春族教育史稿》，轉引自長山：《清代滿語文教育與黑龍江讀取的滿語》，《滿族研究》2012 年第 4 期，第 72 頁。

〔註12〕 王遠新：《論我國少數民族語言態度的幾個問題》，《滿語研究》1999 年第 1 期，第 93 頁。

民族的「準母語」。

民國時期，堅守母語的少數民族與堅守方言的漢族方言群體都屬於絕對的大多數。只有到了其語言使用生態出現重大變化，母語或方言使用不再通暢的時候，這些人才會逐漸轉變。這種轉變較多的發生於少數民族群體中，而在漢族方言群體中，由於方言與國語的特殊聯繫，很多地區的方言儘管受到一定程度上的國語流行的衝擊，但依舊保持了其地域性的強勢地位，能夠繼續傳承。一些少數民族語言使用生態的改變，其最主要原因在於大量漢族移民的到來，改變了當地語言使用環境，漢語逐漸成爲所在區域的次主流或主流語言，導致少數民族母語主體地位的式微或消失。如清末民初，隨著東北地區漢人移民的大量進入，改變了該地區的民族結構，經過一段時期的民族交流，優勢人口支撐下的漢語也受到原居東北的少數民族的接納，逐漸取代滿語，成爲東北地區的通用語言。這種取代的過程是由南向北，由城鎮向鄉村逐漸進行的，展現了東北地區在漢族民眾由南向北的移民過程中，少數民族母語逐漸退出主體地位的階段性改變過程。在這個過程中，少數民族民眾在語言改變上的能動性逐漸被激發出來，從現實需要出發，產生了學習漢語的動力。

第四節　國家意識覺醒下的民眾能動性

胡適曾經說：「國語是我們求高等知識、高等文化的一種工具，講求國語，不是爲小百姓、小學生，是爲我們自己。我們對於國語，要有這樣的信心，才能有決心和耐勞，努力去做。」〔註 13〕清末民初，隨著近代國家概念的出現，尤其是中華民國的締造，爲國民形成國家意識創造了條件。國語概念的提出也是與國家意識有密切聯繫的。國家意識的形成爲小學國語教育的發展進行了民眾思想上的奠基，覺醒了的國民能夠理解國語的意義與價值，也會自覺的去熱愛、學習、推廣國語。「革新以後，彼此用日語談心，用英語傳話，祖國是已經忘掉了。我國在外國留學的人、貿易的人、充使官的人、華僑華工，在外過年，反觀本國，首以國語不能統一爲病。」〔註 14〕這方面表現的最明顯的就是臺灣地區。

〔註13〕 胡適：《國語運動的歷史》，《時兆月報》1921 年第 5 期，第 44 頁。
〔註14〕 陳哲甫：《論語言統一之益》，《官話注音字母報》1917 年第 34 期，第 5 頁。

　　第二次世界大戰結束後，臺灣回歸祖國，但由於在日本殖民統治下長期執行了教育、文化、語言等方面的日化政策，導致除了少部分精英派人士，中華民族概念在臺灣地區還沒有被廣泛的接受。老年人大多毫無中華民族觀念，而中青年又多接受了日本大和民族觀念的薰陶。鑒於此，臺灣光復後，有識之士就提出：「臺省的教育曾是作著殖民地奴化教育的犧牲，而現在，臺省的教育又轉過來作了『祖國化』的教育新墾地。」〔註15〕很多為增強臺灣民眾國家意識的舉措逐漸實施開來。如在臺灣地區進行的祖籍調查是一項非常能喚醒臺灣民眾民族國家意識的工作。在這場祖籍大調查中，很多臺灣人找尋到了自己的根，明白了自己與祖國大陸同胞的血緣聯繫。他們「明瞭祖宗世系之所在，而憬然覺悟到自己原是炎黃裔冑。」〔註16〕從而自覺的拋棄了日化教育的固有觀念，強化了他們對於祖國的認同，覺醒了他們的國家意識，也對國語更多了一份親近感。

　　既然學習國語是「認識祖國的起點」，禁絕日語是「解脫日本壓束的象徵」。〔註17〕臺灣民眾對於小學國語教育的推行，也自然多了一份主觀上的能動努力。事實上，臺灣光復後不久，國民政府曾經採取強制禁止日文日語使用的政策，雖然也因為使用習慣等問題，引起部分臺灣民眾的反感。但因為民國政府同時採取了恢復臺灣地區方言，並以方言輔助國語教學的方式，這種親近臺灣母語的措施，受到了絕大部分臺灣民眾的歡迎，臺灣地區的小學國語教育也推行的較為順利。在民眾國家意識覺醒的基礎上，光復之初，臺灣民眾對於國語教育的接納度非常高。如民國政府先行登臺的部隊開辦了面向臺灣民眾的國語補習班，被臺灣民眾視為「祖國憲兵隊不同於日本警察的親民之舉」〔註18〕。臺灣民眾對於國語的熱愛顯而易見。民眾自動禁止說日本話，在公共場所，若有人在講日本話，就會被人「噓」。臺灣光復之初，很多臺灣民眾還沒有時間與條件去知曉何為「國語」，但出於國家意識，多自動約束不說日語，暫時交流以臺灣方言，並對國語的學習抱有熱忱與期待。但

〔註15〕　《臺灣教育考察報告》，國立中山大學師範學院教育學研究所編：《教育研究》1948年第110期，第123頁。

〔註16〕　《臺灣教育考察報告》，國立中山大學師範學院教育學研究所編：《教育研究》1948年第110期，第117頁。

〔註17〕　吳棠：《代序——社教擴大運動周廣播辭》，臺灣省政府教育廳第四科：《社教擴大運動周特刊集》1947年11月，第2頁。

〔註18〕　《葉紀東先生口述記錄》，魏永竹、李宣鋒主編：《二二八事件文獻補錄》，臺北「臺灣省」文獻委員會1994年版，第56頁。

這種全民性的熱情延續了一年後，卻發生了一些波折。因臺灣地區政府的公務員多係日本留學生，或原來日本殖民政府留用人員，此等人多以會說日語為榮，在公務場合多以日語作為交流口語，逐漸形成一股風氣。以致臺灣光復一年後，臺灣人學習國語的人有所減少，而學習日語的來臺內地人卻越來越多。這種情形傷害了臺灣民眾對於國語的感情，也在一定程度上制約了小學國語教育在臺灣的發展。「二二八」事件後，很多人就對這些問題有所反思。在楊亮功、何漢文所撰的《臺灣善後辦法建議案》中，就提出了一攬子相關的建議。如提出要在臺灣小學中採取可行措施，切實推行國語；國語教師暫以內地人為原則；每所國民學校都須招聘通曉國語的內地教師兩名等舉措。民國政府也更加倚重國語教育，將其作為在臺灣進行「再中國化」的重點工作之一。

第五節　普通民眾的立場總結

民國時期，普通民眾對於小學國語教育的立場是與其對國語的認知聯繫在一起的。在各個漢族方言區域群體性心理因素、一些地區的少數民族輕學風俗、語言使用生態的堅守與變化、民眾國家意識覺醒等因素的影響下，普通民眾中不同群體對於國語的價值與意義有不同的認識，也對小學國語教育的實踐活動有著不同的心態與立場。

總體上，國語相近方言區的部分民眾和部分國家意識覺醒的民眾積極贊成小學國語教育的實行。如北京地區的普通民眾對於小學國語教育大都持肯定與支持的立場。此外，一些大中城市中的部分有智識的群體，包括光復初期的大部分臺灣民眾，也出於對近代國家概念的認可，懷著對國家語言統一的願景，不但樂見小學國語教育的進行，更是積極配合，教導子女，以學習國語、講習國語為榮。亦有部分與國語相差較大的漢族方言區的民眾與一些地區的少數民族民眾，由於語言實用、習慣、宗教、情感等方面因素的影響，對語言統一的潮流不認可，對小學國語教育懷有牴觸情緒，從而引發他們在思想上或行動上的抵制。除了以上兩種立場外，在與國語語音相距較大的漢族方言區或一些少數民族聚居區內，一則由於語言生態環境的和諧，母語與國語交融的渠道較為順暢，民眾對小學國語教育的進行並沒有太多特殊的感覺。另一則由於國語推廣運動還未波及一些地區，當地的小學國語教育也未成氣候，民眾對小學國語教育沒有直觀認知，也無特殊立場。

第十二章　民國小學母語教育爲社會帶來的正負效應

　　民國小學母語教育的推動與實踐，是在國語推廣的人背景下進行的。國語推廣既包含著將漢族方言統一於國語的努力，也包含著推動少數民族對漢語語言的學習，其目標在於塑造一個全國各民族各區域皆能接受、應用的統一的語言體系。從這個意義來看，小學國語教育即爲漢族小學的統一母語的教育，也爲少數民族對於漢語學習的統一標準的教育。自20世紀20年代初，民國教育部開展小學母語教育始，至1949年的三十年左右時光中，民國小學母語教育在發展的同時，也爲民國社會帶來了正面與負面的效應，值得我們探察。

第一節　民國小學母語教育的正面效應

　　「語文教育和社會政治變遷的密切聯繫主要表現在以下兩個方面：一方面，社會政治發展推動著語文教育的發展，爲語文教育發展提供條件並提出相應的要求；另一方面，由於語文教育通常指的是祖國語言的教育，因此它是國家和社會得以存在和發展的重要條件之一，它可以通過培養人和傳播文化作用於社會發展，對社會的政治、經濟和文化產生積極或消極的影響。」[註1]民國小學母語教育是在近代國家、中華民族意識覺醒的潮流中進行的。蔡

〔註 1〕 閻立欽：《我國語文教育與近代以來社會變遷的關係及啟示》，《教育研究》1998
　　　　年第 3 期，第 29 頁。

元培說：「我們要合全國同胞來大公無私的爲國家服務，不應該大家都學國語麼？」〔註2〕也因此，小學母語教育成爲了民族、國家意識重構的語言紐帶。她是在各民族交流與融合的歷史進程中起積極促進作用的語言助手。她也是實現語言的創新、融合，實現民眾語言交流便利，爲全國民眾更美好交流的理想所寄。

一、民族、國家意識覺醒的語言紐帶

「中國語言文字的現代建構於是成爲整個中國社會文化現代轉型之中意義重大的中心性事件，創造了中國現代文學與文化的同一性，也深刻影響了現代中國人對這個世界的根本認識。」〔註3〕通過統一語言實現對民族、國家意識的認知與強化，這是很多國家、地區經過歷史檢驗的成功經驗，民國國語運動的根本目標也即在此。小學國語教育作爲國語運動的重要抓手，作爲次代國民語言學習的重要階段，在這一目標的立場上是堅定不移的。

清末民初，中華民族概念開始逐漸爲國人所熟知，國人對於中華民族的認可度也在逐漸加深。而中華民族之所以能夠成爲一個獨立的民族概念，是其在民族構成的各方面都已經成熟。那時期的日本華僑就呼吁，只有學習統一的國語，才能「做中華民國統一國家的大國民」。〔註4〕孫中山先生曾經說過：「構成民族的第三要素是語言文字。」〔註5〕語言文字是與民族相互關聯的，一個成熟的民族必然需要有其獨有的語言文字。陳寶銓說：「在世界上黃白…黑紅五種內，雖然有分開漢、滿、蒙、回、藏、及拉丁、條頓史拉夫、色密特和尼格羅……等族的繁雜，但是代表他們的語言不外述中、日、英、俄、德、法、意、葡、波……等語言字了。到此，我們可以歸納起來，下一句定義：『語言文字就是代表民族的功（按：疑爲工）具。』」〔註6〕在中華民族概念正在爲國民所接納的進程中，推動民族統一的語言文字工作，實現國語推廣，也應是一件水到渠成的事情。「德國考茨基也說得好：『民族是語言文字的共同體』」〔註7〕在世界民族之林中，由於近代科學的發展，民族與民

〔註2〕 蔡子民：《國語的應用》，《國語月刊》1922年第1期，第3頁。
〔註3〕 鄧偉：《試析五四時期語言文字建構的若干邏輯——以國語運動、白話文運動、方言文學語言爲中心》，《文藝理論研究》2016年第1期，第43頁。
〔註4〕 周光：《日本長崎華僑國語消息》，《國語月刊》1922年第8期。
〔註5〕 陳寶銓：《語言文字與民族存亡之關係》，《南中》1932年冬，第125頁。
〔註6〕 陳寶銓：《語言文字與民族存亡之關係》，《南中》1932年冬，第125頁。
〔註7〕 陳寶銓：《語言文字與民族存亡之關係》，《南中》1932年冬，第125～126頁。

族的交流，國家與國家的競爭更加熱化。尤其是在第一、二次世界大戰時期，
強勢民族、國家對弱勢民族、國家的武力征服、資源掠奪，乃至思想控制都
發展到了一個更高的階段。黎晞紫說：「各國言語像其他民族形態的事物一
樣，在國際領域上開始短兵相接。於是，一面帝國主義想用武力征服，政治
勢力或經濟擴張，推廣他們民族語的使用區域；另一方面，民族主義用誓死
的努力反抗外國言語的侵略。」〔註8〕

　　沒有中華民族語言的統一，或被外域語言取代中華民族語言，中華民族
的團結與融合就會遭受到威脅。「記者嘗考二十年來內亂循環不已之原因，雖
由於權利之競爭，然大半實出於黨派省界之癥結；而黨派省界之界限，不由
於各省各地語言之不同所致，蓋語言通則感情生，語言異則互相隔膜。」〔註
9〕時人呼籲：「方今南北紛爭，憂國之士力謀統一，但統一南北，非先聯絡感
情，則言語之效力乃大。」〔註10〕蔡元培說道：「中國人民肯替家族、地方犧
牲，而不肯替國家犧牲，就是因爲感情的不融洽，像廣東一省，廣州、潮州、
汀州、漳州都各有各的語言，所以時起糾葛，雖然也有其他種原因，但是語
言的不統一，總是一個重大原因。」〔註11〕對於民國國民來說，這不僅是歷
史的經驗，更是現實的教訓。民國時期，這個問題對於臺灣來說最爲明顯。
日本佔領臺灣後，日本殖民政府就意識到語言文字對於日本統治臺灣地區的
重要。因爲臺灣話是閩南語系的一部分，是中國話的方言，而要割裂臺灣與
中國大陸的語言聯繫，就要消滅臺灣話。只要臺灣人民不再說臺灣話，改說
日語，就在心理上與中國大陸產生了距離與隔閡，而與日本產生自然的親近。
「日本人更毒辣的手段，是廢止臺灣話。」〔註12〕所以，日據時期，殖民政
府採取了語言同化政策，企圖以日文取代中文，以日語取代臺灣話。其中最
重要的措施就是從臺灣地區的小學開始實行日語教育。「他們手段，是先從小
學教育上起，小學所用的一切教科書，不用說是歷史地理，就是國文，也是
指日本文而言。」〔註13〕除了教科書之外，對於新造名詞，如收音機、坦克

〔註8〕　黎晞紫：《國際補助語與民族語的遠景》，《現代知識》1947年第1期，第26頁。
〔註9〕　點公：《要團結全國民眾必先語言統一》，《東方評論》1931年第4期，第57頁。
〔註10〕　新：《國語與國體之關係》，《申報》1923年5月30日，第3版。
〔註11〕　蔡元培：《三民主義與國語》（1930年），沈善洪主編：《蔡元培選集》，浙江教
　　　　育出版社1992年版，第1288頁。
〔註12〕　何容、朱寶儒：《語言教育的重要在臺灣：日本人是怎樣統治臺灣的》，《國民
　　　　教育輔導月刊（上海）》1948年第6期，第7頁。
〔註13〕　何孝宜：《語言文字與民族盛衰之關係》，《南華文藝》1932年第2期，第15頁。

等，也一律採用日語，直接減少臺灣話新詞的生長，斷絕臺灣話的生命力。「一切近代文明產物的名字如無線電收音機、火箭炮等，都要大家說日本話。」〔註14〕此外，由於日語與漢語有一定的聯繫，「尤其日本語，向來在文字上使用漢字，在發音上使用吳音和漢音，不過在文法上略加改變」〔註15〕，所以，臺灣人對於日語學習較易。「日人就利用我們的語言天才及我們學習日本語的方便，於是大講他們所謂『國語』（日本語）普及運動，以同化本省同胞。」〔註16〕對於日本人通過語言來割裂祖國與臺灣的聯繫，進行全盤日化教育的這一點險惡用心，很多國人看得很清楚，但卻無能為力。日本殖民政府為了日語普及，除了在小學全面實施日語教育外，還通過青年學校、青年團、少年團、教化聯合會、社會教育機關、私立學校講習會、愛國婦人會、日外赤十字社等機構進行日語的宣傳、教育，並以國民精神總動員運動等為載體，強化日語的推廣。這些，「無一不是他們要奴化本省同胞，使之都變成所謂『皇民』的工具，其中尤以『國語』（指日本語）普及運動為其最主要的武器，除掉公立『國語』講習所多方設立之外，還有許多私立『國語』講習所及『國語』保育團到處設立。」〔註17〕在這樣的語言政策與舉措下，尤其是在小學日語教育的普及下，臺灣地區的語言生態很快就發生了根本性的變化。日語成為臺灣社會的主流語言，基本人人會講日語。臺灣話雖然還有保留，但已邊緣化。由於語言生態的變化，臺灣民眾的民族意識也受到一定的影響。「因為日本語這樣普及，所以本省同胞的民族意識，確受很多不良的影響，且使日人在本省的統治上得到了許多便宜。」〔註18〕一些臺灣人，尤其是年輕的臺灣人，對於自己中國人的身份產生了模糊，對於中華民族概念更是少有感受。早在 1932 年，有人就指出：「所以現在臺灣的十六歲以下的青年，是只知道神武天皇明治大帝，那裡還知道他們的祖先是皇帝呢？」〔註19〕至民國政府光復臺灣時，臺灣已在日本統治之下半個世紀，其語言生態的改變更加明顯，日語地位更加強勢。所以，當臺灣光復後，重塑國語在臺灣語言生態中的主

〔註14〕何容、朱寶儒：《語言教育的重要在臺灣：日本人是怎樣統治臺灣的》，《國民教育輔導月刊（上海）》1948 年第 6 期，第 7 頁。
〔註15〕姜琦：《國語普及與民族主義》，《現代週刊（臺北）》1945 年第 2 期，第 6 頁。
〔註16〕姜琦：《國語普及與民族主義》，《現代週刊（臺北）》1945 年第 2 期，第 6 頁。
〔註17〕姜琦：《國語普及與民族主義》，《現代週刊（臺北）》1945 年第 2 期，第 6 頁。
〔註18〕姜琦：《國語普及與民族主義》，《現代週刊（臺北）》1945 年第 2 期，第 6 頁。
〔註19〕何孝宜：《語言文字與民族盛衰之關係》，《南華文藝》1932 年第 2 期，第 15 頁。

流地位就成為最重要的工作之一，也是由於這個原因。

　　語言統一後，「國民統一之精神，自隨而勃發，馴至五族一志，四億同心。後擴充軍備，以固國防。振興實業，以裕國計。普及義務教育，以培國本。發達科學技藝，以宏國用。種種問題，皆得迎刃而解矣。」〔註20〕正是因為語言統一作為民族、國家意識覺醒的紐帶，民國政府在實施語言教育時，都將語言統一的國語教育作為重點工作。「作為一種民族主義思想的體現，近代語言統一觀是一種國語、國民和現代國家共生的語言建設思想，它反映了近代中國由傳統王朝體制向現代國家轉型過程中，由於民族——國家建設的需要，人們希翼從統一語言進而實現再造國民、消弭地域保護主義和加強民族國家認同的政治訴求。」〔註21〕民國政府通過在內地、邊疆，漢族、少數民族間實施同樣的小學國語教育，「以期使不同地域、不同信仰與不同民族的學生都具有作為中國人的國民意識、具有同樣的價值尺度與國家觀念，從而使所有中國人都能擔負起建設與保衛國家的重任。」〔註22〕

二、民族交流、融合的語言助手

　　俄國國民學校和教育科學的奠基人烏申斯基說一個民族把自己全部精神生活的痕跡都珍藏在民族的語言裏。本族語是一切智力發展的基礎和一切知識的寶庫，因為對一切事物的理解都要從它開始，通過它並回復到它那裡去。民國時期，由於存在著少數民族與漢族雜居、少數民族聚居的情況，少數民族大部分民眾並不通漢語，也需要少數民族語言的學習教育。因此，民國政府在發展小學國語教育的同時，針對少數民族地區，更多的是強調雙語的教育，這是一種考慮到現實情況的做法。如在漢族、維吾爾族、回族等民族雜居的新疆地區，考慮到漢語與維吾爾語是新疆當時通行的兩種語言，僅推行國語並不能即時收效，也有很大困難，因此，「政府為其政令通達而在政策的制定上主張倡導維漢雙語」〔註23〕，民國中央政府及新疆地方政府都有這樣

〔註20〕羅重民：《國民之統一與國語之統一》，《學藝》1917年第2期，第7頁。
〔註21〕崔明海：《國語如何統一——近代國語運動中的國語和方言觀》，《江淮論壇》2009年第1期，第174頁。
〔註22〕鄭亞捷：《國語運動視野中的「邊疆特殊語文」》，《中國現代文學研究叢刊》2008年第4期，第70頁。
〔註23〕王澤民：《試論民國時期的新語文政策》，《新疆地方志》2007年第2期，第55頁。

的考量，也因而對於雙語教育有政策福利。「這樣，由政府行爲帶來的雙語現象就往往帶有極大的普遍性。它不僅完善了維漢等語言文字的交流職能，而且也在一定程度上增進了民族之間的相互瞭解，這在當時也是具有一定的進步意義。」〔註24〕可見，在少數民族聚居區，民國政府所提推行的小學母語教育既包含了國語教育，也有少數民族母語教育。

在中央政治學校裏設立的蒙藏教育班、夷民教育班，在地方各地設立的邊民學校、特種小學，如雲南所實施的邊地民族教育、廣西所實施的特種民族師資訓練所與「特種小學」，都是這方面的工作。芮逸夫就評價西南地區的這種教育，「都可以說是從根本上求解決西南民族問題的辦法，也就是實行扶植國內弱小民族政策的初步。」〔註25〕

在各民族的交流與融合過程中，這樣的小學母語教育爲少數民族培養了一批又一批掌握漢語及本民族母語的雙語人才，使少數民族之間、少數民族與漢族之間的語言障礙逐步消除，促進了少數民族地區社會的發展、經濟的進步，促進了各民族之間的聯繫，也爲國家的民族和諧創造了基礎條件。此外，對於相對弱勢的一些少數民族，要實現與其他民族在權益上的平等，除了接受政府的政策優待外，也亟需自己民族的奮發與進步。而其前提條件即是語言交流的順暢。「要扶植西南民族，要實施夷民教育，非先打通各民族語言上的障礙，不易見效。而要打通語言上的障礙，非先實施語文教育不爲功。」〔註26〕小學雙語教育在這方面具有獨一無二的價值，有助於保障弱勢民族的平等權益。

三、促進全國交流的美好理想

國語標準的建立與推行，其直接目標是爲了全國各民族、各區域民眾的更好交流。「國語運動推行的是不僅反對文言也超越方言的一場創造全民族共同語的運動，這是現代民族國家建構過程中的文化同一性建構的重要舉措。」〔註27〕從這個意義上看，國語標準的建立可以被看作塑造更好中國的一個直

〔註24〕 王澤民：《試論民國時期的新語文政策》，《新疆地方志》2007 年第 2 期，第55 頁。

〔註25〕 芮逸夫：《西南民族語文教育芻議》，《西南邊陲》1938 年第 2 期，第 45 頁。

〔註26〕 芮逸夫：《西南民族語文教育芻議》，《西南邊陲》1938 年第 2 期，第 47 頁。

〔註27〕 鄭亞捷：《國語運動視野中的「邊疆特殊語文」》，《中國現代文學研究叢刊》2008 年第 4 期，第 68 頁。

接手段。1923 年，沈兼士說：「近十年來教育家都以爲我國教育之所以不能普及，文化之所以不能進步，其重要的原因，由於語言文字的分歧和繁重。」〔註28〕而解決語言文字分歧與繁重的唯一辦法，就是國語教育。

　　清末民初，無數人爲了這個目標而努力。在張之洞設計的《學務綱要》中，就提出了各省學堂應該統一文言文的設想。民國國語標準和拼音的設計曾讓很多人激動不已，因爲實現語言統一，實現順暢的語言交流，這是很多中國人的夢想，如今即將實現，怎不令人憧憬與高興。1919 年，張一麐曾對一種拼音字母設計的出現而感到欣喜：「隨便那一省的話，都可以用這種字母寫在紙上，不到一個月，向來不認得字的人，可以把這種字母寫信給人家，可以不費什麼教育費。若是將來做成一種教科書，推廣到全國，那麼我國一千個人中的九百九十三個不識字的半聾半瞎半啞半呆等同胞，彷彿添了一種利器，叫他把天生的五官本能完全發達，那不是一種最大的慈善事業麼？」〔註29〕正是這種心態的反映。而國語的推廣根基就在小學國語教育中。1921 年，小學國語教育提出後，范祥善說這「確是我國文化上一個大進步」〔註30〕。胡夢華更是推崇道：「一般教育界都說國語是最能道白，最能通俗的文字，用來普及教育可以收到很大的效果——這就是國語的平民性。」〔註31〕

　　在語言文字的發展歷程上，不同體系的語言文字的碰撞、交融，乃至產生新的詞匯、語音，都是常態。如近代日本很多新設詞語，所謂「新漢語」，傳入中國後，面對著接受與排斥兩種態度，最終在歷史大勢下，與漢語交相包容、合拍，成爲新的漢語詞語、語音。在這個意義上，民國小學國語教育通過將近代新造詞匯，包括「新漢語」，系統的介紹給學生，也是一項具有價值的工作。而同時，一些人也期待著民國國語推廣能夠爲未來理想中的全國民眾語言交流創造更好的條件。不但是全國語言的統一，不但是全國漢族方言母語的統一，不但是少數民族與漢族語言的順暢溝通，更希望語言交流達到新的境界。「我們希望有最好的工程師，採用這麼偉大一筆遺產，整理出更有價值的、更適合中國人的要求的、漂亮的、坦白的，完全是中國風的語言

〔註28〕　沈兼士：《國語問題之歷史的研究》，《國立北京大學國學季刊》1923 年第 1 期，第 57 頁。
〔註29〕　張一麐：《我之國語教育觀》，《教育雜誌》1919 年第 7 期，第 52 頁。
〔註30〕　范祥善：《教學國語的先決問題》，《教育雜誌》1921 年第 6 期，第 1 頁。
〔註31〕　胡夢華：《國語兩面觀與國語運動之雙軌》，《人民評論》1933 年第 22 期，第 28 頁。

文字來。」〔註 32〕雖然這是一種美好的理想，但確是一種現實中的期待。

第二節　民國小學母語教育的負面效應

在民國小學母語教育的推行中，也確實存在著一些負面的效應，這些負面效應有些由主觀因素所肇，亦有一些由客觀條件的限制所致。這些負面效應包括制定國語標準中的政治考量所帶來的爭論；忽視語言教育規律所造成的部分民眾對小學母語教育的反感與排斥；部分地區過於重視少數民族母語獨立性而導致的邊文障礙等。

一、國語標準中的政治考量帶來的負面效應

在國語標準的爭論中，無論是北京話派（北音派），還是會通派，雖然都以學術元素裝飾各自對於國語標準的觀點，但其中亦含有政治因素的考量。兩派支持者中有身爲南方人，因長期定居北京，或參與北京政治圈而竭力支持北京話派者；有非北京地區的出於地方語言利益考量而竭力主張會通派者，以爲北京話不能成爲國語的標準。所謂「此時所謂官話，即北京話，仍屬方言，爲能得各地方語言之大凡，強人肄習，過於削足適履，採爲國語，其事不便。」〔註 33〕所以有學者就以爲，在這場國語標準的論戰中各方雖然都打著語言學術的幌子，但實質上都有著各自的政治利益的訴求。「他們提出的具體方案其實相差不大，但微小的差異卻被賦予了極爲重要的政治意義，各派立場也因而互不相容。」〔註 34〕這些政治因素的摻雜使得民國國語標準的制定並不純然傾向於全國語言交流、會通的便利、和諧等目標，對國語標準的制定必然產生一些負面的影響，也對各地具體實施小學母語教育產生了一些障礙。

二、忽視語言教育規律所造成的部分民眾對小學母語教育的反感與排斥

在具體的民國小學母語教育的實踐中，因爲一些主客觀原因，部分政策

〔註 32〕　唐錦柏：《中國的語言文字》，《文化建設》1934 年第 1 期，第 2 頁。
〔註 33〕　沈愼乃：《通信》，《新青年》1916 年第 1 號，第 5 頁。
〔註 34〕　王東傑：《「代表全國」：20 世紀上半葉的國語標準論爭》，《近代史研究》2014年第 6 期，第 77 頁。

執行者、施教者們沒有能夠切實地尊重語言教育的客觀規律，側重強調語言
教育的政治性與統一化，沒有關注到具體地區的具體語言生態，導致一些地
區的小學母語教育沒有得到民眾的眞心擁護，甚至產生了反感與抵制行動。
有人評價：「五四時期現代白話文運動的迅速成功與國語運動的曠日持久形成
了鮮明的對比，國語運動的成功需要強有力而穩定的政府和行之有效的教育
部門等，但是這些條件在晚清以降的中國很長時期都不具備。」〔註35〕早在
清末，從左宗棠以降，在邊疆推行的以漢語爲主的小學母語教育其效果總體
不佳，不但師資缺乏，培養質量不高，沒有能夠產出大量合格的雙語人才，
反而因漢語教育的強制學習，造成部分地區民族矛盾的激化。民國小學母語
教育在這些地區的推行也遇見了相同的狀況。其中不但有民族語言碰撞的客
觀原因，也有不合適的語言教育政策、教育模式、教育方法等主觀原因的貢
獻。客觀分析，一種統一的國家語言體系——國語——的建立依賴於從基礎
教育就開始的統一、規範的國語教育。同時，對少數民族母語的教育維護也
奠基於從基礎教育開始的少數民族母語教育。在漢族方言區，小學教育中的
國語課程需要與當地方言習慣進行鬥爭。而在少數民族地區，小學教育中的
漢語課程需要與少數民族語言同步，並行雙語的學習模式。這些教育的成功
實踐有賴於以下條件：一、一個強有力的能夠有效的推行其語言政策，實現
其實施的中央政府；二、能夠積極呼應中央的小學母語教育政策，並積極與
地方語言實際相結合，付諸實踐的地方政府。三、能夠與小學母語教育師資
條件相配套、適應具體語言生態環境、符合小學母語教育規律的新教學理念、
模式、方法的創造與推廣、應用。事實上，這些條件在民國大部分時期、大
部分地區都不具備。

　　一些學者也因尋求地方文化的超然身份而反對國語的人爲統一。如聶紺弩
說：『削足適履地、生吞活剝地強迫全國大眾拋棄自己從小就說著、和自己底生
活有密切關係的父母語，去學習那不知從哪裏來的所謂國語』，乃是一種『侵略
式獨裁式的辦法』，眞正的『統一的民族語』是在各地人們的交往過程中『逐漸
形成』的。〔註36〕這就是他們不用『標準語』的一個根本原因。」〔註37〕也有

〔註35〕　鄧偉：《試析五四時期語言文字建構的若干邏輯——以國語運動、白話文運
　　　　　動、方言文學語言爲中心》，《文藝理論研究》2016年第1期，第40頁。
〔註36〕　聶紺弩：《給一本廈門話寫文章小冊子作的序》，《語言・文字・思想》，不詳，第
　　　　　126頁。
〔註37〕　王東傑：《官話、國語、普通話：中國近代標準語的「正名」與政治》，《學術

人認爲他們「並不反對統一的民族語，所反對的是侵略主義的國語。」〔註38〕

　　歸根結底，在民國小學母語教育推行的具體過程中，學術界與教育界對於語言教育規律的學習與把握還很不足。1922年，黎錦熙提出在1913年實現讀音統一會，創設注音、字母；在1920年教育部通令全國小學實施國語教育這兩步的基礎上，需要大約將近100年的時間，才能實現全國國語統一的目標。「我們預定十年一步，到民國100年，大致是走到了。」〔註39〕在那個時候，「只在大學文科專科中因爲研究古學，才有這些死的漢字。這種大改進的精神，惟願諸君堅持到底。」〔註40〕也有人較爲極端，對於推行統一的小學國語教育有不同的看法，認爲這是違背了語言融合規律，不可能實現的道路。如陳丹企說：「用一個方言來削平群雄定於一尊以使溥天之下莫非王土的這種方法是行不通的。」〔註41〕黎錦熙也認爲在短時期內，各種漢族方言還有其獨特的價值，並不能全盤爲國語所一統。「統一的國語，就是一種標準的方言，不統一的方言，就是許多游離的國語。」〔註42〕無論國語還是方言，都是各有用途，互相幫助的，即所謂「『不統一』的國語統一」〔註43〕。也有人提出語言的合併統一是一個大的趨勢，但是這種趨勢的進程並非我們想像的那麼快速。任何語言的衰亡都有一個漫長的進程，在一個相當長的時期內，多種語言並存的形勢是長期存在的。

三、部分地區過於重視少數民族母語獨立性而導致的邊文障礙

　　在民國語言學界中，有一種觀點認爲各方言、民族母語的存在與發展並不妨礙中國國家的統一與民衆國家意識的完整。從保存語言多樣化、民族獨特性的角度來看，這是有一定道理的。但在此觀點上又衍生出一種觀點，即在少數民族地區的語言使用上，過於重視少數民族母語的地位與作用，甚至將其凌駕於國語之上，結果造成了更加嚴重的語言障礙與交流成本。如在一些少數民族聚居區的少數民族群衆頑固存在著不願意接受國語教育的情節，

　　　　　月刊》2014年第2期，162～163頁。
〔註38〕　應人：《讀了〈我對於拉丁化的意見〉之後》，倪海曙編：《中國語文的新生》，上海時代書報出版社1949年版，第75頁。
〔註39〕　黎錦熙：《國語教育底三步》，《國語月刊》1922年第6期，第2頁。
〔註40〕　黎錦熙：《國語教育底三步》，《國語月刊》1922年第6期，第2頁。
〔註41〕　陳丹企：《國語與方言》，《中國語文（上海）》1941年第3～4期，第166頁。
〔註42〕　黎錦熙：《國語「不」統一主義（下）》，《文化與教育》1934年第7期，第3頁。
〔註43〕　黎錦熙：《國語「不」統一主義（下）》，《文化與教育》1934年第7期，第3頁。

認爲漢族語言的教育推廣是一種異族文化的侵略。在他們的堅持下，這些地區的機關文件、政策報告，乃至行政條令等，都需要在以漢語進行書寫的同時，還須以民族母語進行書寫。尤其是在蒙文、藏文流行的邊疆地區。這些民族母語寫成的文件、報告、條令，在具體落實到民間時，因少數民族群眾對民族母語的識字率較低，使得這些民族母語文件大多成爲無效勞動的產物。時人也有批判，說這種對於邊疆民族語言在官方文告中的過度堅持，也是一種官僚主義的表現。反映到這些地區的小學母語教育上，由於沒有把握好雙語的平衡，再結合具體的師資等條件限制，導致小學國語教育在這些地區的一些學校中效果不佳，甚至少有成績，也就容易理解了。

　　任何事物都很難盡善盡美，民國小學母語教育的發展在很大程度上促進了中國語言統一，便利了各地區各民族民眾的交流與融合，起到了積極的作用。但也因爲種種歷史環境的限制，甚至個人因素，如黎錦熙所評論的「無非個個想做倉頡』，甚至要打起架來」〔註44〕，產生了一些負面效應，這也是難免的。

〔註44〕　鄧偉：《試析五四時期語言文字建構的若干邏輯——以國語運動、白話文運動、方言文學語言爲中心》，《文藝理論研究》2016 年第 1 期，第 37 頁。

附　錄

《全國小學國語文競賽會辦法》（二十三年九月教育部）

一、宗旨

本會以競賽國語文，促進國語普及為宗旨。

二、賽員

本屆與賽員，以全國公私立小學校學生為限。

三、組別

本屆分四級比賽，以初級三年為甲組，初級四年為乙組，高級一年為丙組，高級二年為丁組。

四、文體

本屆各級比賽國語文體，規定如下：

1、甲組：記敘文。

2、乙組：記敘文。

3、丙組：記敘文。

4、丁組：議論文。

五、題材

本屆各組比賽國語文的題材，由與賽員自定。

六、字數

本屆各組比賽國語文，每篇字數，以下列各組訂定數目爲準。

1、甲組：80 字至 120 字。

2、乙組：120 字至 200 字。

3、丙組：150 字至 200 字。

4、丁組：200 字至 400 字。

七、紙張

競賽用紙，須用國貨，由與賽員自傳。紙張照小學國語教科書大小。一律用毛筆（正楷）直行書寫。每面六行，每行十五字。兩頁以上，在每頁左上角，寫明頁數。

八、封面

競賽用紙一頁或數頁，均須用同樣紙張做封面，裝訂成冊。封面上須寫明，「組別」、「姓名」、「性別」、「年歲」、「籍貫」、「校名」、「校址」等字樣。

九、注音

文字右旁，一律附注標準國音（注音以教育部公佈的國音常用字匯爲準）注音符號。（不注調號）

十、標點

用教育部公佈的「新式標點符號」。

十一、參加

本屆由本會呈請教育部，通令各省市縣教育廳局轉令所屬公私立小學校學生參加競賽。

十二、初選

全國公私立參加學校，須於民國二十三年十月一日前，選定各本校每組最優等文卷各一篇，（參加一組或四組聽便。）呈送主管機關。（省立小學呈送省教育廳，市立小學呈送市教育局，縣立小學呈送縣教育局。）再由各級主管機關，於民國二十三年十一月一日前，選定每組最優等文卷各兩篇，逕寄上海西藏路平榮里九十八號全國國語促進會辦事處。

十三、評判

1、評判員由本會聘請若干人，分組評判。

　　2、評判標準和計分法：

　　　　注音……二五分。

　　　　內容……（思想材料）三五分。

　　　　形式，（語詞、語法、結構、修辭、標點）四十分。

十四、獎證

　　各組分數最多的十名，各獎獎證一張，由本會呈請教育部頒發。

十五、附則

　　本辦法如有未盡事宜，由全國國語教育促進會修正。〔註1〕

《中華民國國語研究會暫定簡章》

一、定名

　　中華民國國語研究會

二、宗旨

　　研究本國語言選定標準以備教育界之採用

三、會所

　　設於北京（暫借北半截胡同旅京江蘇學校爲事務所）

四、會員

　　凡贊成本會宗旨者由本會會員介紹得爲本會會員

五、職員

　　設會長一人，副會長一人，幹事若干人，評議員若干人，由會員互舉之。

六、會務

　　（甲）調查各省區方言（乙）選定標準語（丙）編輯語法辭典等書。（丁）用標準語編輯國民學校教科書及參考書（戊）編輯國語雜誌

七、會期

　　每年開大會二次，如有特別事故得開臨時會。

〔註1〕　《全國小學國語文競賽會辦法》，《河北教育公報》1934 年第 27～29 期，第 19～20 頁。

八、會費

本會開辦經費暫由發起人擔任之，常年經費由會員擔任之（每人年繳會費二元）

九、附則

以上簡章得於大會時以多數會員之統一修改之。

《中華民國國語研究會徵求會員書》

同一領土之語言皆國語也，然有無量數之國語，較之統一之國語，孰便？則必曰統一爲便。鄙俗不堪書寫之語言，較之明白近文字字可寫之語言，孰便？則必曰近文可寫者爲便，然則語言之必須統一，統一之必須近文，斷然無疑矣。慮之者，有二說焉。甲說曰我國既有無量數之語言，各安其習，誰肯服從，將以何地之語言統一之。乙說曰數千年之積習，數億萬之人口，數億萬之面積，欲求統一，能乎不能？今試爲分解之。甲說謂各安其習者，未生不便之感覺也。吾人之始離鄉里也，應對周旋，一切不便，及其既久，不知不覺而變其鄉音。其變也，但求便利，無所容其，自是亦無所謂服從。況統一之意，當各采其地之明白易曉近文可寫者定爲標準，互相變化，擇善而從，刪其小異，趨於大通，初非指定一處之語言而強其他之語言服從之也。至乙說所慮謂之爲難可也，謂之爲不能不可也。夫語言本古今遞變（顧亭林說），今日各地之方言已非昔日各地之方言具有明徵（春秋吳越語今蘇杭人不解紅樓夢之京話與今之京話多不同；蘇州白話小說及傳奇中之蘇白大異於今蘇語。其他古今白話不同之證，甚多）但其變也無軌道可循，則各變其所變。使立定國語之名義，刊行國語之書籍，設一軌道以導之，自然漸趨於統一，不過遲速之別而已。沈約四聲韻譜，當時本多反對，及其韻書流行，雖日本、朝鮮同文之國，亦歸一致。然則苟有軌道可循？無用慮區域之廣、人口之多也。由此言之，不必慮統一之難。當先慮統一之無其術與具耳。同人等有見於此，思欲達統一國語之目的，先從創造統一之方術與夫統一之器具爲入手方法。惟志宏才薄，懼不克成此大業，爰設此會，冀欲招集同志，共襄此舉，四方君子，幸贊助焉，此啓。〔註2〕

〔註2〕 《中華民國國語研究會暫定簡章》，《新青年》1917年第1期，第1～2頁。

《小學國語課程標準》

第一　目標

（一）指導兒童練習國語，熟諳國語的語氣語調和歷史作用，養成其正確的聽力和發表力。

（二）指導兒童由環境事物和當前的活動，認識基本文字，獲得自動讀書的基本能力，進而欣賞兒童文學，以開拓其閱讀的能力和興趣。

（三）指導兒童從閱讀有關國家民族等的文藝中，激發其救國求生存的意識和情緒。

（四）指導兒童體會字句的用法、篇章的結構、實用文的格式，習作普通文和實用文，養成其發表情意的能力。

（五）指導兒童習寫範字和應用文字，養成其正確、敏捷的書寫能力。

第二　作業類別

（一）說話

　　（1）日落談話的耳聽口說。

　　（2）問答、報告、講述故事、演說、辯論等的練習。

　　　　（附注）這類作業，在原來使用標準語的地方，不用設置；在不適用標準語的地方，以設置爲原則。教學時應用標準語；倘師資缺乏，不能用標準語時，也應充分用近於標準語的口語教學。

（二）讀書

　　（1）習見文字、注音符號、標點符號等基本工具的熟習和運用。

　　（2）相像性的普通文、實用文、詩歌等的欣賞、理解。

　　（3）現實的普通文、實用文等的精讀和略讀。

　　（4）輔助讀物的課外閱讀。

（三）作文

　　（1）應用的普通文、實用文格式、結構、文法、修辭等的理解和運用。

　　（2）經歷、計劃、感想等的敘述抒發。

　　（3）普通文、實用文等的習作。

（四）寫字

（1）正書、行書的習寫。

（2）實用文的抄寫。

（3）通用字行書、草書及簡體字的認識。

第三　各學年作業要項

第一、二學年

說話：

一、日常用語的練習。

二、有組織的語言材料的演習。

三、簡易有趣的日常會話。

四、簡短故事的表述練習。

五、國音注音符號的熟習。

每周時間：60分。

讀書：

一、連續故事圖的講述、欣賞。

二、有關兒童生活、道德教訓等富於相像性的童話、寓言、自然故事、
　　生活故事、兒歌、雜歌、謎語等的欣賞、演習或吟詠。

三、有關學校生活的淺易布告書信等的閱讀理解。

四、上兩項教材中重要詞句和單字的熟習運用。

五、各種淺易兒童圖書的課內或課外閱覽。

六、簡易標點符號的認識。

一二年級共360分。

作文：

一、對照圖片實物等的口述或筆述。

二、日常生活偶發事項、遊戲動作、集會、故事等的口述或筆述。

三、簡易說明文書信等的分析或試作。

一二年級共360分。

寫字：

一、簡易熟字的硬筆（鉛筆或石筆）習寫。

二、毛筆寫字的基本訓練（執筆、運筆、姿勢等）。

三、單體及合體字筆順、偏旁冠腳、部位等的辨認練習。

四、正書中字的影寫、仿寫。

一周時間：360 分鐘。

第二、三學年

說話：

有組織的語言材料的練習。

二、有趣味的日常會話。

三、故事的表述練習。

四、簡短演說的練習。

五、國音注音符號的運用。

每周時間：30 分。

讀書：

一、有關兒童生活及含有道德教訓或國家民族意識等的自然故事、生活
　　故事、歷史故事、傳說、寓言、笑話、劇本、雜記、遊記、兒歌、
　　雜歌、民歌、短歌劇、小詩等的欣賞演習或吟詠。

二、有關日常生活的淺易重要書信、布告等的閱讀理解。

三、上兩項教材中重要詞句和單字的熟習運用。

四、各種淺易兒童圖書的課內或課外閱讀。

五、普通標點符號的理解熟習。

六、字典詞書的練習使用。

每周時間：210 分。

作文：

一、對照圖片、模型、實物等的筆述。

二、日常生活、遊戲動作、偶發事項、集會、故事、時事、讀書要點等
　　的記述。

三、對於家庭、學校、社會的建設改進計劃或感想的發表。

四、書信等的分析或試作。

五、普通標點符號的運用練習。

每周時間：90 分。

寫字：

一、毛筆寫字的基本訓練。

二、字的結構部位等的辨認練習。

三、正書中小字的仿寫。

四、中小字的應用練習。

五、簡便行書的認識並試寫。

每周時間：70 分。

第五、六學年

說話：

一、日常會話。

二、故事的表述練習。

三、普通演說的練習。

四、辯論的練習。

五、話劇的練習。

每周時間：30 分。

讀書：

一、有關兒童生活、道德教訓、讀書指導及含有國家民族意識等的歷史
故事、生活故事、自然故事、傳說、小說、笑話、劇本、遊記、雜
記、詩歌、理解或吟詠。

二、普通的淺易重要書信布告等的閱讀理解。

三、上兩項教材中重要詞句修詞及簡易的熟習運用。

四、各種兒童圖書及淺易日報小說等的課內或課外閱讀。

五、選擇課外讀物的練習。

六、檢查字典詞書的使用。

每周時間：240 分

作文：

一、日常事項、偶發事項、讀書心得等的筆述。

二、各種小問題的評述。

三、繼續第三、四學年第三項。

四、演說辯論的擬稿。

五、應用的普通文實用文（注重書信報告書）的分析習作。

六、文藝文的試作。

寫字：

一、正書中小字習寫。

二、實用文（注重書信的格式）的書寫。

三、簡便行書的習寫。

四、通用字行書草書的認識。

每周時間：60 分。

附注：

一、讀書教材，應以兒童文學為主體。

二、第一二學年說話、讀書、作文、寫字以混合教學為原則。

三、第三四學年起，說話、讀書、作文、寫字仍可混合教學。如分別教
學時，也應互相聯絡。

四、在原用標準語的地方，說話作業從缺，把省下來的時間加在讀書寫
字等作業中。

附件一：讀書教材各種文體的說明

（甲）普通文

（一）記敘文

（1）生活故事　以兒童等為主角，記述現實生活的故事。

（2）自然故事　關於自然物的生活和特徵的故事（科學機械等發明的故
事也歸入此類）。

（3）歷史故事　合於史實的記人或記事的故事（傳記、軼事等也歸入此
類）。

（4）童話　超自然的假設故事（神仙故事、物語也歸入此類）。

（5）傳說　民間傳說的故事（原始故事也歸入此類）。

（6）小說　冒險、偵探、戰爭等富於藝術描寫的故事。

（7）寓言　含有道德意義的簡短故事。

（8）笑話　滑稽可笑的簡短故事。

（9）日記

（10）遊記

（11）其他

（二）說明文

（三）議論文

（乙）實用文

（一）書信　兒童和家屬親朋教師同學等往來的信札。

（二）布告　學校或兒童自治團體等的通告廣告。

（丙）詩歌

（一）兒歌　合於兒童心理的趁韻歌辭（急口令等也歸入此類）。

（二）民歌　民間流傳的歌謠（擬作的民歌也歸入此類）。

（三）雜歌　一切寫景抒情敘述故事等的歌謠（彈詞鼓詞也歸入此類）。

（四）謎語　包括擬作。

（五）小詩　簡短的，近人的所謂新詩和古人的白話詩。

（丁）劇本

（一）話劇

（二）歌劇

附件二：讀書教材編選的注意點

（一）根據本黨的主義，儘量使教材富有犧牲、互助、奮發、圖強的精神。

凡含有自私、自利、浪漫、消極、退縮、悲觀、封建思想、貴族化（如王子公主……之類）、資本主義化（如發財……之類）等的教材，一律避免。關於左列的教材，尤應積極採用：

（1）關於國民革命的，例如：

（甲）國旗；

（乙）中山先生革命生活；

（丙）重要的革命紀念日（如黃花崗之役、武昌首義等）；

（丁）其他。

（2）關於奮發民族精神的，例如：

　　（甲）愛國、興國和民族革命、民族復興有關的；

　　（乙）和中華民族的構成及文化有關的；

　　（丙）和國恥國難有關的，但以根據歷史事實，不流於感情叫囂者為限。

　　（丁）其他。

（3）關於啟發民權思想的，例如：

　　（甲）破除神權的迷信的；

　　（乙）打破君權的信仰和封建思想封建殘餘勢力的；

　　（丙）倡導平等、互助、規律等的；

　　（丁）關於民權運動的；

　　（戊）其他。

（4）關於養成民生觀念的，例如：

　　（甲）勞動節和有關農工運動的；

　　（乙）有關造林運動、改良農業、工業運動的；

　　（丙）有關提倡國貨的；

　　（丁）有關合作生產、合作消費的；

　　（戊）其他。

（二）根據兒童心理，儘量使教材切合兒童生活和兒童閱讀能力及興趣。其條件如左：

（1）意義方面

　　（甲）適合我國自然和社會環境等一般情形，並不與現代相違背；

　　（乙）適合我國教育目標或富於道德教訓；

　　（丙）適合兒童經驗和閱讀興趣（初年級喜富於相像性的教材，中年級漸喜現實的教材，高年級喜性質奇特的教材如戰爭、探險、英雄偉績、機械發明等）；

　　（丁）奇警而有充分的真實性；

　　（戊）具體而有深切雋永的趣味；

　　（己）有引導兒童動作、思考等的功用。

（2）文字方面

（甲）確是國語，不雜土語、方言（詩歌韻取國音）；

（乙）語句明白順適，合於語言的自然；

（丙）措辭生動而不呆板；

（丁）敍述曲折而不太平直；

（戊）描寫真切而不浮泛，並且和所敍的事實「一致的和諧」；

（己）情節一貫，層次井然；

（庚）結構嚴密完整而不疏散奇零；

（辛）題材多用「擬人」的描寫（例如用憑媒嫁娶擬蜂傳花粉，用唱歌擬鳥叫等）和直接語的敍述（例如動物的生活，不用第三者的口吻轉述，而由動物自述等），以使兒童設身處地親切體味。

（壬）生字依據部頒的兒童文匯，支配大體均衡，並且多複習的機會；

（癸）文字的深淺恰合兒童程度。

（3）插圖方面

（甲）插圖必須多，最好和文字各占一半；

（乙）圖幅的大小：低年級用的，占全面的二分之一；中高年級用的，可小些，但至少占全面四分之一；

（丙）在可能範圍內，中低年級多用彩色圖；

（丁）單色圖以濃淡深淺分別；

（戊）圖中的主體，特別明顯；

（己）生動而富於滑稽性。

（4）編排方面

（甲）低年級開始用的課文，先是演進練習的圖書故事，次是半圖半文的「反覆故事」；初用的故事詩歌，從完整成段或成篇的文字入手，不從單字單句入手；

（乙）除了欣賞的材料之外，還得有參考的材料；

（丙）想像性的材料和現實的材料，大約是一與五之比；

（丁）避免足以引起恐怖或確實足以養成兒童迷信觀念的材料；

（戊）文體錯綜排列，支配約如左表，但不必十分拘泥；

類別　　百分比　　年級		低	中	高
普通文	記敘	七〇	六七	六〇
	說明		五	一〇
	議論			五
實用文		三	一〇	一二
詩歌		二七	一五	一〇
戲劇		〇	三	三

（己）全書各冊最好都有組織，最好都把兒童或兒童切近的人物做
　　　教材中的主角；

（庚）依時令季節排列，以便隨時教學，易於直觀；

（辛）附問題和練習課文，高年級用的並附語法和各種實用文格式；

（壬）有注解或並有索引；

（癸）分量足用（每本在一百面以上），多留用者的選擇餘地。

第四　教學要點

（一）說話

（1）教師應預編案例，作爲語言材料。語料分三種如左；

　　（甲）有組織的演進語料，每套要有一個題目；每句要單說動作的
　　　　　一步，但不可太繁瑣；要從一個主位說起，並且要容易看容
　　　　　易做；每套的句子不可太多。

　　（乙）會話的語料，要集中於一件有趣味的事情上，而且有一個有
　　　　　趣味的題目。

　　（丙）故事的語料，要含有兒童文學趣味，而不違反黨議。

（2）開始教學時，尤應注意於語句的完整和姿態的活潑自然，並須使兒
　　　童熟知問答的法則。

（3）聽熟了，然後學說；說熟了，然後換別種教材；所換的教材，應當
　　　和已教的教材充分的聯絡，充分的用已熟習的詞句。

（4）說話要自然（不可拘泥於文字的斟酌而受文字的束縛）。並且要注

意兒童語和成人語的不同。

（5）說話要生動，有情景；教學和動作，要結合表現；已經講過的故事，最好要使兒童表演。

（6）凡容易錯誤的音或話，要格外說的清楚，聽得多，練習得多，並根據發音部位指導矯正；意義不明顯的話，要用實物、圖型、動作、說明、翻譯等表示意義。

（二）讀書

（7）在可能範圍內，可不必用國語課文，教學程序如下：

（甲）低年級開始，從環境和季節的單元活動入手，在觀察、動作、談話的時候，就實物、動作、圖畫等得到的觀念裏，抽出主要的詞和語句來，作兒童學習的資料，進而加以練習；

（乙）主要文字所含的部首音系，指導兒童隨機辨認；

（丙）約經過相當時期後，就閱讀「反覆故事」，（由兒童自讀）；

（丁）再經過相當時期後，乃採取普通讀物，分期配置，指導兒童自由閱讀；

（戊）常識類的普通讀物，逐漸加多分量。

（8）國音注音符號，在可能範圍內，應比漢字先教。教學時，應注意下列各點：

（甲）從用注音符號寫成的完整的語句入手，等語句熟習了而且讀得多了，再分析辨認各個符號的音和形；不得開始就教各個符號的形和音；

（乙）辨音時，不必過於注意四聲，但開齊合撮的口腔，必須注意；

（丙）應領導兒童多練習，多寫；

（丁）應用符號編座位號次和筆記簿號碼……；

（戊）教學時應多用教具。

（9）讀書教學，須先全體的概覽而後局部的分析，先內容的吸取而後形式的探求，先理解而後記憶。

（10）文藝材料的教學，須多方的補充想像，並隨機設計表演，把內容情景顯露無遺，使兒童得充分的欣賞。

（11）讀書教學的順序如下：

（甲）概覽全文，將生字難語弄個明白。

（乙）分段閱讀解答；

（丙）瞭解全文；

（丁）摘要表述（即寫綱領，作報告或筆記心得等）。

（12）每周除精讀外，應定時指導兒童略讀。略讀，以默寫爲原則。

（13）誦讀，低年級朗讀應多於默讀；中年級朗讀默讀各半；高年級默讀的時機，要較朗讀爲多。教學朗讀，宜注意發音和語調；教學默讀，宜注意訓練兒童讀得正確、迅速（養成有規則的眼動，免除暗發喉音，注意閱讀時間的減縮……）而扼要（就是提綱挈領，如劃分段落、尋求要點等）。

（14）文字的記憶，應用「生字練習片」，反覆練習；不得動輒責令兒童背誦全文或一大段。生字練習片，大約三公寸長、兩公寸寬，上寫一字或一詞。

（15）自二年級起，得視相當機會約略指點文字構成的意義（例如吃從口，燒從火，且爲日從地上出現之類），以減少兒童書寫時的錯誤。遇有需要時，並約略指導簡易的文法，以增進兒童閱讀和發表的能力。

（16）略讀的圖書，須欣賞的、實用的、參考的三項並重，但依年級而異其分量。除課內指導外，應督勸兒童課外閱讀，並作讀書報告。

（17）課外閱讀的讀物，須與課內的讀書教材相應，或有輔助的關係；並須同樣考核成績。

（18）自四年級起，應指導兒童練習讀書筆記。

（三）作文

（19）無論口述或筆述，都得注重內容的價值，而不僅著眼於語言文字的形式的練習。

（20）口述應和筆述常相聯絡。例如同一題材，先演講（口述），繼以記述（筆述），再繼以討論（研究）；或先演講，繼以記述；或先記述，繼以討論。

（21）低年級作文的指導可多用「助做法」，中年級可多用「共做法」。

（22）須養成起腹稿或先做大綱的習慣。

（23）命題方法應注意：（一）利用機會命題，（二）常由兒童自己命題，（三）多出題目，以備選擇。

（24）命題性質應注意：（一）合於兒童生活的，（二）便於兒童發揮的，
（三）富於興趣的。

（25）批改成績應認真，應多保留兒童本意，並予兒童以公同批改研究
的機會。並得於高年級中斟用「訂正符號」，使兒童自己修改。又
謄清手續，非有特殊需要時，應省去。

（26）訂正錯誤應多個別指導。如有巨大的錯誤，可將其容易錯誤的文
法句法，用聽寫法仿做法等充分練習。

（27）文法語法的指導，須在需要時提出；指導時，須用歸納的過程，
把國語文中已習過的材料做基礎。並搜集類似的材料，比較研究。

（28）作文的範例，須以模範（思想無誤、層次清楚、格式恰合，……）
的實用文、普通文為主。

（29）開始練習作文時，就應指導兒童筆記當前的活動。

（30）須隨機或特殊設計，多多指導兒童習作實用文。

（31）作文須與各科（如筆記各科的講述等）聯絡，並須與課外活動（如
學校新聞、學級刊物的擬稿等）聯絡。

（四）寫字

（32）寫字的材料，初學應採習用的字、易誤的字。其自由寫或速寫的
練習，應組成有意義的句子，以減少機械的作用。字體，得充分
用簡體字，以求簡易迅速。

（33）寫字練習，應以中楷（正書中字）為主要教材。

（34）寫字的姿勢，工具的應用，桌椅的排列，以及字的筆順、結構、
位置等。開始的時候，就應當嚴密注意指導，不得懈怠。寫中字
時，尤應注意如下的各點：

（甲）用羊毫筆，以筆鋒細直的為宜。寫時開通三分之二，寫完後，
把墨洗淨。

（乙）硯以細緻而不粗糙、光滑為善。墨必磨濃，宿磨最好常常洗
去。

（丙）執筆法如圖。大指中指做成一個圓形（大指節向外突），各
用指尖將筆桿夾住；食指在中指上和中指相併，把第一節裏
面的中間段傾斜地枕擱在筆桿外面；無名指指背的指甲和肉
相交處貼住筆桿的裏面，小指更貼住無名指。虎口朝天，作

圓形；掌心空虛，可以放一個大雞蛋；手臂擱在桌上，手腕
稍稍懸空。寫字時，五指一起用力；大指向外拒，中指向內
抵，食指向內鉤，無名指向外彈，小指幫助無名指。凡寫橫
直撇捺等，用中指向右下或左右微微地用力壓迫。食指小指
便微微地退卻；寫鉤和回筆用無名指斜彈，中指稍放鬆。

（丁）寫字時，時時把指尖盤旋筆桿，以使筆鋒面面用到，不易損
壞。

（戊）橫、直、撇等的起筆處，橫和垂露式直的收筆處，最好各有
回筆。

（35）摹寫（或稱印寫）、臨寫（用範書字帖）、自由寫（不用樣本），應
交互參用。但初學時得從摹寫入手，以便學習執筆運筆等方法。

（36）練習時，須依照年齡能力，分組分團。高年級尤應多採用合於兒
童個性的坎本指導兒童臨摹。

（37）寫字教學的時間支配，應採用「分佈練習」的原則（就是每周次
數多，時間少……）。

（38）應令兒童參觀教師和同學的寫字的實際動作，以便指導改進。

（39）須時長定期舉行比賽練習。

潼關第二小學王家鰲老師所選編的一年級輔助國文讀物

《三隻貓》

有三隻貓：一隻大貓，一隻中貓，一隻小貓。

大貓住大房子，中貓住中房子，小貓住小房子。

大房子裏，有一隻大床，是大貓睡的。中房子裏，有一隻中床，是中貓
睡的。小房子裏，有一隻小床，是小貓睡的。

大床的右面，有一隻大凳子，是大貓坐的。中床的右面，有一中凳子，
是中貓坐的。小床的右面，有一隻小凳子，是小貓坐的。

大床的左面，掛著一件大衣服，是大貓穿的。中床的左面，掛著一件中
衣服，是中貓穿的。大床的左面，掛著一件小衣服，是小貓穿的。

大凳子上，有一大碗飯，是大貓吃的。中凳子上，有一中碗飯，是中貓
吃的。小凳子上，有一小碗飯，是小貓吃的。

大貓吃飽了飯，穿了大衣服，到山上去了。中貓吃飽了飯，穿了中衣服，也到山上去了。小貓吃飽了飯，穿了小衣服，也到山上去了。

大貓跑到山上，碰著了一個仙人。中貓跑到山上，碰著大貓和仙人。小貓跑到山上，碰著中貓大貓和仙人。

大貓對仙人鞠躬，仙人對大貓笑笑。中貓對仙人鞠躬，仙人對中貓也笑笑。小貓對仙人鞠躬，仙人也對小貓笑笑。

後來仙人攙了大貓的手，說道：「大貓啊！你這樣的大，真氣概哪。」仙人攙了小貓的手，說道：「小貓啊！你這樣的小，真玲瓏哪。」仙人攙了中貓的手說道：「中貓啊！你最好了，你是不大不小，生得真好看哪。」

大貓對仙人說道：「仙人啊！你到我家裏去嗎？我家裏有一隻很好的床，你可以睡的。」中貓對仙人說道：「仙人啊！你到我家裏去嗎？我家裏有一隻很好的椅子，你可以坐的。」小貓對仙人說道：「仙人啊！你到我家裏去嗎？我家裏有一件很好的衣服，你可以穿的。」

仙人對其大貓說道：「我的精神很好，不要睡。」仙人對中貓說道：「我的腳力很好，不要坐。」仙人對小貓說道：「我的身上不冷，不要穿衣服。」

大貓要拖仙人回去；中貓也要拖仙人回去；小貓也要拖仙人回去。仙人就逃走了。〔註3〕

潼關第二小學王家鰲老師所選編的二三年級輔助國文讀物

《小傻子》

小傻子本來姓程，名字叫做香兒。人家看他所做的事情，都有點兒呆氣，所以就把小傻子三字來代替他的名字了。

他的父親，是在鐵路上做小工的。每月只賺幾塊錢，所以沒有餘錢，可以給妻子用了。幸虧得他的母親，一天到晚，總是給人家洗衣服，賺下錢來，養活這小傻子。

一天，小傻子站在門前，看見走過一個送牛奶的人，挑了幾十瓶牛奶，

〔註3〕 王家鰲：《潼關第二小學「國語進行」上的大略報告和第二年所發現的兩個困難問題》，《國語月刊》1922 年第 5 期，第 5 頁。

一家一家的送去，他十分奇怪了。就奔到屋裏去問他母親。母親道：「這是送牛奶的人呀！他這樣的一瓶送到人家去，也許賣五六分銀子咧。」小傻子說道：「哦！牛奶！人家買了，有什麼用處呢？」母親道：「你是可憐，生長在我們這樣的苦人家，從沒有吃過這好東西，這是滋補身體的食品呀！」小傻子說道：「什麼！這是滋補身體的食品嗎？我們家裏是也有的，爲什麼不裝在瓶子裏，天天挑出去賣呢？」母親道：「沒有啊！」小傻子就指著盆裏的肥皂水，說道：「母親啊！這不是滋補身體的牛奶嗎？你爲什麼一天天要倒他到陰溝裏去呢？」母親道：「你眞是個小傻子啦！這是肥皂水呀！不能夠吃的。」小傻子道：「肥皂水！不能夠吃的，我明白了。」但是他的心裏卻仍舊當做牛奶。

後來，他的母親，到河邊去洗衣服了。他坐在小凳子上，想起了方才說的牛奶不牛奶，就把一隻碗，到盆裏舀了一碗肥皂水。他一路吃一路還自言自語的說道：「好滋味哪！吃了是滋補身體的。好滋味哪！吃了是滋補身體的。」吃了一碗，又是一碗。小傻子的肚子裏，吃得飽極了。一陣反胃，把吃下去的肥皂水，和沒有消化的飯、菜，一起都嘔了出來。這時候他的母親洗好了衣服進來。小傻子就說道：「母親啊！我上了你的當了。險些兒嘔死。」母親道：「你這小傻子。」

過了幾天，小傻子又站在門前了。他看見走過一個賣鱔魚的人，挑了一擔鱔魚，嘴裏賣鱔魚賣鱔魚的喊，他又不懂了。就問他的母親。母親道：「這是鱔魚，可以吃的。」小傻子說道：「哦！鱔魚！可以吃的，他的滋味怎麼樣？」母親道：「你是可憐，生長在我們這樣的苦人家，從沒有吃過鱔魚，所以莫怪你不懂，其實他的滋味，是很好的哪！」小傻子說道：「迎啊！既然鱔魚的滋味很好，我們家裏是也有的啊！爲什麼不時常捉來吃呢？」母親道：「沒有啊！」這時候恰巧有一條小蛇，從牆角遊出來。小傻子就指著小蛇說道：「母親啊，這不是可以吃的鱔魚嗎？」母親道：「你眞是小傻子啦！這是蛇啊！不能夠捉的。」小傻子道：「這是蛇，不能夠捉的，我明白了。」但是他的心裏，卻仍舊當做鱔魚。

後來他的母親，又到河邊去洗衣服了。他坐在小凳子上，呆呆的對那小蛇看，只見小蛇動也不動的圍在柴堆旁邊。他想現在母親出去了，我可以捉鱔魚啦。就奔過去在小蛇的尾巴上一把，那知道蛇是滑的，一連握了幾個空。小傻子再去捉他，小蛇就回頭過來，把他肩膀上一口。這時候小傻子痛極了

就沒命的亂喊。他的母親，洗好了衣服進來了，小傻子就說道：「母親啊！我上了你的當了。險些兒被鱔魚咬死了。」母親道：「你這個小傻子。」

　　小傻子從此以後，他再也不敢背了母親做什麼了。〔註4〕

滸關第二小學王家鰲老師所選編的三四年級輔助國文讀物

《象爲什麼要怕老鼠》

　　小白熊受了虎大王的委任，到獅大王跟前去說情，要求獅大王釋放打死小獅王的小虎王，並且情願每年貢兔、羊、豬，各三百隻到獅國裏。所以獅大王雖沒答應，心中卻早已允許的了。哪曉得長鼻將軍心存不良，就假意殷勤的招待小白熊，請小白熊到將軍府裏去飲酒。獅王看見長鼻將軍，和他十分好，所以並沒有攔阻；況且小虎王也是長鼻將軍把他拘禁的，大約現在是去開放小虎王了，所以更不去攔阻他們啦。

　　小白熊跟了長鼻將軍，走到將軍府門首。只見長鼻將軍鬼鬼祟祟的和許多手下的小象密談。他並不疑惑，因爲當做將軍吩咐手下，怎樣的來迎接我了，所以他只管大搖大擺的向將軍府正門裏走過去，忽然聽得將軍高聲喊道：「小白熊！你中了我的計了，小象們！來！來！來！快些把他擒住，也關到鐵籠子裏去！」那時，小白熊眞是上天無路，入地無門，打也打不過，逃也逃不掉，只得由他們擺佈啦。

　　虎大王自從差了小白熊出去以後，沒一天不眼巴巴的盼望他帶著小虎王回來。那知道左等也不來，右等也不來；眞所謂「望眼將穿」了，還是沒有回來。他想：小白熊是我的心腹之將，無論獅大王允許不允許，他總要回來告訴我的，現在他一去不返，一定又被獅大王擒住了，我若興師動眾，和他們決一死戰，慢說他強我弱，難以取勝；就是僥倖而勝，我的損失，一定也不少了。所以他召集全國兵將，在虎王宮裏商議，那時熊將軍、猿將軍，都是竭力主戰，只有一個小黑鼠小將，不贊成戰，情願單自一人到獅國去設法救回小虎王小白熊。因此說道：「虎大王！熊老將軍！猿老將軍！請賜下將

─────────────────

〔註4〕　王家鰲：《滸關第二小學「國語進行」上的大略報告和第二年所發現的兩個困難問題》，《國語月刊》1922年第5期，第3～5頁。

令，命小將到獅國，保管可以不傷一卒，不折一矢，穩穩將小虎王小白熊一起救回來。」虎大王對他一看，說道：「你小小的身材，有多大本領，敢說這樣的狂話嗎？」小黑鼠道：「大王啊！小將並非大膽誇口，我可以立下軍令狀，然後出去，倘若不能救小虎王小白熊回來，我情願萬剮千刀，死而無怨。」虎大王看他十分忠勇，就准他去了。

　　小黑鼠到了獅大王跟前，就把虎大王怎樣抱歉，命小將來帶小虎王回去懲辦，以全邦交等話說了一遍。獅大王十分詫異的樣兒說道：「你來遲了！小虎王早已跟了貴國大使小白熊回去了。」小黑虎道：「沒有回來啊。」獅大王道：「那麼你去問長鼻將軍罷，小虎王是他護送出境的。」小黑鼠就辭別了獅大王，往長鼻將軍府裏去了。

　　他走到將軍府門首，許多守門的小象，都是靠著將軍之勢，攔阻著不許進去。幸虧得小黑鼠身材瘦小，被他一溜，竟進去了。那守門的小象，料想小黑鼠沒有多大本領，所以不去追趕他了。他到了將軍府裏，東找西尋的忙了半天，還沒有找到長鼻將軍，因此十分憂急，後來聽得許多小象，一齊喊道「將軍回府啦。」他想：哦！怪不得我找了許久，找不到他，原來他不在府裏。現在既然他回來了。我可以去問他小虎王小白熊的下落了。

　　他就走到長鼻將軍面前，說道：「大將軍啊！小將奉了虎大王的命令，到獅大王跟前來領小虎王回去治罪，哪曉得獅大王說，是大將軍留住在府裏，教我來領的。現在請大將軍快把小虎王小白熊，來給我帶回去罷。」長鼻將軍道：「小黑鼠！你說的話太荒唐了，誰留住小虎王小白熊呢？你快走，還是你的造化；倘若不走，莫怪我把你踏死。」小黑鼠一聽他的言語不對，明明想嚇走我，我今天一定要問他要小虎王小白熊的。因此假裝逃走，等他沒有防備就一跳鑽進他的長鼻子裏去了。

　　長鼻將軍覺得鼻子裏，很不舒服；就把鼻子卷了幾卷，那曉得反而痛起來了。小黑鼠在鼻子上咬了幾口說道：「好長的鼻子啊！今天我不能咬破你的骨頭，還有明天；明天不能，還有後天，總要結果你的命。」長鼻將軍才明白被老鼠鑽進鼻子裏去了，十分著急的說道：「鼠將軍！鼠伯伯！你快出來，饒了我罷！你要怎麼樣，都可以說的。」小黑鼠道：「我不要旁的，我只要小虎王小白熊。」將軍道：「我去開鐵籠子，放他們出來。」他連忙奔到後面，把鐵房子的門一開，再進去把鐵籠子門開好，說道：「小虎王！小白熊！請出來罷！現在貴國有一位小黑鼠將軍來迎接你們了。」那時小虎王、小白熊聽

得有人來迎接，自然十分快活的說道：「來了，來了。」跟了長鼻將軍就走。

走到將軍府門口，將軍喊道：「小黑鼠將軍！請你出來罷！現在小虎王小白熊都在這兒了。」小黑鼠就從長鼻子裏鑽出來一看，果然小虎王小白熊都出來了，就跳出來跟了小虎王小白熊回國。

長鼻將軍等到他們都去遠了，就召集全國的大象小象，把老鼠「鑽進鼻子裏去」這件事，說了一遍。從此以後那怕很大很大的大象，遇到了極小極小的小老鼠，沒有不逃走的。〔註5〕

《小學戰時國語補充教材》

教育部戰區中小學教師四川服務團教材編輯組編

綜合《教與學》月刊 1938 年第 3 卷第 10 期

小學低年級用：

《敲鑼鼓》

（一）

去年春節在家鄉，大家歡聚在一堂。你敲鑼，我敲鼓，聲音敲得眞響亮。

（二）

現在家鄉失去了，丟了鑼鼓沒有敲。鑼鼓不敲還罷了，想起家鄉眞煩惱。

（三）

莫煩惱，莫煩惱，大家一心把國保；等到殺退鬼子兵，回家再把鑼鼓敲。

教學要點：

每年春節中，兒童多愛敲鑼鼓，本篇即取材於此。旨在觸髮兒童懷念故鄉的情趣，更由此激勵其抗戰報國的熱忱。

教學前可從春初社會事實引起動機。

誦習時應令兒童回想過去春節中敲鑼鼓的興趣，並徵詢今年的感想，使共同發揮愈見。

關於家鄉、歡聚、煩惱、響亮及敲鑼鼓等字，初學較感困難，

〔註5〕 王家鰲：《滸關第二小學「國語進行」上的大略報告和第二年所發現的兩個困難問題》，《國語月刊》1922 年第 5 期，第 2～3 頁。

宜用閃爍片反覆練習。

《杏花》

每年二月，江南一帶的杏花都開放了，真是好看。

現在又到了杏花盛開的時候了，但是江南已被敵人強佔，美麗的杏花也只好聽任敵人去玩賞了！

這樣好的地方，我們就讓給敵人了嗎？不！我們要趕快振作起來，把敵人趕出我們的國土，收復我們美麗的江南。

教學要點：

本篇主旨在抒寫盛開杏花的江南，已經被敵人強佔，可愛的杏花無從欣賞，藉以激發兒童抗敵的情緒。

教者已採杏花數枝並備中國地圖，引導兒童欣賞杏花的優美，並明瞭盛產杏花的地點。

《我們的家鄉》

我們的家鄉，交通便利，商業興旺，有高山，有大江，有鐵路，有工廠。

我們的家鄉，氣候溫和，土地優良，出產稻麥高粱，還有雞鴨牛羊。

我們的家鄉，金、銀、煤、鐵，地下藏，倘使要用它，只須努力去開礦。

我們的家鄉，真是一個好地方，我們應當愛護我們的家鄉，我們應當保衛我們的家鄉。

教學要點：

本教材教學目的，在使兒童認識我們的家鄉（國家），知道我們家鄉的可貴可愛，而激起其愛護家鄉、保衛家鄉的情緒。

教者可從兒童日常生活中的衣、食、住、行而引起其動機。例如講到吃的東西，便可談到它的產地，因產地而引到我們的家鄉。動機既已引起，教者便可將我們家鄉的物產交通等作一概述，並進一層討論我們應該怎樣愛護我們的家鄉，保衛我們的家鄉。同時將課文中的生字難詞板書解釋一下，然後指導兒童閱讀課文，令一生讀出，共同訂正錯誤。閱讀完後可令兒童略述大意，或作有系統的問答，再加以不同方式的反覆誦讀，和字句練習。最後可與兒童討論我們家鄉的如何可愛，如何被敵人侵佔，以及我們如何愛護，如

何保衛，以便發表兒童的思想，如能將課文配以樂曲，使兒童歌唱更佳。

中年級用：

《黃老頭子放火》

黃老頭子苦了一輩子，今天他的新茅屋造成了。屋裏燃著一堆通紅的蠟燭，又劈劈拍拍地放了一陣鞭炮。張老闆、李大媽、王四瞎子許多鄉人都來替黃老頭子道喜，黃老頭子快樂得眼淚都要流下來了。

黃老頭子備了許多菜，請客人吃飯，大家猜拳喝酒，正在高興的時候，忽然一陣槍聲，嚇得各人面如土色。還是黃老頭子膽大，走到門外面，遠遠一望，不覺大聲喊道：「不好了，日本鬼子來了！」大家一聽，有的東奔西跑去逃命，有的咬牙切齒去抵抗，黃老頭子捨不得離開他的新茅屋，躲在屋後的草堆裏。

三個穿黃色制服的日本鬼子，走到草堆的前面，不幸黃老頭子給他們發覺捉住了。

日本鬼子怕茅屋裏有中國兵，不敢前進。強迫著黃老頭子去放火。黃老頭子願意去放火嗎？不！他決不願意；但是三枝槍一齊對準他的胸膛。黃老頭子不能白白丟掉他的老命，只好去放火燒他自己的新茅屋。一會兒，紅光漫天，夾著些劈劈拍拍的聲音。黃老頭子心如刀割，眼淚直流。

東邊，又是一陣劈劈拍拍的聲音，黃老頭子正想躲避，忽然有幾個剛剛在他家裏喝酒的朋友跑來說：「三個日本鬼子都給我們打死了。」

教學要點：

這是暴露倭寇暴行的故事，暗示著懦怯逃命不如奮勇殺敵的意思。

篇中有三個劈劈拍拍的聲音，而情節各不相同。又黃老頭子請客，放火係用「明寫」，敵人的闖入和被鄉民襲擊係用「暗寫」。一則詳細，一則簡略，並且都用驚人的文字，先述聲音，後述原委。這些，都可以同兒童加以討論，使他們知道作文剪裁和布局的方法。

黃老頭子的為人和他的朋友襲擊敵人的謀略，以及有些東奔西跑只知道逃命的人……都要一一提出加以批評。

原文包容了道喜、遇敵、毀屋、殺敵各段落，如果設計編成劇

本，須穿插許多道白和表情的動作，演來一定很有趣味。

《不合作的牛》

有四條牛，聚在一塊草地上吃草，吃飽了，同在草地上休息，口渴了，又同到溪邊飲水，生活很是快樂。忽然來了一隻獅子，想要吃牛。但是看見四條牛既是龐然大物，又是聚在一處，恐怕他們聯合起來，和他敵對，因此不敢走近他們。獅子想來想去，沒有辦法，只得遠遠站著，饞涎欲滴地看著他們。

後來，四隻牛為了一點小事，彼此大鬧意見，爭論多時，沒有解決，於是一哄而散，各自走開，你不顧我，我不顧你。獅子看見四條牛不能合作，心想他吃牛的機會到了，非常歡喜。

獅子走近一條牛的面前，牛並不表示抵抗。獅子便兇猛地向牛撲來，牛嗚嗚地大呼救援，可是另外三條牛，好像沒有聽見似的，仍舊各吃各的草，不聯合起來抵抗獅子。獅子大膽地把一條牛吃完，就開始吃另一條牛，結果四條牛都同歸於盡了。

高年級用：

《梅花和櫻花》

時光老人送別了殘冬，迎進了初春，大地上開始拂著和煦的春風。但是原野的花木，受了幾個月霜雪的侵蝕，仍舊露著枯瘦的骨架，不敢伸出他們的枝葉。

梅花卻不怕寒風的摧殘，不怕冰雪的威脅，不用枝葉來蔭蔽，首先在大地上開出秀麗的花朵，吐出芬芳的清香，使人看了增加清新剛健的氣概，真不愧為做中國的國花。

和梅花同時開放的花就是稱作日本國花的櫻花，花瓣的形狀和梅花十分相像，植物學者把它們歸入薔薇科。不過櫻花的花柄較長，顏色略紅，在風中搖搖擺擺，如同醉漢一樣，所以開花不久，花瓣就脫落下來。

日本的人民當著櫻花盛開的時候，爭先到公園去遊玩，以為是一年最快樂的時節。不料自從日本的軍閥向中國挑戰以後，數十萬男子迫做炮灰，數萬萬金錢化為流水。妻子看不見自己的丈夫，兒子看不見自己的父親，對著那鮮豔奪目的櫻花，格外覺得煩惱、憤恨。並且有許多厭戰的青年，索性弔在櫻樹上自盡。於是，熱鬧的櫻花下面，平添了無數的冤魂。

梅花不顧敵人的哀樂，不管櫻花的盛衰，年越老，花越香，當櫻花開放的時候，梅樹上已結著累累的梅子了。

教學要點：

本篇要旨：一方面說明中國國花的特色，另一方面說明日本國花在戰爭中發生的悲劇。——在形式方面，使兒童明瞭兩件事物並寫的方法；在實質方面，使兒童明瞭敵人厭戰情形的一斑。

教學前應採取梅花數枝，並備梅花和櫻花的掛圖，就形態上略作比較、說明，然後引入本文。——如自然課本中有梅花和櫻花的教材，併兼聯絡研究。

引導兒童推究戰事發生後，日本人民對著櫻花增加憤慨的原因。

文字方面，務須體會本篇書寫兩種國花的兩個「意境」。令兒童仿作《桃花和楊柳》或《中國孩子和日本孩子》的會話。

《陵園之春》

紫金山上的雪還未化盡，在春的陽光下，和那時時變幻的山色相映成趣，再加上天文臺的銀頂，更覺清新。這是京城之春的第一景色。走出中山門外，便覺到這愉快的春意，展開在眼前。在路旁的柳條上，已露出點點的嫩芽，再過幾天便要抽條了。沿這一帶平坦的馬路走去，直到中山陵前，三三兩兩的遊人，步上幾百層石級去瞻仰總理的遺容。

陵墓下面，有一座高大的白色建築物，那是中國最偉大最美麗的郊外音樂臺，在音悅臺的四周，開放著許多不知名的小花。更有那水泥路旁的古樹，在他老的軀干上，生出新的嫩芽，好像告訴人們：春是寶貴的，春是再造的。

從音樂臺下的曲徑，可到那曾經集合全國健兒們競賽的中央體育場。從體育場北去，便是昔日已無楗殿、牡丹花著名，今日以紀念堂爲號的靈谷寺。這裡經了好幾年的經營，已成巍然大觀，裏面刻滿了千古不朽的烈士姓名。紀念堂後，樹著高矗山腰的革命軍陣亡將士紀念塔，蒼翠松柏之下，長眠著千千萬萬的忠魂。坐在園亭裏，聽春雨，聆松濤，也是至高無上的陶情處所。還有那金碧輝煌的藏經樓，山環水抱的流徽榭，也都在陵園區內。

明孝陵的古老，無論何人走入那一條陰暗的隧道，總不自主的發生幽邃

之感。紫霞洞的清泉，也是自古有名的。假如你去的時候，剛剛是幾番春雨之後，那麼涓涓的新泉，夾著聲聲的梵鐘，會把你的情緒繚繞著不忍離去。

由紫霞洞走到完備的陵園花房，那裡面一年四季開著芬芳馥鬱的鮮花。

從這裡沿著四方城回到坦闊的中山路上，新的建築正與蓬勃的春意，努力進行。宮殿式的希臘式的以及羅馬式的房屋，滿佈在這十多里長的道旁，行人都帶著春意，濟濟蹌蹌地在人行道上來往。

一切都顯示著「春之力」，一切都在欣欣向榮的道路中勃發，告訴人們再過五年或十年，我們的京都將變成為現代最雄偉的都市，並且保留著它那東方特有的色彩。

可是而今呢？這正在春氣孕育中的首都已被倭寇踐蹈了，毀滅了。這是永久的嗎？不會不會！倭寇雖然毀滅了我們辛苦經營的首都，但毀滅不了我們中華民族的「春之力」。我們只要堅持著再造的「春之力」，繼續的奮鬥，終有收復我們首都的一日。

教學要點：

本篇記敘陵園的風景，旨在引起兒童愛慕首都並準備收復的熱忱。

教學時應搜集陵園的圖片，以資欣賞和參錄。

篇中記敘陵園附近的名勝甚多，應注意以下各點：（一）各種名勝的地點，可設計繪一平面圖，以清眉目；（二）提明段落大意，各種名勝記敘時安排的順序；（三）描寫的字句；（四）將同類的記敘文作比較研究；（五）仿作或改作一段。

什麼叫做「春之力」，怎樣實現這「春之力」，應作具體的□□。

《短期小學課本》第二冊

國立編譯館編

商務、中華、世界、正中書局印行，1935 年 10 月初版

《學國語》

中國許多人，只會說土話。你說我不懂，常常鬧笑話。

要是學國語，同說一種話。你懂我也懂，一國像一家。

國立編譯館編《初級小學國語常識課本》第五次修訂本
中華書局 1948 年版

《第十課 稻和麥，謝謝農夫》

農夫種稻，種稻辛苦。我們吃飯，謝謝農夫。

農夫種麥，種麥辛苦。我們吃麵，謝謝農夫。

《第十七課 我家的親戚（常識）搖到外婆橋（國語）》

搖搖搖，搖到外婆橋。外婆叫我好寶寶，

問我媽媽好不好。我說：媽媽好。

問我爸爸好不好。我說：爸爸好。

外婆聽了迷迷笑。

參考文獻

一、資料

1. 《臺灣省語文教育的現狀和當前的需要》，中國第二歷史檔案館藏檔案，教育部檔，第 5-12283 號。
2. 《國語推行委員會常委會會議記錄》，中國第二歷史檔案館藏國民政府教育部檔案，第 5-12295 號。
3. 編者編：《1913 年讀音統一會資料彙編》，文字改革出版社 1959 年版。
4. 《內蒙古民族團結革命史料彙編》，內蒙古自治區檔案館 1983 年。
5. 陳學恂編：《中國近代教育史教學參考資料》，人民教育出版社 1987 年版。
6. 中國第二歷史檔案館編：《民國時期文書工作和檔案工作資料選編》，檔案出版社 1989 年版。
7. 宋恩榮、章咸主編：《中華民國教育法規選編（1912～1949)》，江蘇教育出版社 1990 年版。
8. 中國第二歷史檔案館編：《中華民國史檔案史料彙編・第三輯・教育》，江蘇古籍出版社 1991 年版。
9. 中共中央統戰部：《民族問題文獻彙編（1921 年 7 月～1949 年 9 月)》，中共中央黨校出版社 1991 年版。
10. 中華民國國語研究會編：《國語研究調查之進行計劃書》，1997 年版。
11. 蔡宏源主編：《民國法規集成》，黃山書社 1999 年版。
12. 盧秀璋主編：《清末民初藏事資料選編》，中國藏學出版社 2005 年版。

二、編著

1. 莊俞、沈頤：《共和國新國文》，上海商務印書館 1912 年版。
2. 樊平章等編：《新法國語教授案》，商務印書館 1920 年版。

3. 胡以魯：《國語學草創》，商務印書館 1923 年版。

4. 華超：《新學制國語教科書閱讀測驗》，商務印書館 1926 年版。

5. 龔學遂：《中國民族海外發展狀況》，大華書社 1929 年版。

6. 趙欲仁：《小學國語科教學法》，商務印書館 1930 年版。

7. 馬福祥：《蒙藏狀況》，蒙藏委員會印行 1931 年版。

8. 朱麟、韓棐編：《南洋華僑國語讀本教授書》，中華書局新加坡出版 1932年版。

9. 白占友：《中國文字改進問題》，天津南洋書店 1934 年版。

10. 顧志賢編著：《復興國語教學法》，商務印書館 1934 年版。

11. 教育部：《第一次中國教育年鑒（乙編第一章）》，上海開明書店 1934 年版。

12. 〔瑞典〕Karlgren 著，賀昌群譯述：《中國語言學研究》，商務印書館 1934年版。

13. 呂伯攸、楊復燿編：《小學國語讀本教學法》，中華書局 1935 年版。

14. 范義田編：《雲南邊地民族教育要覽》，雲南省義務教育委員會 1936 年版。

15. 〔英〕臺維斯（H. R. Davies）著，張君勱譯：《雲南各夷族及其語言研究》，商務印書館 1941 年版。

16. 陸靜山、楊明志編著：《少年國語文選》，文光書店 1945 年版。

17. 羅常培：《中國人與中國文》，開明書店 1945 年版。

18. 龐任公等編著：《國語教學實施報告》，上海市教育局國民教育處 1946 年版。

19. 俞湘文：《西北游牧藏區之社會調查》，商務印書館 1947 年版。

20. 倪海曙：《中國拼音文字運動史（簡編）》，上海時代書報出版社 1948 年版。

21. 中華年鑒社編：《宗教與語言》，中華年鑒社 1948 年版。

22. 葉克編著：《怎樣學國語》，大眾書店 1948 年版。

23. 張耀翔編著：《兒童之語言與思想》，中華書局 1948 年版。

24. 林耀真編著：《華僑新國讀本》，泗水遠東館 1949 年版。

25. 魏冰心編：《小學國語教師手冊》，中華書局 1949 年版。

26. 倪海曙編：《中國語文的新生》，上海時代書報出版社 1949 年版。

27. 本社編：《清末文字改革文集》，文字改革出版社 1957 年版。

28. 邊疆論文集編纂委員會編：《邊疆論文集》，「國防研究院」1964 年版。

29. 王樹枬等纂：《新疆圖志（1～6）》，臺灣文海出版社 1965 年版。

30. 方師鐸：《五十年來中國國語運動史》，國語日報出版社 1965 年版。

31. 王聿均、孫斌合編：《朱家驊先生言論集》，臺北「中研院」近史所 1977 年版。

32. 王力：《漢語史稿》，中華書局 1980 年版。

33. 陳學恂：《中國近代教育史教學參考資料（中冊)》，人民教育出版社 1987 年版。

34. 顧黃初、李杏保：《二十世紀前期中國語文教育論集》，四川教育出版社 1991 年版。

35. 多傑才旦：《西藏的教育》，中國藏學出版社 1991 年版。

36. 朱有瓛等編：《中國近代教育史資料彙編・教育行政機構及教育團體》，上海教育出版社 1993 年版。

37. 胡適：《胡適作品集》，香港遠流出版公司 1993 年版。

38. 魏永竹、李宣鋒主編：《二二八事件文獻補錄》，臺北「臺灣省」文獻委員會 1994 年版。

39. 《內蒙古教育史志資料》，內蒙古大學出版社 1995 年版。

40. 徐特立：《徐特立文存（第一卷)》，廣東教育出版社 1995 年版。

41. 費錦昌：《中國語文現代化百年記事（1892～1995)》，語文出版社 1997 年版。

42. 馬文華：《新疆教育史稿》，新疆大學出版社 1998 年版。

43. 陳世明：《新疆現代翻譯史》，新疆大學出版社 1998 年版。

44. 錢玄同：《錢玄同文集（第 5 卷)》，中國人民大學出版社 1999 年版。

45. 錢玄同：《錢玄同文集（第 3 卷)》，中國人民大學出版社 1999 年版。

46. 何九盈：《中國現代語言學史》，廣東教育出版社 2000 年版。

47. 呂達主編：《陸費逵教育論著選》，人民教育出版社 2000 年版。

48. 錢穆：《再論中國文化傳統中之士》，《國史新論》，三聯書店 2001 年版。

49. 李建國：《漢語規範史略》，語文出版社 2003 年版。

50. 汪暉：《現代中國思想的興起》，北京三聯書店 2004 年版。

51. 西藏自治區社科院等編：《近代康藏重大事件史料選編（第二編上)》，西藏古籍出版社 2004 年版。

52. 杜成憲、丁鋼：《20 世紀中國教育的現代化研究》，上海教育出版社 2004 年版。

53. 曹明海、陳秀春：《語言教育文化學》，山東教育出版社 2005 年版。

54. 洪宗禮：《母語教材研究（3）中國百年語文教材評介》，江蘇教育出版社 2007 年版。

55. 潘蛟主編：《中國社會文化人類學／民族學半年文選（上）》，知識產權出版社 2009 年版。

56. 李明宇：《中國語言規劃論》，商務印書館 2010 年版。

57. 戴慶夏主編：《雙語學研究：第 3 輯》，民族出版社 2011 年版。

58. 羅常培：《語言與文化》，北京出版社 2011 年版。

59. 楊慧：《思想的行走：瞿秋白「文化革命」思想研究》，北京商務印書館 2012 年版。

60. 鄭信哲、周競紅主編：《民族主義思潮與國族建構：清末民初中國多民族互動及其影響》，社科文獻出版社 2014 年版。

三、期刊雜誌論文

1. 博山：《全國初等小學均宜改用通俗文以統一國語》，《東方雜誌》1911 年第 3 期。

2. 馬裕藻：《小學國語教授法商榷》，《東方雜誌》1912 年第 9 期。

3. 李啓元：《論小學國語教授宜特別注意》，《京師教育報》1914 年第 4 期。

4. 葹誨：《國語統一之希望》，《進步》1915 年第 4 期。

5. 《國語研究會宣言》，《清華週刊》1916 年第 77 期。

6. 沈慎乃：《通信》，《新青年》1916 年第 1 號。

7. 趙亮伯：《教授小學國文之研究》，《中華教育界》1916 年第 7 期。

8. 陳哲甫：《論語言統一之益》，《官話注音字母報》1917 年第 34 期。

9. 黎錦熙：《國語學之研究》，《民鐸雜誌》1918 年第 6 期。

10. 黎錦熙：《國語研究調查之進行計劃書》，《教育雜誌》1918 年第 3 期。

11. 張一麐：《我之國語教育觀》，《教育雜誌》1919 年第 7 期。

12. 范祥善：《怎樣教授國語》，《教育雜誌》1920 年第 4 期。

13. 何仲英：《白話文教授問題》，《教育雜誌》1920 年第 2 期。

14. 吳敬恆（吳稚暉）：《答評國音字典例言》，《時事新報》1920 年 11 月 28 日，「學燈」第 4 張第 1 版。

15. 雲六：《國語教育的過去與將來》，《教育雜誌》1921 年第 6 期。

16. 范祥善：《教學國語的先決問題》，《教育雜誌》1921 年第 6 期。

17. 胡適：《國語運動的歷史》，《時兆月報》1921 年第 5 期。

18. 葉紹鈞：《小學國文教授的諸問題》，《教育雜誌》1922 年第 1 期。

19. 歐陽潤：《湖南寶慶隆中團的國語狀況》，《國語月刊》1922 年第 8 期。

20. 《江西國語傳習所歷程》，《國語月刊》1922 年第 5 期。

21. 程駿：《國語底危險》，《國語月刊》1922 年第 5 期。

22. 黎錦熙：《國語教育底三步》，《國語月刊》1922 年第 6 期。

23. 盛先茂：《湖南國語的狀況》，《國語月刊》1922 年第 4 期。

24. 《教育部國語教育進行概況》，《國語月刊》1922 年第 6 期。

25. 王家鰲：《滸關第二小學「國語進行」上的大略報告和第二年所發現的兩個困難問題》，《國語月刊》1922 年第 5 期。

26. 王家鰲：《高等小學的國文應該快改國語》，《國語月刊》1922 年第 3 期。

27. 周作人：《國語改造的意見》，《東方雜誌》1922 年第 17 號。

28. 周光：《日本長崎華僑國語消息》，《國語月刊》1922 年第 8 期。

29. 蔡元培：《國語的應用》，《國語月刊》1922 年第 1 期。

30. 朱有成：《鄉村地方推行國語的難處和救濟的方法》，《國語月刊》1922 年第 8 期。

31. 《北京高師實驗學校試用國語讀本後之報告》，《教育雜誌》1922 年第 6 期。

32. 黎巾卉：《國語在東南各省的發展》，《晨報五週年紀念增刊》1923 年 12 月 1 日。

33. 新：《國語與國體之關係》，《申報》1923 年 5 月 30 日。

34. 《黑龍江省城自施行國語教育以來的狀況》，《國語月刊》1923 年第 12 期。

35. 《吉林省促進國語辦法》，《國語月刊》1923 年第 12 期。

36. 舒新城：《道爾頓制與小學國語教學法》，《教育雜誌》1924 年第 1 期。

37. 吳研因：《小學國語教學法概要》，《教育雜誌》1924 年第 1 期。

38. 何仲英：《小學教師的國語參考書》，《教育雜誌》1924 年第 10 期。

39. 點公：《要團結全國民眾必先語言統一》，《東方評論》1925 年第 5 期。

40. 李曉晨：《前期小學國語教學概要》，《新教育》1925 年第 1 期。

41. 范祥善：《小學國語教學法的將來》，《新教育》1925 年第 3 期。

42. 吳有容：《國語言文一致的暗礁》，《新教育評論》1926 年第 25 期。

43. 曾紫綬：《邊疆教育問題之研究》，《教育雜誌》1926 年第 3 期。

44. 《准予審定之教課圖書表》，《山東教育行政周報》1930 年第 102 期。

45. 《中小學教員一律用國語教授》，《中央週刊》1930 年第 93 期。

46. 徐階平：《小學校的語言教學》，《中華教育界》1930 年第 4 期。

47. 陳寶銓：《語言文字與民族存亡之關係》，《南中》1932 年冬版。

48. 董任堅：《介紹一部兒童國語教科書》，《圖書評論》1932 年第 2 期。

49. 梁上燕：《小學低年級國語補充教材底研究》，《教育論壇》1932 年第 5 期。

50. 何孝宜：《語言文字與民族盛衰之關係》，《南華文藝》1932 年第 2 期。

51. 胡夢華：《國語兩面觀與國語運動之雙軌》，《人民評論》1933 年第 22 期。

52. 老向：《論小學國語中的爸爸媽媽》，《眾志月刊》1934 年第 2 期。

53. 艾沙作、矯如述：《新疆回民教育之回顧與瞻望》，《邊鐸》1934 年第 2 期。

54. 周淦：《小學國語教科書確實成了問題》，《時代公論》1934 年第 31 期。

55. 楊振聲：《小學與小學國語》，《國聞周報》1934 年第 29 期。

56. 吳研因：《關於『小學國語教材的批評』的檢討》，《江蘇教育》1934 年第 10 期。

57. 黎錦熙：《教育部定國語標準之檢討》，《文化與教育》1934 年第 19 期。

58. 唐錦柏：《中國的語言文字》，《文化建設》1934 年第 1 期。

59. 陳俠：《小學國語教學中的研究指導》，《江蘇教育》1934 年第 5～6 期。

60. 趙元任、皎：《語言調查》，《金陵女子文理學院校刊》1935 年第 2 期。

61. 途友：《拉丁化與方言統一》，《大同月刊》1935 年第 3 期。

62. 遲受義：《兒童讀物研究》，《師大月刊》，1935 年第 24 期。

63. 葉霖：《國語教學上的語言統一訓練問題的研討》，《安徽教育輔導旬刊》1936 年第 28 期。

64. 陳俠：《小學國語教師自省標準》，《小學教師》1936 年第 13 期。

65. 《教部推行蒙藏回苗教育計劃》，《邊疆半月刊》1936 年創刊號。

66. 黃德安：《短期義教如何注意國語的統一與普及》，《湖南義教》1936 年第 38 期。

67. 《日本的語文侵略》，《語文》1937 年第 1 期。

68. 蔣協力：《小學國語教學上的五多主義》，《基礎教育》1936 年第 9 期。

69. 涂淑英：《小學國語教學的我見》，《南昌女中》1937 年第 5～6 期。

70. 方東澄：《邊疆教育問題概論》，《邊疆半月刊》1937 年第 2 期。

71. 吳宗濟：《調查西南民族語言管見》，《西南邊疆》1938 年第 1 期。

72. 吳宗濟：《拼音文字與西南邊民教育》，《西南邊疆》1938 年第 2 期。

73. 芮逸夫：《西南民族語文教育芻議》，《西南邊陲》1938 年第 2 期。

74. 賈繼英：《如何改進戰時西北的回民教育》，《邊疆半月刊》1938 年第 10～12 期。

75. 《新西康之全貌：土著之語言文字及社會生活》，《經濟研究》1940 年第 2 期。

76. 呂朝相：《小學國語科教學之實際問題》，《國民教育》1940 年第 9 期。

77. 李有義：《推進邊教的幾個實際問題》，《今日評論》1941 年第 14 期。

78. 王一影：《泛論邊疆夷族青年的教育訓練》，《邊政公論》1941 年第 3、4 期合刊。

79. 陳丹企：《國語與方言》，《中國語文（上海）》1941 年第 3～4 期。

80. 聞宥：《西南邊民語言的分類》，《學思》1942 年第 1 期。

81. 梁甌第：《川康區倮㑩之教育》，《西南邊疆》1942 年第 15 期。

82. 孔士豪：《新新疆建設三要》，《新新疆》1943 年第 2 期。

83. 穗子：《方言統一的楔子》，《文藝（南京）》1943 年第 1 期。

84. 陳恩鳳：《對於推進我國牧區教育之意見》，《邊疆通訊》1943 年第 8 期。

85. 《教育部邊疆教育現狀》，《邊疆服務》1943 年第 5 期。

86. 姜琦：《國語普及與民族主義》，《現代週刊》1945 年第 2 期。

87. 謝龍泉：《談訓練邊疆語文人才》，《邊疆通訊》1945 年第 11～12 期。

88. 默：《臺灣的國語運動》，《新語》1945 年第 3 期。

89. 陳夢韶：《福建之語言》，《新福建》1945 年第 6 期。

90. 《臺灣人熱心學習國語》，《申報》1946 年 11 月 6 日，第 6 版。

91. 劉松濤：《談談初小國語的編寫與使用問題》，《教育陣地》1946 年第 5 期。

92. 黎錦熙：《國語邊語對照「四行課本」建議》，《文藝與生活》1947 年第 2 期。

93. 吳乃光：《論臺灣當前的教育及語文教授》，臺灣省立臺南一中校刊編委會編：《臺南一中校刊》1947 年第 1 期。

94. 陳英洲：《關於推行國語的私見》，《臺糖通訊旬刊》1947 年第 10 期。

95. 《事由：電令該校全體師生、縣市轉飭各級學校禁用日語合亟電仰遵照》，《臺灣省政府公報》1947 年第 60 期。

96. 周輝鶴：《近年來邊疆教育概況》，《邊疆通訊》1947 年第 1 期。

97. 味橄：《臺灣的國語運動》，《臺灣文化》1947 年第 7 期。

98. 黎晞紫：《國際補助語與民族語的遠景》，《現代知識》1947 年第 1 期。

99. 陳兆蘅：《小學國語教材教法》，《教育雜誌》1948 年第 12 期。

100. 《臺灣教育考察報告》，國立中山大學師範學院教育學研究所編：《教育研究》1948 年第 110 期。

101. 趙榮光：《小學國語字彙研究報告》，《中華教育界》1948 年第 4 期復刊。

102. 馬學良：《邊疆語文研究概況》，《文訊》1948 年第 6 期。

103. 《准電禁止工商界各項單據使用日文語句一案希電轉飭遵辦》，《臺灣省政府公報》1948 年第 22 期。

104. 何容、朱寶儒：《語言教育的重要在臺灣：日本人是怎樣統治臺灣的》,《國民教育輔導月刊（上海）》1948 年第 6 期。

105. 芮逸夫：《中國邊疆民族之語言文字及其傳授方法》,《中國邊疆》1948 年第 11 期。

106. 沈百英：《小學國語教學上值得注意的幾個問題》,《中華教育界》1949 年第 10 期。

107. 梁素人：《新中國的少數民族教育問題》,《中華教育界》1949 年第 9 期。

108. 張國璽：《從新疆語文說起》,《西北世紀》1949 年第 3 期。

109. 周雙利：《馬克思、恩格斯論民族與民族語的形成》,《內蒙古民族大學學報》（社會科學版）1983 年第 1 期。

110. 閻立欽：《我國語文教育與近代以來社會變遷的關係及啟示》,《教育研究》1998 年第 3 期。

111. 劉永燧：《論民族語、母語和第一語言》,《民族研究》1999 年第 3 期。

112. 王遠新：《論我國少數民族語言態度的幾個問題》,《滿語研究》1999 年第 1 期。

113. 韓文寧：《清末民初教科書出版述論》,《江蘇圖書館學報》2000 年第 2 期。

114. 額‧烏力更：《也談母語和民族語言》,《黑龍江民族叢刊》2000 年第 3 期。

115. 劉鎮發：《百年來漢語方言分區平議》,《學術研究》2004 年第 4 期。

116. 楊大方：《民族地區中小學漢語教育的性質及漢語教育與民族教育之間的關係》,《民族教育研究》2006 年第 1 期。

117. 王澤民：《試論民國時期的新語文政策》,《新疆地方志》2007 年第 2 期。

118. 趙傑：《論西部開發與西藏新疆諸民族的語言文化教育》,《寧夏社會科學》2007 年第 1 期。

119. 鄭亞捷：《國語運動視野中的「邊疆特殊語文」》,《中國現代文學研究叢刊》2008 年第 4 期。

120. 哈正利：《論我國少數民族語言文字政策的完善與創新》,《中南民族大學學報》（人文社會科學版）2009 年第 5 期。

121. 崔明海：《國語如何統一───近代國語運動中的國語和方言觀》,《江淮論壇》2009 年第 1 期。

122. 季永海：《論清代「國語騎射」教育》,《滿語研究》2011 年第 1 期。

123. 賈猛、崔明海：《認同與困惑：近代白話文推行的社會反應》,《學術界》2011 年第 6 期。

124. 姜莉芳：《臺灣少數民族語言教育歷史嬗變述評》，《百色學院學報》2012年第 1 期。

125. 曾毅：《從民初國文教科書看「新教育」想像》，《河北師範大學學報》（教科版）2012 年第 7 期。

126. 耿紅衛：《民國語文教學法的嬗變與特徵》，《教育評論》2013 年第 4 期。

127. 王東傑：《官話、國語、普通話：中國近代標準語的「正名」與政治》，《學術月刊》2014 年第 2 期。

128. 王豔：《故紙溫情——民國語文教材熱背後的思考》，《中國出版》2014年 1 月下。

129. 於錦恩：《民國時期華文教育本土化探析——以國語文教材的編寫爲視角》，《華僑華人歷史研究》2014 年 9 月第 3 期。

130. 秦和平：《從清末巴塘官話認識藏漢民眾交往》，《福建師範大學學報》（哲社版），2016 年第 1 期。

131. 鄧偉：《試析五四時期語言文字建構的若干邏輯——以國語運動、白話文運動、方言文學語言爲中心》，《文藝理論研究》2016 年第 1 期。

132. 范遠波：《中國百年小學語文教科書的人名、識字教育及其啓示》，《河北師範大學學報》（教育科學版）2016 年第 3 期。